Jak wychować
IDEALNEGO PSA
W OKRESIE SZCZENIĘCYM I PÓŹNIEJ

CESAR MILLAN
Melissa Jo Peltier

Jak wychować
IDEALNEGO PSA
W OKRESIE SZCZENIĘCYM I PÓŹNIEJ

PRZEŁOŻYŁ:
Bartłomiej Kotarski

Tytuł oryginału:
How to raise the perfect dog. Through puppyhood and beyond

Redakcja: Katarzyna Pietruszka
Korekta: Dominika Dudarew
Opracowanie graficzne okładki i skład: skladigrafika@gmail.com

Copyright © 2009 by Cesar Millan and Melissa Jo Peltier
All rights reserved.
Published in the United States by Three Rivers Press, and imprint of the Crown Publishing Group, a division of Random House Inc., New York. www.crownpublishing.com
Three Rivers Press and the Tugboat design are registered trademarks of Random House, Inc.
Originally Published in hardcover in the United States by Harmony Books, and imprint of the Crown Publishing Group, a division of Random House Inc., New York, in 2009.

Copyright © for Polish edition by ILLUMINATIO Łukasz Kierus 2013
Zdjęcie z okładki: © Michael Reuter

Wszelkie prawa do polskiego przekładu i publikacji zabronione. Powielanie i rozpowszechnianie z wykorzystaniem jakiejkolwiek techniki całości bądź fragmentów niniejszego dzieła bez uprzedniego uzyskania pisemnej zgody posiadacza tych praw jest zabronione.

Techniki prezentowane w niniejszej książce mają cel wyłącznie informacyjny. Każdy przypadek wymaga indywidualnego podejścia, dlatego przed użyciem opisanych metod należy to skonsultować z profesjonalną osobą zajmującą się problematyką psich zachowań. Autor i wydawca nie ponoszą odpowiedzialności za jakiekolwiek niekorzystne skutki, które mogą wyniknąć z zastosowania informacji zawartych w książce.

Wydanie III
Białystok 2015
ISBN: 978-83-62476-35-0

 Bądź na bieżąco i śledź nasze wydawnictwo na Facebooku.
www.facebook.com/illuminatiopl

Zapraszamy na stronę fanów Cesara Millana
www.ZaklinaczPsow.pl

www.illuminatio.pl

Wydawnictwo ILLUMINATIO Łukasz Kierus
E-mail: wydawnictwo@illuminatio.pl
Dział handlowy: zamowienia@illuminatio.pl

SPIS TREŚCI

Podziękowania 9
Wstęp 13

Rozdział 1: Poznajcie szczeniaki 19
JUNIOR, BLIZZARD, ANGEL I MR PRESIDENT

Rozdział 2: Dobrana para 43
JAK WYBRAĆ IDEALNEGO PSA

Rozdział 3: Mama wie najlepiej 79
UCZENIE SIĘ OD PROFESJONALISTÓW

Rozdział 4: Szczeniak przybywa do domu 103
UŁATWIENIE ZMIANY ŚRODOWISKA

Rozdział 5: Zdrowy szczeniak 151
PODSTAWY OPIEKI ZDROWOTNEJ

Rozdział 6: Budowanie więzi, komunikacja, warunkowanie .. 177
JAK WASZ PIES SIĘ UCZY

Rozdział 7: Przyjazny szczeniak 227
DOBRE STOSUNKI Z PSAMI I LUDŹMI

Rozdział 8: Szczeniak dobrze ułożony 247

Rozdział 9: Okres dojrzewania 271
WYZWANIA OKRESU DOJRZEWANIA

Epilog: Szczeniaki dorastają 293

Źródła 303
Spis ilustracji 306
O autorach 307
Spis polskich organizacji, do których można zwrócić się o pomoc .. 308

*Niniejsza książka poświęcona jest maluchom,
więc dedykuję ją moim wspaniałym synom:*

Andre i Calvinowi.

*Ich wychowanie, obserwowanie, jak rosną,
uczą się wyrażać własne emocje i osiągać cele,
było największym wydarzeniem w moim życiu i sprawiło,
że stałem się o wiele lepszym i mądrzejszym człowiekiem.
Jestem szczęśliwy, że mogłem zaszczepić
w nich moją miłość do Matki Natury – dar,
który sam otrzymałem od mojego dziadka.
Mam nadzieję, że oni również podzielą się
tym niezwykłym dziedzictwem z resztą świata,
a któregoś dnia także ze swoimi dziećmi.*

PODZIĘKOWANIA

Nieoceniony wkład w powstanie niniejszej książki wniosła grupa zaangażowanych specjalistów do spraw psów. Wspólnie ze współautorką tej publikacji pragnę wyrazić ogromną wdzięczność mojemu przyjacielowi Martinowi Deeleyowi, prezesowi International Association for Canine Professionals i światowej sławy treserowi, specjalizującemu się w hodowli retrieverów i psów myśliwskich. Martin wspaniałomyślnie pozwolił nam przez 24 godziny na dobę, siedem dni w tygodniu korzystać z szerokiego zakresu swojej wiedzy i okazywał wyjątkowe, specyficzne poczucie humoru. Także Clint Rowe, treser psów z Hollywood, podzielił się z nami swą wiedzą zdobytą podczas ponad 30 lat pracy z psami wszelkich ras i w każdym wieku. Jesteśmy dumni, że możemy kontynuować zawodową i osobistą znajomość z Clintem.

Jesteśmy też dłużnikami wielu świetnych weterynarzy, którzy wiernie wspierali nasze starania – mam na myśli zwłaszcza Charlesa Rinehimera, profesora technologii weterynaryjnej w Northampton Community College (współpracował z nami do tej pory przy trzech publikacjach) oraz Paulę Terifaj z kliniki Veterinary Founders w Brea w stanie Kalifornia, która wcześniej pomogła nam w pracy nad książką *A Member of the Family*. Zawsze mogliśmy liczyć na życzliwość doktora Ricka Garcii i jego mobilnego szpitala weterynaryjnego Paws'n'Claws: udzielał on odpowiedzi na nasze pytania oraz sprawował opiekę weterynaryjną nad wszystkimi dorosłymi psami i szczeniakami z mojego stada.

Trudno jest znaleźć dobrego hodowcę, ale podczas pisania tej książki udało nam się spotkać kilku takich ludzi i nawiązać z nimi współpracę – dziękuję zwłaszcza Brooke Walker z miejscowości Covina w stanie Kalifornia, która podarowała nam wspaniałego sznaucera miniaturowego – Angela, a także Dianie i Dougowi Fosterom ze szkoły tresury Thinschmidt German Shepherds i Assertive K-9 Training w Coronie w stanie Kalifornia. Mój stary przyjaciel Jose Navarro osiągnął wielki sukces, wychowując naszego wspaniałego angielskiego buldoga, Mr Presidenta. Oczywiście, zawsze pozostanę wdzięczny Azaelowi Espinowi, który podarował mi cudownego pitbulla, Juniora. Wyrażam także wdzięczność organizacji Southern California Labrador Rescue za podarowanie nam Blizzarda oraz za ogrom bezinteresownej pracy, jaką wykonali dla nas ludzie z tej organizacji.

Jestem dumny, iż mogłem zawrzeć bliską znajomość z Chrisem DeRose'em, Kim Still i pozostałymi oddanymi pracownikami organizacji Last Chance for Animals. Dzięki ich pracy stale poprawia się sposób traktowania przez ludzi innych stworzeń, które wspólnie z nami zamieszkują tę planetę. Dziękuję także Stephanie Shain oraz stowarzyszeniu Humane Society of the United States za ich kampanię mającą na celu położenie kresu okrucieństwu w pseudohodowlach.

Dziękujemy – jak zawsze – naszemu agentowi literackiemu Scottowi Millerowi z Trident Media Group oraz Julii Pastore z Shaye Areheart, Kirze Walton i Tarze Gilbride z Random House, Steve'owi Schiffmanowi, Steve'owi Burnsowi, Michaelowi Casciowi, Char Serwie, Mike'owi Bellerowi, Chrisowi Albertowi i Russelowi Howardowi z National Geographic Channel, a także panu Fredowi Fierstowi. Cesar i Ilusion są ogromnie wdzięczni Johnowi Steele'owi, Michaelowi Gottsagenowi i całemu zespołowi z IMG – zwłaszcza niesamowitemu „Panu Dużemu" – za motywację i nieustające wsparcie.

Za moje stado, „Drużynę Millana", jestem szczególnie wdzięczny: Kathleen Daniels, Jennifer Dominguez, Carol Hickson-Altalef, Erickowi Millanowi, Rosalvie Penuelas, Allegrze Pickett, Delmi Salinas i Susan Whalen. Nikt nie pobije naszej „Drużyny Super TV" w składzie: Nicholas Bunker, Brian Duggan, SueAnn Fincke, Miles

Ghormley, Todd Henderson, Chris Komives, Christina Lublin, Rich Mercer, Rita Montanez i Neal Tyler. Pragnę też podziękować Bonnie Peterson, George'owi Gomezowi, Julianie Weiss-Roessler, Nicholasowi Ellingsworthowi, Toddowi Carneyowi, Christine Lochman, Kay Bachner Sumner i Sheili Possner Emery z MPH i CMI, a zwłaszcza Crystal Reel za jej wielką pomoc w badaniach, sprawdzanie faktów i niezmienną wiarę, że damy radę. Moja żona i ja jesteśmy wdzięczni Stacey Candelli za jej zaangażowanie w naszą fundację Cesar and Ilusion Millan Foundation oraz jej misję, a także Adrianie Barnes i jej rodzinie za ciężką pracę w nowym Centrum Psychologii Psa. Chciałbym podziękować moim sąsiadom – Timowi i Dianie Archer – za cierpliwość i wsparcie przy wszystkich naszych przedsięwzięciach związanych z książką *Zaklinacz Psów*. Składam szczególne podziękowania Frankowi i Juanicie Trejom za ich miłość i wsparcie.

Dziękuję mojej żonie, Ilusion, za jej nieskończoną cierpliwość w stosunku do mnie, zwłaszcza przy wszystkich wyzwaniach, z jakimi przyszło nam się zmierzyć, wychowując naszą psią gromadkę. Oczywiście, nie może zabraknąć też podziękowań dla Daddy'ego, który zajmuje się wszystkimi szczeniętami – to najlepsza niania na świecie!

MELISSA JO PELTIER pragnie podziękować: swoim partnerom z MPH – Jimowi Miliowi i Markowi Hufnailowi za ich niezmienne wsparcie – „Trzech tam, trzech z powrotem". Dziękuję Cornelii Dillon za pomoc w jednym z najtrudniejszych okresów w moim życiu. Jak zawsze składam wyrazy szacunku mojej drogiej przyjaciółce i zwolenniczce, Victorii Adams, a także mojej cudownej przybranej córce Caitlin Gray oraz memu mężowi Johnowi Grayowi, który jest najlepszym partnerem, o jakim kobieta mogłaby marzyć.

Cesarze i Ilusion! Dziękuję, że miałam zaszczyt po raz kolejny uczestniczyć w realizacji Waszych marzeń.

Na koniec pragnę podziękować mojemu jedynemu w swoim rodzaju tacie, Euclidowi J. Peltierowi, za zarażenie mnie niewyczerpaną energią, niezawodną etyką pracy, darem dziecięcego zachwytu, pasją do nauki i nieposkromioną siłą witalną. Bardzo Cię kocham, Tato.

WSTĘP

Gdy kilka miesięcy temu wszedłem do swojego biura, zauważyłem tłum ludzi zgromadzonych przed ekranem komputera i wydających okrzyki zachwytu. Wcisnąłem się między nich, by zobaczyć, skąd tyle zamieszania. Ujrzałem niewyraźne nagranie wideo przedstawiające koszyk, a w nim sześć uroczych szczeniaków shiba inu – trzy samce i trzy samiczki. Pieski wędrowały jeden po drugim w ciepłym, przytulnym legowisku. Kiedy dowiedziałem się, że owo nagranie jest w istocie transmisją na żywo, byłem pod wrażeniem. Właściciele, para z San Francisco, ustawili kamerę, by służyła im jako elektroniczna niania. Dzięki niej w każdej chwili mogli mieć oko na swoich ulubieńców. Pracownicy firmy internetowej, którzy zainstalowali cały system, zakochali się w szczeniakach i zaczęli przesyłać link do strony swoim bliskim. Adres błyskawicznie zdobył popularność i po jakimś czasie miliony widzów z kilkudziesięciu krajów siedziało przed monitorami i uczestniczyło w fenomenie znanym jako „psia kamera". W dobie kryzysu ekonomicznego internauci utrzymywali, że obserwowanie szczeniaków shiba inu uspokaja ich, pozwala im zapomnieć o troskach i pozytywnie wpływa na kondycję psychiczną.

Psia kamera zainspirowała ludzi pracujących przy programie telewizyjnym *Zaklinacz Psów* do wykorzystania swoich własnych kamer internetowych w celu obserwacji tych zwierząt. Gdy szczeniaki shiba inu dorosły i opuściły swój rodzinny dom, na którymś z naszych redakcyjnych komputerów i tak zawsze można było trafić na jakąś nową psią telenowelę.

Niezależnie od tła kulturowego, języka, rasy czy wyznania – trzeba być człowiekiem zimnym jak kamień, by nie ulec urokowi szczenięcych harców. Ich bezbronność i słodkie, niezdarne próby odkrywania nieznanego im świata budzą w nas instynkty, które natura zaszczepiła w genach wszystkich mężczyzn, kobiet i dzieci. Opinie fanów psich kamer potwierdzają, że miłość do szczeniaków ma na nas pozytywny wpływ! Szczeniaki zbliżają nas do pełnego niewinności i naturalności pierwiastka zwierzęcego. Koją stres, korzystnie wpływają na zdrowie, a także przypominają nam, że prawdziwe szczęście tkwi w chwili obecnej. Kochanie i wychowywanie szczeniaka może okazać się dla człowieka doświadczeniem pełnym głębi i satysfakcji. Gdy zaś szczeniak stanie się dorosłym i pełnowartościowym psem, więź, która powstawała przez pierwsze osiem miesięcy – okres, który nazywam okresem szczenięcym – umocni się, tworząc związek, który będzie trwał przez całe życie waszego pupila i o wiele dłużej.

Mimo to fakt, że rozklejamy się na widok szczeniaka, nie oznacza, że potrafimy go właściwie wychować. Właśnie z tego powodu postanowiłem napisać niniejszą książkę.

Co takiego mają w sobie psy, że wydaje nam się, iż ich wychowanie przyjdzie nam tak łatwo jak wychowywanie dziecka? Nie znam zbyt wielu ludzi, którzy uważają, że w razie gdyby zaszła taka potrzeba, bez problemu wychowaliby słoniątko, małego geparda lub delfina! Jestem pewien, że większość z nas zdaje sobie sprawę, że wychowanie małej foki, pisklęcia papugi lub źrebaka przebiega zupełnie inaczej niż w przypadku dziecka. Ludzkość przekonała się już, że nawet blisko spokrewnione z nami małpy z gatunku naczelnych nie dają się wychowywać tak, jakby były po prostu bardziej owłosionymi wersjami nas samych. Czytałem niedawno poruszającą książkę autorstwa Elizabeth Hess *Nim Chimpsky: The Chimp Who Would Be Human* (Nim Chimpsky: małpa, która miała stać się człowiekiem). Książka opowiada o eksperymencie z lat 70., w którym usiłowano nauczyć szympansa ludzkich zachowań poprzez odebranie go matce i wychowywanie u bogatej rodziny mieszkającej na Manhattanie. Szympans doskonale opanował język migowy i mógł posługiwać się nim do końca swoich dni, ale jego zwierzęca natura zniechęciła naiwnych właścicieli, którzy zmuszeni byli go w końcu porzucić. Resztę swojego smutnego życia szympans spędził w domach opieki i laboratoriach zajmujących się badaniami nad naczelnymi. Nie miał pojęcia, czy był małpą, człowiekiem czy czymś pośrednim między tymi dwoma gatunkami.

Jedna z zasad, którymi bezwzględnie kieruję się w życiu, głosi, że musimy szanować zwierzęta za to, kim są, a nie za to, kim chcielibyśmy, aby były. Dla mnie prawdziwa więź ze zwierzęciem polega najpierw na uszanowaniu jego zwierzęcej natury, a dopiero potem na traktowaniu go jako przyjaciela, towarzysza lub dziecka.

Szczeniaki mogą nam przypominać niemówiące dzieci, prawda jest jednak taka, że są to przede wszystkim psy. Wychowanie szczeniaka na zdrowego i zrównoważonego psa to proces zupełnie odmienny od wychowywania dziecka. Pomimo iż bardzo byśmy tego chcieli, szczenięta nie są psim odpowiednikiem ludzkiego dziecka, zwłaszcza na etapie, na którym zazwyczaj bierzemy je pod swoją opiekę. Ludzkie dzieci przez wiele miesięcy pozostają zupełnie bezbronne, szczeniaki zaś przychodzą na świat z silnym instynktem przetrwania i zazwyczaj tuż po urodzeniu zaczynają przejawiać swoją zwierzęcą naturę. Już trzydniowe szczenię usiłuje zademonstrować przewagę nad rodzeństwem, odpychając je od sutków matki. Po dwóch, trzech tygodniach ten sam szczeniak będzie już samodzielnie chodzić i wciąż będzie starał się pokazać swoją wyższość nad resztą stada. W momencie, w którym roztropny hodowca uzna, że maluch jest gotowy do rozłąki z matką i rodzeństwem (zazwyczaj następuje to po dwóch miesiącach od urodzenia), jest już o wiele bardziej rozwinięty niż ludzkie dziecko w tym samym wieku. Gdy przygarniamy dwumiesięcznego szczeniaka, nie jest on wcale bezbronny, choć tak właśnie nam się wydaje i tak go traktujemy. Działając w ten sposób, wielu właścicieli ignoruje prawdziwą psią naturę.

Rozpieszczając dorosłe psy i traktując je jak niemowlęta (nosząc na rękach, spełniając ich błahe zachcianki i pozwalając im na rzeczy, na które nigdy nie pozwolilibyśmy własnym dzieciom), od samego początku tłumimy ich rozwój. Nieświadomie pielęgnujemy strach, agresję i dominację. W ten sposób skazujemy własne psy na życie w emocjonalnym rozchwianiu i stresie. Stawiając nasze własne psychologiczne potrzeby ponad realnymi potrzebami dorastającego psa, przyczyniamy się do powstania u niego problemów natury behawioralnej.

Doświadczenie mówi mi, że miłośnicy czworonogów – osoby pełne dobrych chęci – popełniają błędy wynikające zazwyczaj z niewiedzy. Każdy właściciel, którego spotkałem, chciał dla swojego pupila jak najlepiej. W niniejszej książce przedstawiam strategie, dzięki którym właściciele nauczą się szanować prawdziwą psią tożsamość swojego czworonoga, zanim uczynią z niego swoje „dziecko".

Musimy uświadomić sobie fakt, że okres szczenięcy to najkrótszy etap w życiu zdrowego psa: jest on szczenięciem od momentu urodzenia do chwili, w której skończy osiem miesięcy. Następny okres, trwający od ósmego miesiąca do trzeciego roku życia, to dojrzewanie. Zdrowy pokarm i opieka weterynaryjna pozwolą psu przeżyć 12–16 lat lub nawet dłużej*. Widziałem już wielu ludzi, którzy zakochali się w szczeniakach, ale w miarę dorastania pupila tracili zainteresowanie lub, co gorsza, zaczynali nienawidzić dorosłego psa. Tego typu przypadki łamią mi serce. Jestem zdania, iż decydując się na zwierzę, bierzemy na siebie odpowiedzialność za jego los. Posiadanie psa powinno być doświadczeniem radosnym, a nie stresującym. Oczywiście, we wczesnym okresie życia naszego pupila opieka nad nim wymaga poświęceń i uwagi, ale ciężka praca z pewnością przyniesie wymierne rezultaty. Psy uczą nas, jak cieszyć się chwilą – zapomnieć o przeszłości i przyszłości. Dzięki nim pojmujemy, iż najprostsze czynności, takie jak tarzanie się po podłodze, bieg przez park, kąpiele w basenie, odpoczynek na trawie w blasku słońca to najcenniejsze dary, jakie może oferować nam życie. Psy pomagają także nawiązać bliskie więzi nie tylko ze zwierzętami, ale również z innymi ludźmi oraz z samym sobą.

---

* Długość życia psów waha się w zależności od ich rozmiarów – mniejsze psy żyją dłużej (12 lub więcej lat) niż większe (około 10 lat). The Humane Society of the United States, Dog Profile, http://www.hsus.org/animals_in_research/species_used_in_research/dog.html.

Jeśli jesteście pewni, że chcecie, by pies stał się członkiem waszej rodziny – przed wami niezwykła szansa. Możecie wychować pupila waszych marzeń i pozwolić żywej istocie na osiągnięcie potencjału, który przeznaczyła dla niego Matka Natura. Szczeniaki są genetycznie zaprogramowane, by uczyć się zasad i ograniczeń typowych dla środowiska, w którym dorastają. Jeśli już od pierwszych dni uda wam się jasno i wyraźnie przekazać psu zasady panujące w waszej rodzinie, stworzycie partnera, który obdarzy was szacunkiem i zaufaniem oraz przywiąże się do was w stopniu, o jakim nie mieliście dotąd pojęcia. Jednak podobnie jak dzieci, psy ciągle obserwują, eksplorują i starają się zrozumieć własną rolę w otaczającym świecie. Jeśli konsekwentnie i od pierwszych dni będziecie wysyłać im niewłaściwe sygnały, rehabilitacja pupila, który nabrał niepożądanych nawyków, będzie niezwykle trudna.

Wychowałem w swoim życiu setki psów i pracowałem z czworonogami na rozmaitych etapach ich rozwoju, ale gdy zdecydowałem się napisać niniejszą książkę, chciałem, by traktowała ona o procesie wychowania psa od momentu urodzenia do osiągnięcia przez niego dorosłości. Każdy pies, którego rehabilituję lub przygarniam, i każde szczenię, które wychowuję, pomagają mi lepiej zrozumieć psią naturę i wynajdywać nowe sposoby, dzięki którym, my – ludzie, możemy zapewnić tym zwierzętom jak najlepsze i najbardziej zrównoważone życie.

Mam nadzieję, że indywidualne przygody psów, które pojawią się w tej książce, pomogą lepiej zobrazować problemy, które będę omawiać.

Czy naprawdę da się wychować „idealnego psa"? Jestem przekonany, że tak. Wiem, że natura zapewnia przepis na doskonałość każdemu żywemu organizmowi. My, ludzie, myślimy, że jesteśmy w stanie poprawić dzieło natury, i być może w niektórych dziedzinach życia faktycznie tak jest. Jednak w przypadku wychowywania psów natura od początku znała najlepszą drogę do sukcesu. Przestańmy na nowo wymyślać coś, co zostało już wymyślone i zacznijmy uczyć się od najlepszych nauczycieli – psów.

ROZDZIAŁ 1

POZNAJCIE SZCZENIAKI

JUNIOR, BLIZZARD, ANGEL I MR PRESIDENT

Junior

Kiedy pierwszy raz pomyślałem o napisaniu książki na temat wychowania idealnego psa, chciałem, aby miała osobisty wydźwięk i jednocześnie była praktyczna. Z mego doświadczenia wynika, że łatwiej jest uczyć się czegoś na przykładach z życia wziętych. Wychowałem w życiu wiele psów, ale rozpoczynając pisanie o poszczególnych etapach okresu szczenięcego, musiałem je sobie przypomnieć, aby być doskonale zorientowanym w rodzajach zachowań, jakie będę opisywał. W tym celu postanowiłem zająć się czterema szczeniętami różnych ras (pitbull, labrador retriever, buldog angielski oraz sznaucer miniaturowy) i wychować je we własnym domu razem z moim stadem, stosując się do zasad psiej psychologii. Chciałbym wam, drodzy czytelnicy, pokazać, że wychowanie psa od szczenięcia w naturalny sposób może zapobiec problemom oraz potrzebie interwencji w jego późniejszym, dorosłym życiu. Moim celem nie była rehabilitacja psów, lecz wychowanie zrównoważonych osobników i pokazanie właścicielom, że można utrzymać naturalną równowagę, jaką obdarzyła je Matka Natura. Dlatego też chciałem wybrać psy z pewną wrodzoną energią, którą nazywam „energią średniego poziomu". Jest to idealny u psa temperament, z jakim może sobie poradzić nawet niedoświadczony właściciel. Więcej na temat moich wyborów ze względu na energię przeczytacie w kolejnym rozdziale, ale pamiętajcie o tej kwestii, przyłączając się do przygody z nowymi szczeniakami!

PITBULL – JUNIOR

Daddy i jego protegowany – Junior

Chociaż pitbull Junior zadebiutował w mojej poprzedniej książce *A Member of the Family* (Członek rodziny) wciąż uważam go za najważniejszego spośród czterech psów, których okres szczenięcy opisuję w niniejszej publikacji. Kiedy zacząłem pracę nad nią, Junior miał nieco ponad półtora roku, był więc na półmetku psiego okresu dojrzewania, który trwa od ukończenia ośmiu miesięcy do trzech lat. Od momentu przywiezienia go do domu kamery *Zaklinacza Psów* oraz moje własne nagrywały prawie każdy dzień jego dorastania, kiedy z niezdarnie pełzającego psiaka zmieniał się w energicznego, pewnego siebie, ale spokojnego „nastolatka", jakim jest dziś. Z radością zdam wam relację z lekcji, jakie sam otrzymałem, wychowując Juniora.

Adoptowanie szczeniaka rasy pitbull jako modelowego przykładu było dla mnie szczególnie ważne, gdyż na co dzień zajmuję się rehabilitacją niespokojnych psów. Moim zdaniem zła reputacja, jaką ma ta rasa w Stanach Zjednoczonych, to niesprawiedliwość! Przede wszystkim pitbulle to psy. Nie są dzikimi zwierzętami, tylko udomowionymi psami, podobnie jak przedstawiciele innych ras. Oczywiście, pitbulle nie są odpowiednie dla każdej rodziny – ale winiąc całą rasę za wszystkie groźne incydenty, o których czytamy w gazetach, zapominamy o podstawowym fakcie, że to my – ludzie – dla własnych potrzeb stworzyliśmy cechy, za które winimy pitbulle. Jesteśmy za nie odpowiedzialni. Przez całe stulecia modyfikowaliśmy te psy genetycznie, by były wytrwałe, miały silne szczęki i wysoką odporność na niewygody i ból. Cechy te zapisane są po prostu w DNA tych zwierząt. Jednak nawet w świecie psów DNA nie przesądza o wszystkim. Pitbulle nie rodzą się agresywne wobec innych psów czy ludzi – to my wychowujemy je, by takie były. Setki tysięcy pitbulli w całych Stanach Zjednoczonych giną w schroniskach i przytułkach, ponieważ zostały wychowane na „twardzieli", ale ich właściciele przestali sobie z nimi radzić. Wiele z tych zwierząt, skazanych potem na eutanazję, wyszkolono do nielegalnych walk psów, a następnie – gdy nie przynosiły spodziewanych zysków swym bezwzględnym właścicielom – porzucono na ulicy. Z mego doświadczenia wynika, że jeśli pitbulle są odpowiednio uspołeczniane i wychowywane konsekwentnie – zgodnie z zasadami, granicami i ograniczeniami, jakie ich naturalne stado mogłoby im wpoić, stają się wspaniałymi towarzyszami.

Typowe cechy pitbulli, tak często zniesławianych przez społeczeństwo, można właściwie ukierunkować, zyskując pozytywne rezultaty. Na przykład wrodzoną determinację i zajadłość można zmienić w niezachwianą lojalność i cierpliwość. Zrównoważony pitbull potrafi cierpliwie czekać przez długi czas, dopóki właściciel nie wyda nowego polecenia. Wobec dzieci i mniejszych szczeniąt pitbulle potrafią być uosobieniem pobłażliwych nianiek, gdyż ich ciało z łatwością zniesie wspinanie się na ich grzbiet, popychanie i ciąganie – na co mogą być narażone ze strony rozbawionych berbeci obu gatunków. Dobrze uspołeczniony i ułożony pitbull ze stoicyzmem i poczuciem humoru zaakceptuje wszelkie formy dziecięcych zabaw. Wychowuję Juniora bardziej na „psa" niż na „pitbulla" i wierzę, że pokazując przykład jego oraz mego starszego pitbulla Daddy'ego, jestem w stanie zmienić przekonania ludzi bezkrytycznie uprzedzonych wobec tej rasy.

Każdy czytelnik, który oglądał mój program w telewizji, prawdopodobnie zna wzruszające spojrzenie zielonych oczu i złociste umaszczenie mojego wiernego towarzysza – Daddy'ego. W wieku prawie 16 lat Daddy może powiedzieć, że doświadczył wszystkiego, o czym może marzyć współczesny pies: podróżował ze mną przez całe Stany Zjednoczone i nawet miał okazję przespacerować się po czerwonym dywanie na rozdaniu nagród Emmy. Poprzedni właściciel Daddy'ego, raper Redman, zwrócił się do mnie o pomoc w wychowaniu swego pupila, gdy ten był jeszcze rozbrykanym czteromiesięcznym szczeniakiem. Była to bezsprzecznie idealna pora na kształtowanie jego młodego umysłu. Daddy był gorliwym i otwartym towarzyszem zarówno psów, jak i ludzi, i wyrósł na najlepszy, najbardziej pozytywny przykład ratujący honor swej oczernianej rasy. Ma teraz własne grono fanów i nawet konto na Facebooku! Zdecydowanie zasługuje na swoją dobrą reputację. Dziś oficjalnie należy do mnie. Łączy nas więź, której nie da się wyjaśnić prawami natury czy badaniami naukowymi. Wierzę, że osiągnęliśmy stan idealnego duchowego porozumienia między człowiekiem a psem. Lubię przytaczać przykład Daddy'ego moim klientom jako dowód na to, że ten rodzaj zdrowej bliskości ze zwierzęciem jest osiągalny także dla nich.

W licznych odcinkach *Zaklinacza Psów* byłem proszony o pomoc w rehabilitacji niespokojnych psów. Daddy bezapelacyjnie zasłużył na pochwałę jako moja „prawa ręka". W wielu przypadkach jest on moim nauczycielem i często kończy się na tym, że to ja uczę się od niego, a nie na odwrót! Daddy posiada rzadką cechę, którą można wykształcić po wielu latach życia, nabywając doświadczeń – prawdziwą mądrość. Jego energia jest prawidłowo ukierunkowana i nieraz samo przebywanie w jego obecności sprawia, że niespokojne psy odzyskują panowanie nad sobą. Kiedy nie wiem, jak postąpić w danym przypadku, biorę ze sobą Daddy'ego i bacznie obserwuję jego zachowanie. Jedną z najważniejszych prawd, jakie przytaczam podczas tresury i którą chciałbym szczególnie podkreślić w kontekście wychowania szczeniąt, jest to, iż zrównoważony dorosły pies jest w stanie nauczyć nas więcej na temat tresury niż jakakolwiek książka, instrukcja lub nagranie. Daddy nie posiada żadnych dyplomów ani certyfikatów na ścianach swojej budy, ale przekonałem się, że jest niezaprzeczalnym mistrzem rehabilitacji psów.

Jako sędziwy osobnik Daddy wciąż czerpie taką samą radość z drobnych momentów życia, jak w okresie szczenięcym. Starość daje mu się jednak we znaki od strony fizycznej. Ostatnio zacząłem zdawać sobie sprawę, że nie zawsze będzie moim najlepszym kumplem, pomocnikiem i współpracownikiem. Słyszałem nieraz, jak miłośnicy psów, myślący o śmierci swoich pupili, mawiali: „Nigdy nie będę mieć psa takiego jak ten" lub „Nie mógłbym pokochać innego psa, bo żaden nie będzie tak cudowny". To oczywiście prawda, że żaden pies nie będzie dokładnie taki jak Daddy, ale gdy zdecydowałem się zatytułować tę książkę *Jak wychować idealnego psa*, nie miały to być puste słowa. Naprawdę uważam, że można ukształtować innego przedstawiciela tej samej rasy w taki sposób, by tak jak Daddy był zrównoważony, stabilny, idealnie zgrany z właścicielem i by potrafił się zawsze dobrze zachować. Miałem plan – Daddy miał osobiście przekazać pałeczkę psiej świetności kolejnemu pokoleniu, pomagając mi wychować swego idealnego następcę!

WYBRANIE NASTĘPCY

Mój wieloletni przyjaciel, technik weterynarii, który tak jak ja pochodzi ze stanu Sinaloa w Meksyku, rozumie moją filozofię dotyczącą wychowania psów i zgadza się z nią. Sam jest właścicielem spokojnej, ułożonej suki rasy pitbull – towarzyskiego psa rodzinnego, który zawsze był wspaniałą „nianią" dla jego dzieci. Tenże przyjaciel poinformował mnie, że starannie dobrał partnera dla swojej suki i ta wydała na świat nowy miot szczeniąt. Wiedział, że Daddy niedługo przejdzie na emeryturę, i martwił się z tego powodu. Zaprosił mnie więc do siebie, bym rzucił okiem na jego szczenięta. „Kto wie, może znajdziesz wśród nich następcę Daddy'ego" – powiedział.

Kiedy przyjechaliśmy z Daddym zobaczyć szczeniaki, przekonałem się, że suka mojego przyjaciela w dalszym ciągu jest równie uczuciowa, delikatna i posłuszna wobec ludzkich dzieci, jak niegdyś. Ulżyło mi – miała temperament idealny u psa chowanego przy rodzinie, była też aktywną, czujną i opiekuńczą mamą dla własnego potomstwa. Łagodne usposobienie rodziców jest istotną cechą często przekazywaną z pokolenia na pokolenie. Znajomy pokazał mi fotografię ojca szczeniąt – zdrowego pitbulla z dobrej hodowli, a ponadto zdobywcę nagród na wystawach psów. Chociaż nie mogłem go osobiście zobaczyć, gdyż wrócił do swego domu, wiem, że psy wystawowe z definicji muszą wykazać się znacznie wyższym stopniem samokontroli, cierpliwości i równowagi niż przeciętne psy domowe. Gdy oglądałem milutkie, niezdarne ośmiomiesięczne szczenięta, jedno z nich od razu zwróciło moją uwagę. Szare, z białą łatką na klatce piersiowej, miało łagodne jasnoniebieskie oczy. Typowy niebieski pitbull. Ale to jego energia najbardziej mnie do niego przekonała. Choć nie wyglądał jak Daddy, przypominał go swoją spokojną postawą.

Od razu czułem, że coś mnie ciągnie właśnie do tego szczeniaka, ale to nie ja byłem najbardziej doświadczonym zaklinaczem psów wśród zebranych. To Daddy miał dokonać wyboru. Każdy pies może powiedzieć ci więcej o innym stworzeniu – psie, kocie, nawet człowieku – niż inny człowiek, dlatego też zawsze bardzo poważnie traktuję instynkt moich psów. Często zabieram Daddy'ego (lub innego z moich najbardziej zrównoważonych pupili) na spotkania w interesach, by przekonać się, jak zwierzę zareaguje na kogoś, kogo spotykam po raz pierwszy. Jeśli któryś z moich towarzyskich, spokojnie posłusznych psów cofa się na czyjś widok, ignoruje tę osobę lub w jakikolwiek inny sposób stara się jej unikać, zawsze zachowuję czujność – być może mój pies stara się przekazać mi coś, o czym powinienem wiedzieć.

Przyprowadziłem Daddy'ego do pokoju pełnego małych wesołych pitbulli. Wyglądał jak dostojny, sędziwy mąż stanu wśród grupy niesfornych przedszkolaków. Zauważyłem, że jedno ze szczeniąt stara się dominować nad rodzeństwem, więc próbowałem przedstawić je Daddy'emu. Ten zaś od razu warknął na psiaka i się odwrócił. W tak zaawansowanym wieku Daddy nie ma siły ani cierpliwości dla źle wychowanych, aroganckich maluchów. Spojrzałem na kolejne szczenię – o niższym poziomie energii – lecz Daddy w ogóle się nim nie zainteresował. Zignorował je. Starsze psy nie tracą swej cennej energii na szczenięta, które je denerwują. Zastanawiałem się, jak Daddy zareaguje na szarego pieska, który wcześniej wpadł mi w oko. Modliłem się, byśmy zgrali się w kwestii tej istotnej decyzji.

Delikatnie podniosłem szare szczenię za kark i pokazałem je Daddy'emu. Ten natychmiast okazał zainteresowanie. Obwąchał szczeniaka, potem kiwnął na mnie głową, bym postawił zwierzątko na ziemi. Gdy to uczyniłem, malec automatycznie pochylił przed Daddym łepek w bardzo uprzejmym, uległym geście. Widać było, że przez te osiem miesięcy jego życia matka zdążyła nauczyć go podstawy psiego savoir vivre'u – szacunku do starszych. Daddy wciąż obwąchiwał szczenię i widać było, że się nim interesuje. Ale najwspanialsza chwila miała dopiero nadejść. Gdy Daddy skończył oględziny malucha i zaczął się oddalać, mały piesek poszedł za nim. Od tamtej chwili wiedziałem, że ten mały szary kłębek futerka zostanie „duchowym synem" Daddy'ego i nowym dowodem dla Amerykanów na to, że pitbull może być spokojny i zrównoważony.

JAK NIE WYCHOWAĆ KOLEJNEGO MARLEYA
Labrador retriever – Blizzard

Książka Johna Grogana *Marley i ja* była na liście bestsellerów „New York Timesa" przez 54 tygodnie, potem na jej podstawie nakręcono film fabularny, który zarobił na całym świecie ponad 215 milionów dolarów. Pomysł doczekał się nawet sequela zatytułowanego – co mnie, zaklinacza psów, zbulwersowało! – *Bad Dogs Have More Fun* (Złe psy mają więcej zabawy). Dzięki szczeremu, poruszającemu stylowi Grogana labrador retriever Marley stał się niejako uosobieniem jednej z najpopularniejszych ras rodzinnych psów w Stanach Zjednoczonych. Labradory są numerem jeden wśród amerykańskich psów domowych ze względu na swe przyjazne nastawienie do otoczenia, żywe i radosne usposobienie, a Marley zachowywał się właśnie w ten śmieszny, wylewny i pełen werwy sposób. Nieraz posuwał się jednak za daleko w sposobie bycia i tracił nad sobą kontrolę. „Marley – pisze Grogan – okazał się trudnym uczniem, tępym, dzikim, nieustannie roztargnionym, ofiarą nieopanowanej nadpobudliwości. (...) Mój ojciec, gdy Marley próbował nawiązać stosunki małżeńskie z jego kolanem, skwitował to krótko: »Ten pies ma poluzowaną śrubkę«"*.

Marley zainspirował mnie, bym adoptował żółtego labradora jako drugiego psa, którego okres szczenięcy miałem opisać w niniejszej książce. Chociaż śmiałem się do łez, czytając wspomnienia Grogana o Marleyu i doceniałem szansę współpracy z rodziną Grogana oraz ich obecnym labradorem, Gracie, chciałem pokazać życie labradora retrievera z innej perspektywy. Innymi słowy – chciałem napisać rozdział o tym, jak postępować, by nie wychować kolejnego Marleya.

Zwróciłem się do Crystal Reel, nieustraszonej badaczki z MPH Entertainment – producenta *Zaklinacza Psów* – z prośbą o pomoc w znalezieniu idealnego szczeniaka labradora. Chociaż w południowej Kalifornii żyje wielu hodowców psów tej rasy, zdecydowaliśmy się na jedną ze wspaniałych placówek ratowniczych w naszym regionie, na co

---

* John Grogan *Marley i ja*. Warszawa: Wydawnictwo Pierwsze, 2009, wydanie II. Wszystkie cytaty o Marleyu pochodzą z tej książki.

dzień zajmującą się ratowaniem zagubionych, porzuconych i odtrąconych psów. Crystal skontaktowała się z grupą Southern California Labrador Retriever Rescue (SCLRR), organizacją non-profit działającą od 11 lat, której misją jest rehabilitacja i znajdowanie nowych domów dla labradorów retrieverów oraz edukowanie społeczeństwa na temat tych wspaniałych psów. Przez kilkanaście tygodni Crystal kontaktowała się z wolontariuszką z SCLRR, Genevą Ledesmą, sprawdzając potencjalnie odpowiednie szczenięta przeznaczone do adopcji. W końcu zawęziliśmy poszukiwania do dwóch psów, zaś Geneva wraz z inną wolontariuszką, Valerie Dorsch, zgodziły się przywieźć oba zwierzaki na spotkanie ze mną do pierwotnego Centrum Psychologii Psa w sercu Los Angeles.

Październik w południowej Kalifornii wygląda jak środek lata, ale tego poranka, gdy otwierałem bramy Centrum Psychologii Psa, upał łagodziła łagodna bryza. Moim oczom ukazały się dwa szczeniaki rasy labrador – kandydaci, spośród których miałem wybrać swego Marleya. Geneva i Valerie trzymały na smyczy po jednym z tych odratowanych piesków. Pierwszego z nich, lśniącego, dobrze zbudowanego czarnego labradorka znaleziono błąkającego się po polach. Drugi, żółty jak Marley z książki, został podrzucony do schroniska wraz z dwojgiem szczeniąt z tego samego miotu. Oba pieski były mniej więcej dwumiesięcznymi samcami. Były jednakowo słodkie! Każdy z nich miał też za sobą drugą serię szczepień, więc ich książeczki zdrowia były bez zarzutu, pomimo faktu, iż zwierzęta zostały przygarnięte z ulicy.

Celem mego projektu nie była interwencja, lecz prewencja, chciałem więc wybrać szczeniaka o naturalnej, spokojnej i posłusznej postawie, a następnie wychować go tak, by zachował to usposobienie i był idealnym psem rodzinnym. Już po kilku sekundach wiedziałem, że wybiorę żółtego szczeniaka. Węszył przez chwilę dookoła, nieco zaciekawiony, po czym usiadł na tylnych łapach i się odprężył. Po kilku minutach przeciągał się już na nagrzanym w słońcu chodniku. Czarny psiak natomiast zachowywał się nieco niespokojnie, nerwowo, był zbyt podniecony. Stanął tyłem do nas i ciągnął za smycz. Mógłbym popracować nad nim i z łatwością wyleczyć ten stan. Dla celów tej książki chciałem jednak zrobić coś innego – wykorzystać naturalną równowagę, jaką Matka Natura obdarzyła psy, i pokazać wam, drodzy czytelnicy, jak ją pielęgnować i utrzymać.

Valerie i Geneva bardzo zdziwiły się, gdy mój wybór padł na żółtego szczeniaka – były przekonane, że zainteresuje mnie bardziej „aktywny" piesek. „Myślałam, że ten żółty jest leniwy" – powiedziała Valerie. Pomimo całego swego doświadczenia z psami, kobiety nie potrafiły odróżnić energii nerwowej od energii do zabawy. Kiedy wyjaśniłem im, po czym poznać, że czarne szczenię jest niespokojne, Geneva zrozumiała, do czego zmierzam. „Czy możesz powiedzieć nam, jak to się stało, że te zwierzęta są takie różne? – zapytała niepewnie – Czy takie się rodzą?". Wyjaśniłem, że niekiedy przykre doświadczenia z okresu szczenięcego sprawiają, że psy stają się niepewne, zwłaszcza gdy nie miały opiekuńczej matki lub przywódcy stada, który pomógłby im przebrnąć przez trudną sytuację. Normalny pies jest ciekawy świata, nawet jeśli na początku czegoś się obawia. Kiedy widzimy, że od pierwszych chwil pies jest bardzo płochliwy i zalękniony, potencjalnie powinno nas to zaniepokoić.

Niektóre szczenięta rodzą się słabe lub bojaźliwe, jako – jak to się mówi – najsłabsze ogniwo w swoim miocie i w naturalnym środowisku prawdopodobnie by nie przetrwały. Wiem, że to brzmi brutalnie, ale taka jest prawda. My, ludzie, zwykle współczujemy takim osobnikom. Musimy jednak nauczyć się, jak pomóc im przezwyciężyć ten stan umysłu. W przeciwnym razie, czując wobec nich żal, utrwalimy ich słabości. Wspaniale jest ratować psy, które zgubiły się w fizycznym świecie, ale musimy też wiedzieć, jak ocalić je przed obawami z ich własnego psychicznego świata. Żaden pies nie powinien przeżyć całego życia w strachu. Ten rodzaj rehabilitacji zaczyna się od naszej spokojnie asertywnej energii. Łatwo jest podbiec do nerwowego szczeniaka i krzyknąć wysokim głosem: „Ooo, już dobrze, słodziutki, już dobrze!". Uważamy, że obsypywanie ich gestami, które my uważamy za oznaki miłości, przywiązania i współczucia, pomoże im. Jednak u nerwowego szczeniaka takie podejście może jedynie zwiększyć intensywność niepokoju lub podekscytowania. Pokazałem paniom z SCLRR, jak wykorzystać zapach, by odwrócić uwagę czujnego nosa czarnego szczeniaka i tym samym pomóc mu uwolnić umysł od „zamknięcia" w negatywnym, nerwowym stanie. Uniosłem przed nim puszkę z karmą dla psów tak, by nie naruszać jego osobistej przestrzeni. To wystarczyło, by malec się ożywił, po czym usiadł na tylnych łapach i opuścił uszy. Nie użyłem żadnych słów ani pieszczot. Dzięki zachowaniu spokoju, ciszy i energii oraz zaangażowaniu jego najlepiej rozwiniętego zmysłu – węchu – mogłem łatwo wyprowadzić go ze stanu niepokoju.

Właściwie – stwierdziłem – gdyby ten żółty szczeniak trafił na właściciela, który nie zastosowałby żadnych zasad lub oferował mu jedynie dużo ciepła, ten pies również mógłby szybko stać się nadpobudliwy, niespokojny lub nerwowy. Moim celem jest jednak pielęgnowanie jego pięknego, naturalnego stanu umysłu przez te pierwsze osiem miesięcy życia. Potem jest już po wszystkim – kończy się okres szczenięcy. Psy zaczynają dojrzewać, a więc także buntować się, ale jeśli wychowane są zgodnie z zasadami, granicami i ograniczeniami, zawsze będą wiedziały, jak wrócić do stanu równowagi.

Kiedy rozmawiałem z wolontariuszkami z SCLRR, mój mały „Marley" odprężył się i wkrótce zasnął głębokim, spokojnym snem w cieple promieni słonecznych. Ponownie wziąłem puszkę z psią karmą. „Ze szczeniętami jest tak, że niekiedy możemy wywołać ich nerwową reakcję lub przestraszyć je, gdy zostaną zaskoczone podczas snu – wyjaśniłem. Przesunąłem otwartą puszkę tuż pod jego nosem, ale obudził się dopiero, gdy wyczuł, że czarny labrador przepycha się w jej stronę. – Zauważcie, że nie był zszokowany ani zdziwiony, kiedy się obudził – powiedziałem. – Poszturchiwanie, nadeptywanie na siebie lub budzenie jeden drugiego to normalne zachowania szczeniaków wobec rodzeństwa. Stymuluję więc jego mózg tak, by obudził się po znanym sobie bodźcu, nie zaś nowym; dotyk mojej ręki nie jest mu jeszcze znany".

Podjąwszy decyzję co do szczeniaka, byłem gotowy przedstawić go swemu stadu. Dla szczeniąt każde pierwsze wrażenie jest bardzo ważne, musiałem więc zrobić to w odpowiedni sposób. Zwabiony jedzeniem mały „Marley" radośnie podążył za mną w kierunku wewnętrznej strefy Centrum Psychologii Psa, do ogrodzenia, za którym moje stado czekało z niecierpliwością na powitanie swego nowego członka. Szczeniak obwąchał ogrodzenie z zaciekawieniem, po czym zaczął merdać ogonem. Gdyby był zbyt podniecony lub zuchwały, stado źle by to odebrało, ale maluch trzymał głowę nisko, okazując szacunek. Był gotowy.

Krótka uwaga na temat zdrowia i bezpieczeństwa szczeniąt (omówię te zagadnienia szerzej w kolejnych rozdziałach). Zanim przedstawiłem labradorka swemu stadu, musiałem (wraz z paniami z SCLRR) zadbać o ochronę zdrowia zarówno „Marleya", jak i moich psów. Wolontariuszki najpierw sprawdziły, czy oba szczeniaki mają prawidłowe wyniki badań lekarskich oraz czy otrzymały dwie pierwsze dawki szczepień. Jednak system odpornościowy szczeniaka do czwartego miesiąca życia nadal rozwija się, nawet po szczepieniu. Do tego czasu wciąż podatny jest na choroby, zwłaszcza na parwowirusy, które rozprzestrzeniają się poprzez odchody zarażonych psów. Dlatego też, zanim pracownicy SCLRR pozwolili na kontakt wybranego szczenięcia z psami z mego stada, zażądali zapewnienia, że wszystkie osobniki z Centrum Psychologii Psa mają aktualne szczepienia, że w naszej placówce panują higieniczne warunki i że w ostatnim czasie nie notowaliśmy żadnych przypadków zainfekowania parwowirusami czy innymi chorobami zakaźnymi. Po weryfikacji tych danych organizacja wyraziła zgodę na kontakt ich podopiecznego z moimi psami. W tej kwestii obu stronom – ratownikom oraz mnie jako nowemu właścicielowi adopcyjnemu – zależało na dobrym zdrowiu i samopoczuciu szczeniaka. Przez ten okres życia szczeniaka musimy być odpowiedzialni i ostrożni, gdyż jego odporność dopiero się kształtuje, ale jednocześnie nie możemy pozbawiać go normalnych społecznych doświadczeń, które także są istotne dla jego harmonijnego rozwoju.

Jedną ręką złapałem szczenię za kark i podniosłem. Gest ten momentalnie pozwolił mu się odprężyć. Drugą dłonią podtrzymywałem je od spodu. Przytrzymując psiaka nisko nad ziemią, pokazałem go stadu. Jego ogon częściowo zwisał między tylnymi łapami, co sygnalizowało niepokój, więc przed postawieniem go na ziemi poczekałem, aż się roz-

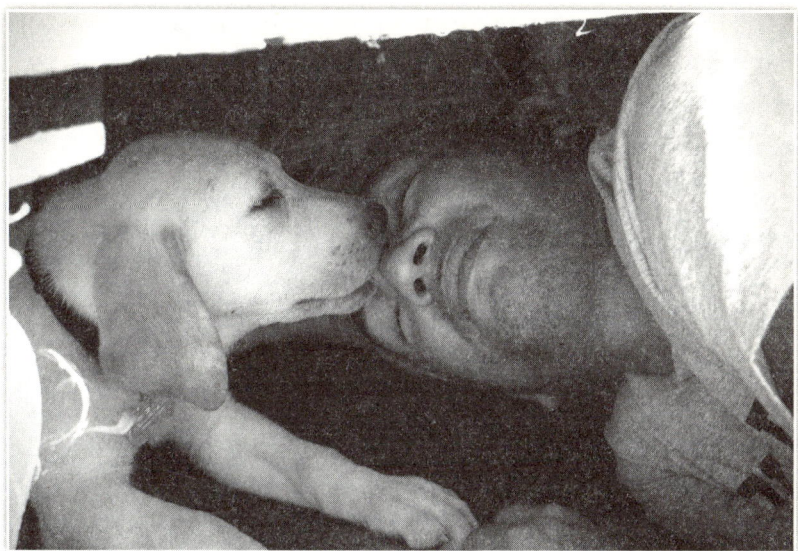

Blizzard okazujący uczucie Cesarowi

luźni. Moje psy delikatnie obwąchały malca, co oznaczało, że z miejsca go zaakceptowały. Blizzard już po 10 minutach wesoło i śmiało badał swoje nowe środowisko. Może i przypominał z wyglądu Marleya znanego z książki i telewizji, ale miał przed sobą zupełnie inne życie.

IDŹ TAM, DOKĄD KIERUJE CIĘ NOS
Sznaucer miniaturowy – Angel

Wybrawszy małego labradora z SCLRR, postanowiłem udać się do dobrego hodowcy, by znaleźć psa w kategorii terierów potrzebnego do udziału w moim projekcie. Typową cechą terierów jest wyjątkowo dobrze wykształcony węch. Zawsze uczę moich klientów, by podczas komunikacji z psami wykorzystywali zasadę „nos, oczy, uszy", chciałem więc wziąć na wychowanie szczeniaka rasy, u której właśnie węch jest zdecydowanie dominującym zmysłem. Gdy pies jest znudzony, nos może wpakować go w tarapaty, ale jeśli energia powiązana z węchem jest odpowiednio ukierunkowana we wczesnych latach, nos waszego pupila może stać się kluczem do jego serca i umysłu.

Brooke Walker to dostojna kobieta o rudych włosach, emanująca pozytywną energią. Gdyby jej na to pozwolić, mogłaby cały dzień opowiadać o pasji swego życia: hodowaniu sznaucerów miniaturowych*, przeznaczonych na wystawy psów. Gdy poznałem Brooke, wiedziałem od pierwszej chwili, że zna się na swoim fachu. Zapytałem, co sprawiło, że zainteresowała się właśnie tą rasą.

„Przez 38 lat pracowałam jako stewardesa, a po przejściu na emeryturę stwierdziłam, że chcę mieć psa – zaczęła. – Nie miałam żadnego od wielu lat. Poszłam więc na wystawę psów i porozmawiałam z kilkoma hodowcami, zadając mnóstwo pytań. Takie miejsce jest idealne, jeśli chcesz dowiedzieć się czegoś na temat tych zwierząt, ponieważ przyjeżdża wielu hodowców, a każdy z nich lubi opowiadać o swojej pracy. Sznaucery miniaturowe zwróciły moją uwagę, bo mają w sobie dużo gracji: to elegancka, piękna rasa".

Oczywiście – jak to bywa z większością hodowców – Brooke przez pięć lat hodowania psów wybranej przez siebie rasy stała się jeszcze większą jej miłośniczką. „Sznaucery miniaturowe nie linieją, nie mają łupieżu. Są w idealnym rozmiarze: możesz je zabrać do samolotu w bagażu podręcznym i mieszczą się pod siedzenie, więc nie trzeba umieszczać ich w luku bagażowym samolotu. Cały czas podróżuję ze swoimi psami".

Dzień przed moją wyprawą do Costa Mesa w Kalifornii padało. Pojechałem po sznaucera z ostatniego miotu w hodowli Brooke. Otoczenie domostwa było uporządkowane, czyste i schludne, pomimo faktu, że na terenie posiadłości mieszkały trzy dwumiesięczne szczeniaki, para dorosłych psów i jeden stary samiec. To był dobry znak. Jeśli jedziesz do hodowcy i zastajesz tam bałagan: wszędzie wokół widzisz skaczące, wyjące lub gryzące się psy, zapamiętaj sobie ten obrazek – jest to istotne, gdyż w takich warunkach twój szczeniak przeżył swoje pierwsze, kształtujące go doświadczenia. Pies wychowywany

---

* Wg klasyfikacji amerykańskiej należą do grupy terierów, w Polsce na wystawach są na ogół w sekcji pinczera i sznaucera (przyp. red.).

w chaotycznym środowisku już od pierwszych chwil po narodzinach w naturalny sposób będzie wchłaniał tę niespokojną energię. Pracowałem z kilkoma właścicielami sznaucerów miniaturowych, którym wydawało się, że nadmiar energii i ciągłe szczekanie są częścią „charakteru" tej rasy. Stado Brooke szybko ten mit rozwiało: panowała w nim atmosfera ciszy i spokoju, chociaż jej szczenięta były ciekawe świata i skore do zabawy.

Usiedliśmy na zadbanym, wyłożonym kostką brukową tarasie i obserwowaliśmy przepychające się i węszące szczeniaki, ciesząc się ich widokiem i każdym dźwiękiem. Czujna matka szczeniąt obserwowała je wraz z nami. Była prawie dwuletnią suką o imieniu Binky. Przez większość czasu wydawała się odprężona i zainteresowana naszą rozmową, ale niekiedy figle szczeniaków zwracały jej uwagę. Zauważyłem, że kiedy młoda suczka zbyt długo dokuczała braciszkowi, Binky zeskoczyła ze swego siedziska na kamiennym podmurowaniu i w ułamku sekundy chwyciła małą awanturnicę w pysk, a następnie odstawiła ją na bok. Psia mama pozwala, by jej dzieci okazywały wobec siebie dominację, ale kiedy ich zabawy stają się zbyt intensywne, wkracza do akcji i łagodzi sytuację. Kiedy mała suczka uspokoiła się, jakby mówiąc: „Dobrze, mamo, rozumiem", Binky wróciła do węszenia wokół mnie i Brooke. Zwykle radzę właścicielom psów, by wobec swoich zwierząt starali się stosować metody podobne do tych, jakie suki stosują wobec swoich szczeniąt: szybkie, precyzyjne, naturalne korygowanie zachowań i wprowadzanie spokojnie asertywnej, delikatnej, ale zarazem stanowczej dyscypliny. Ja sam nauczyłem się swoich metod dzięki obserwacji i naśladowaniu dobrych psich mam – takich jak Binky.

Brooke pokazała mi troje szczeniąt rasy sznaucer: dwa pieski – jednego w niebieskiej obroży i jednego w zielonej – oraz suczkę – w różowej. Suczka była najmniejsza z całej trójki, jednak obserwując, jak skacze po swoim braciszku w zielonej obroży, stwierdziłem, że jej poziom energii wciąż jest dość wysoki. Brooke była przekonana, że wybiorę jej ulubieńca – „Pana Niebieskiego". Był to czarny sznaucer z lśniącymi srebrnymi łatami na brwiach, klatce piersiowej, stopach i ogonie. Przedstawiła go jako „najmocniejsze ogniwo w całym miocie". „Rwie się pierwszy do wszystkiego – powiedziała. – Jako pierwszy wydostał się ze swego legowiska, pierwszy zaczął szczekać, gramolić się na inne szczeniaki, a nawet jako pierwszy stanął na wszystkich czterech łapach! Jest bardzo inteligentny i wykazuje cechy przywódcy".

Jej opis energii obu szczeniaków płci męskiej uplasował pieska w zielonej obroży na samym dole w rodzinnej psiej hierarchii. Ale ja wiedziałem, że nie jest strachliwym ani niespokojnym zwierzęciem, zaś jego energia nie jest na niskim poziomie, tylko na średnim. By zbadać temperament wszystkich trojga szczeniąt, posadziłem je na trzech krzesłach ogrodowych. „Pan Niebieski" natychmiast zeskoczył ze swego krzesła i podbiegł do mnie – chciał być w centrum wydarzeń. Kiedy Brooke posadziła go z powrotem, znów zeskoczył. „Pannie Różowej" zajęło to trochę więcej czasu, lecz w końcu i ona nie mogła wytrzymać czekania i podążyła za przykładem swego dominującego braciszka. Z całej trójki tylko „Pan Zielony" pozostał na krześle i obserwował całą resztę. Nie skomlał ani nie kręcił się – po prostu czekał, zachowując czujność, na następne moje polecenie. Zapytałem Brooke o jej doświadczenia z tym psem. „Wydaje mi się, że będzie świetnym towarzyszem, bo jest bardzo uczuciowy – odpowiedziała. – Ma łagodniejsze usposobienie niż jego brat, jest mniej niezależny. Osobiście wolę jednak niezależne psy, ponieważ łatwiej je tresować".

Podobnie jak panie z SCLRR, Brooke była szczerze zaskoczona, kiedy na potrzeby niniejszej książki wybrałem na wychowanie szczeniaka w zielonej obroży – psa o średnim poziomie energii. Przypomniałem jej, że chociaż jako zaklinacz psów preferuję zwierzęta o wyższym poziomie energii, większość potencjalnych właścicieli nie ma takiego doświadczenia w postępowaniu z psami jak ona czy ja i może się okazać, że dominujący, niezależny osobnik po wprowadzeniu się do nowego domu ich przytłoczy. Moim celem przy pisaniu tej książki było znalezienie szczeniąt, które zaczęłyby życie z idealnym wrodzonym – a więc „średnim" – poziomem energii, co byłoby odpowiednie dla przeciętnego, a nawet niedoświadczonego właściciela lub

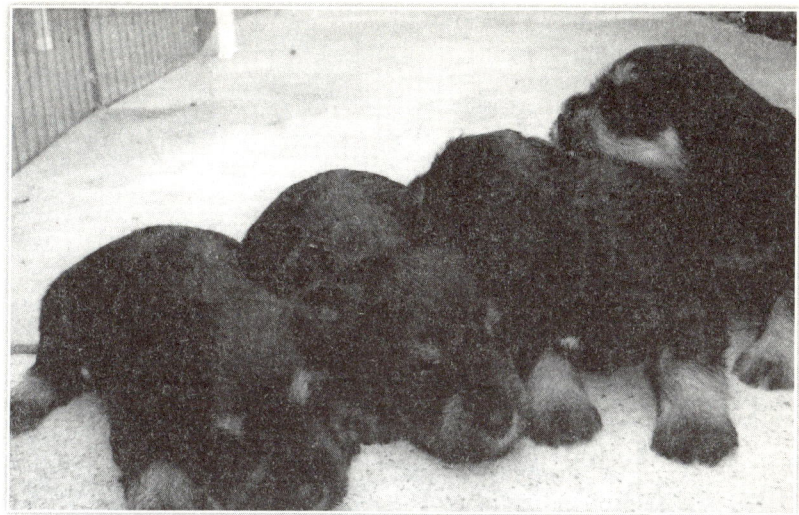

Angel i jego rodzeństwo

rodziny. Chciałem udzielić czytelnikom praktycznych porad dotyczących tego, jak utrzymać ten stan psiego umysłu podczas kluczowych miesięcy okresu szczenięcego, a także później.

Po wybraniu „Pana Zielonego" poprosiłem Brooke o ręcznik lub kawałek materiału, na którym piesek czułby zapach swojej psiej rodziny. Chciałem mu złagodzić przejście z jego pierwszego stada do mojego. Brooke uczyniła o wiele więcej – dała mi jego „papiery" – w tym paszport zaświadczający, że jest sznaucerem miniaturowym płci męskiej, zaświadczenie z towarzystwa kynologicznego American Kennel Club (AKC)*, dokumenty zawierające daty, miejsca i rodzaje szczepień, jakie do tej pory otrzymał, oraz zalecane terminy kolejnych. Dała mi także broszurę z wieloma informacjami na temat sznaucerów miniaturowych, wykres z informacjami dotyczącymi pielęgnacji tych psów oraz – na odchodne – niewielki kosz z podarunkami, zawierający psie przysmaki, misia-zabawkę i szczotkę do czyszczenia sierści. Możecie spodziewać się takiego wyjątkowego traktowania, jeśli zdecydujecie się kupić psa od wysokiej klasy hodowcy. Dla ludzi

---

* Największa organizacja kynologiczna w USA, zajmująca się rejestrowaniem psich rodowodów i organizowaniem wystaw psów (przyp. tłum.).

takich jak Brooke każdy pies jest nie tylko zwierzęciem, ale też członkiem rodziny, a skoro jej życiową misją jest znajdowanie odpowiednich domów dla swoich podopiecznych, każdy sprzedawany przez nią szczeniak zabiera ze sobą cząstkę jej serca.

Jestem wielkim zwolennikiem schronisk oraz organizacji ratujących psy i zajmujących się sprawami ich adopcji. Zawsze zachęcam ludzi, którzy chcą mieć psa, do skorzystania z usług takich placówek. Problem zbyt licznej psiej populacji w Stanach Zjednoczonych jest szokujący: każdego roku usypia się dwa do trzech milionów psów tylko dlatego, że nie ma dla nich wystarczającej liczby domów. Im więcej psów ze schronisk lub z organizacji ratujących znajdzie nowy dom, tym mniej psów straci swe cenne życie tylko z tego powodu, że ludzie ich nie chcą. Podarowanie psu z takiej placówki nowego, wspaniałego życia daje ogromną satysfakcję. Ale jeśli zdecydujecie się na kupno psa od hodowcy takiego jak Brooke, będzie to jak odkrycie żyły złota. Gdy przywieziecie do domu szczenię od hodowcy o tak wysokim poziomie etycznym oraz wielkim doświadczeniu, jakie prezentuje Brooke, nie będzie to tylko zwierzę – przyjmiecie pod swój dach psa, za którym stoi kilka pokoleń przodków czystego rodowodu – staniecie się więc właścicielami małej cząstki psiej historii. Brooke twierdzi, że dla niej trzema najważniejszymi wartościami w hodowli psów są: dobre zdrowie, temperament i budowa ciała, tzn. utrzymanie integralności rasy. W następnym rozdziale doradzę wam, jak znaleźć tak dobrego hodowcę, jak Brooke.

Jednym ze sposobów, w jakie profesjonalni hodowcy zachowują czystość rodowodu swoich podopiecznych, jest dbanie, by ich szczenięta nie wpadły w niepowołane ręce. Jeśli jakiś hodowca zechce sprzedać wam szczeniaka bez wcześniejszego spotkania i zadania pytań o wasze doświadczenie w opiece nad psami, dom, otoczenie oraz intencje wobec zwierzęcia, powinno to zwrócić waszą uwagę. Istotną kwestią dla większości hodowców jest podpisanie umowy adopcyjnej. Brooke podsunęła mi do podpisania umowę zakazującą sterylizacji jej szczeniaka, dopóki nie ukończy on ośmiu miesięcy, a więc do końca okresu szczenięcego. Osobiście wolę sterylizować samce w wieku sześciu miesięcy, by nigdy nie doświadczyły przytłaczającego, niewygodnego pragnienia kopulacji. Rozumiem jednak kryterium Brooke – jako hodowca pragnie, by szczenię osiągnęło całkowitą dojrzałość, zanim nowy właściciel zdecyduje, czy chce je rozmnażać, a tym samym przekazać kolejnemu pokoleniu jego cenne geny. Zgodziłem się też oddać jej psa pod koniec okresu szczenięcego, jeżeli zdecyduję, że nie chcę go mieć, lub jeśli nie znajdę miejsca, które według mnie i Brooke będzie dla niego odpowiednie. Szczerze podziwiam jej poświęcenie.

Podczas około półgodzinnej przeprawy przez dokumentację szczeniaka, sam zainteresowany siedział cicho obok mnie i odpoczywał. To niezwykłe w przypadku szczeniaka! Wtedy właśnie psiak ostatecznie przekonał mnie, że dokonałem właściwego wyboru sznaucera miniaturowego.

Po podpisaniu dokumentów i pożegnaniu się z Brooke zaprowadziłem „Pana Zielonego" do mego samochodu. By zachęcić go do wejścia do środka, ułożyłem na siedzeniu koc z legowiska jego matki. Musiałem oczywiście podsadzić go na stopień nadwozia, ale zależało mi, by na siedzenie w miarę możliwości wszedł samodzielnie. Cierpliwość jest kluczową cechą podczas wychowywania szczeniąt. Kiedy oddzielasz malca od jego stada po raz pierwszy, jest to moment, w którym będziesz potrzebować wszelkich pokładów cierpliwości, jakie jesteś w stanie z siebie wykrzesać. Trzymałem przed jego nosem wołowy gryzak – „kość", która tak naprawdę jest suszonym wołowym penisem – i pozwoliłem, by przyszedł za zapachem, gdy ja w tym czasie delikatnie popchnąłem go w kierunku wnętrza auta. Stamtąd mogłem z łatwością wprowadzić go do klatki, w której miał pojechać do swego nowego domu w Santa Clarita. Kiedy dotarliśmy na miejsce, moi synowie byli pod tak dużym wrażeniem jego słodkiego usposobienia, że od razu nazwali go Angel (Anioł).

WIWAT NA CZEŚĆ PRZYWÓDCY
Buldog angielski – Mr President

Kiedy stałem się już posiadaczem kolejnego pitbulla – ulubieńca Ameryki, radosnego labradora oraz wiedzionego węchem sznaucera, zapragnąłem jeszcze wybrać do swojego projektu szczenię rasy z całkowicie odmiennymi wrodzonymi cechami. Zawsze czułem szczególną sympatię wobec buldogów – w Stanach nie jestem w tym odosobniony. Według gazety „USA Today" – na liście prowadzonej przez American Kennel Club* – w ciągu ostatnich dwóch lat buldogi utrzymują się w pierwszej dziesiątce najpopularniejszych amerykańskich psów. Wyobrażam sobie, że wielu z was, czytając tę książkę, rozważa kupno buldoga lub psa podobnej rasy. Istnieje wiele stereotypów na temat buldogów: że są to leniwe psy wylegujące się całymi dniami na kanapie, że nie potrzebują zbyt wielkich nakładów energii ani stymulacji, że mają spokojne, łagodne i delikatne usposobienie. W wielu przypadkach podobne opinie znajdują odzwierciedlenie w rzeczywistości, ale jest też druga strona medalu.

Faktem jest, że buldogi wywodzą się z Wysp Brytyjskich, a ich nazwa odzwierciedla cel, dla którego rasa ta została genetycznie stworzona: miały uczestniczyć w brutalnym, lecz niestety popularnym sporcie – walkach z bykami**, podczas których umieszczano byka w zagrodzie lub dole i prowokowano jednego albo kilka psów, by atakowały go, czepiając się zębami jego szyi. Pierwsze buldogi – potomkowie starożytnych azjatyckich mastifów skrzyżowanych z mopsami – były hodowane na psy brutalne, wytrzymałe i zdumiewająco odporne na ból. Kiedy w roku 1835 zakazano walk psów z bykami, kolejne pokolenie miłośników buldogów – spokojniejsze i delikatniejsze – przejęło kontrolę nad kształtowaniem tej rasy i w końcu pierwotna zaciekłość staroangielskich buldogów została wyparta. Jednak cechy charakterystyczne, takie jak wojowniczość, wytrwałość i nieustępliwość, wciąż

---

*   Sharon L. Peters *Bulldogs Sitting Pretty on Top Dog List*. „USA Today", 17 stycznia 2008, http://www.usatoday.com/news/nation/2008-01-16-favorite-dogs_N.htm.
** Z jęz. angielskiego: *bull* – byk, *dog* – pies (przyp. tłum.).

są głęboko zakorzenione w DNA każdego buldoga. W przypadku niektórych osobników prawidłowe ukierunkowanie tych uwarunkowanych rasowo tendencji stanowi nie lada wyzwanie!

Jednak niewielu ludzi wie, że buldogi wszystkich odmian są w pewnym sensie upośledzone od urodzenia przez fakt, że w wyniku modyfikacji genetycznych wszystkie mają krótkie, płaskie nosy i niewielkie tchawice. To nie Matka Natura zaplanowała dla tych psów taki kształt pyska: w odległej historii buldogów ludzie wywnioskowali, że dzięki krótszemu pyskowi możliwe będzie uzyskanie mocniejszych szczęk do chwytania skóry byka. Fakt, że buldogi charczą i chrapią, często bawi i rozczula ich miłośników, ale jest to jeden z efektów ubocznych nienaturalnego projektowania budowy ciała tych psów.

Kolejnym wynikiem planowania ich unikatowego wyglądu jest słabiej niż u innych ras rozwinięty węch, co sprawia, że mają trudności w sytuacjach wymagających umiejętności tropienia, na przykład kiedy się zgubią lub oddzielą od stada i muszą odnaleźć drogę do domu. W kontaktach z otaczającym światem mogą też mieć tendencję do wykorzystywania oczu w większej mierze niż nosa, co nie jest dla psa naturalne i może prowadzić do konfliktów z innymi osobnikami, jeżeli buldog będzie zbyt długo lub w nieodpowiednim czasie utrzymywać kontakt wzrokowy z innym psem. Uważam, że to psi nos jest kluczem do zrozumienia jego zachowania, chciałem więc wychować buldoga angielskiego jak należy, poprzez dołożenie wszelkich starań, by zapewnić mu – tak jak reszcie moich psów – wychowanie opierające się na zmyśle węchu. Chciałem wydobyć z niego najlepsze cechy związane z psim gatunkiem: cierpliwość, lojalność i przywiązanie, by upodobnił się do przedstawicieli swego gatunku bardziej niż do rasy.

W tym samym miesiącu, w którym dostałem Angela, miałem znaleźć mego wymarzonego buldoga angielskiego. Z pomocą przyszedł mi mój wieloletni przyjaciel specjalizujący się w hodowli angielskich buldogów o łagodnym, godnym zaufania temperamencie. Wiedział on, że poszukuję psa o średnim poziomie energii, a jego suka właśnie takiego urodziła. Ten krępy, biało-brązowy malec, wyglądający jakby miał na sobie za dużą piżamę, był jedynakiem. Urodził się, jak większość buldogów, poprzez cięcie cesarskie, co stanowi kolejny efekt uboczny zastosowanej wobec tej rasy inżynierii genetycznej: szczenięta rodzą się ze zbyt szeroką głową i klatką piersiową, by przecisnąć się przez wąskie biodra i kanał rodny matki. Nasza badaczka, Crystal Reel, pojechała ze mną po małego buldoga. Była zachwycona, gdyż angielskie buldogi są jej ulubioną rasą. Pozwoliłem jej wybrać imię dla tego malucha – wabi się on Generał George Washington, czyli w skrócie Mr President.

Jeśli oglądaliście *Zaklinacza Psów*, mogliście widzieć dwa z wielu buldogów, które rehabilitowałem – Jordana z pierwszego sezonu i Matildę z trzeciego. Oba psy miały obsesję na punkcie deskorolek: atakowały je, chwytały w zęby i trzymały z całej siły, starając się je zatrzymać. Obsesyjne zachowania, takie jak gryzienie, rzucanie się na obiekty i kurczowe trzymanie się ich, stanowią pozostałość po dawnych, wspomnianych wcześniej cechach buldogów. Każdy właściciel musi sobie z nimi radzić, ale powinien je tępić od samego początku. W okresie szczenięcym mamy największą szansę na stłumienie zachowań typowych dla tej rasy, przywodzących na myśl stary frazes: „uparty jak buldog".

Mr President zaczął ukazywać swą naturę tuż po przywiezieniu go do domu. Tylko on spośród czworga szczeniąt wychowywanych podczas pisania tej książki przejawiał problemy z gryzieniem różnych rzeczy. Kiedy jednak szczenię kończy dwa miesiące, właściciel ma wielką szansę powstrzymania lub właściwego ukierunkowania takich zachowań, zanim urosną one do rangi problemu. W przypadku Mr Presidenta zacząłem od odwrócenia jego uwagi różnymi przyjemnymi zapachami, nie tylko po to, by przekierować jego naturalnie obsesyjną energię, ale też by zachęcić malca do częstszego robienia użytku z nosa. Kiedy jego poziom energii jest za wysoki, dotykam lekko jego szyi lub zadka, co natychmiast wytrąca go z jego stanu. Omówię kwestie przekierowywania i korygowania niepożądanych zachowań w *Rozdziale 4*.

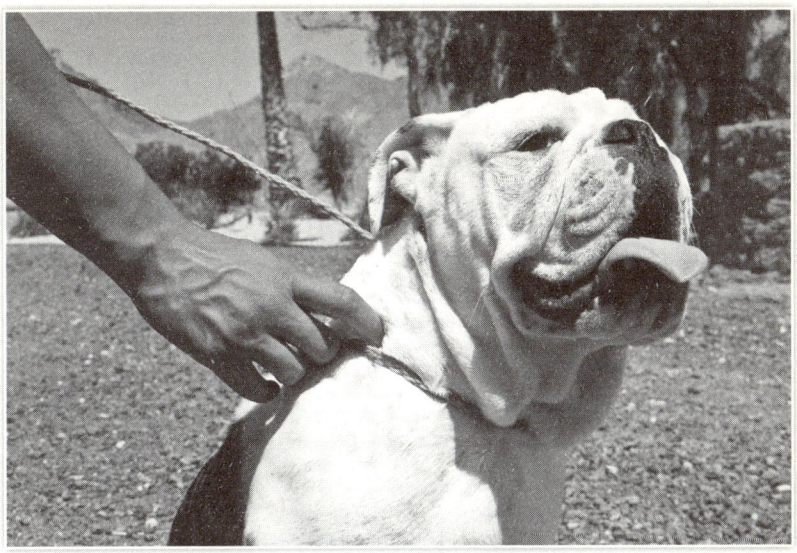

Korygowanie zachowania Mr Presidenta poprzez lekkie dotknięcie jego szyi

SZCZENIĘTA PRZYJEŻDŻAJĄ DO DOMU

Zanim zacząłem pisać tę książkę, wszystkie cztery szczeniaki były już w moim domu. Junior był brązowym, półtorarocznym psim nastolatkiem. Blizzard, żółty labrador, właśnie skończył cztery miesiące, zaś sznaucer miniaturowy Angel i buldog angielski Mr President miały po dwa miesiące. Byłem wtedy w trakcie przenoszenia Centrum Psychologii Psa z serca Los Angeles na pagórkowatą działkę o powierzchni ponad 17 hektarów, położoną w dolinie Santa Clarita. Większość psów z mojego stada oddałem do nowych domów, tymczasowych domów zastępczych lub do placówki w Templeton w stanie Kalifornia, prowadzonej przez bliską przyjaciółkę i protegowaną, Cheri Lucas, która hoduje tam swoje stado 50 odratowanych i rehabilitowanych psów. Oznaczało to, że nowe szczenięta będą wychowywane w Casa Millan – naszej średniej wielkości podmiejskiej posiadłości, przypominającej ranczo, w dolinie Santa Clarita – i że codziennie będą dowożone do położonego nieopodal Centrum Psychologii Psa, które musiałem przygotować do wielkiego otwarcia planowanego na jesień 2009 roku. Ogólnie rzecz biorąc, nasze rodzinne stado (włączając moją żonę Ilusion oraz synów: Calvina i Andre) składało się teraz z czworga szczeniąt: Juniora, Blizzarda, Angela i Mr Presidenta, mego sędziwego pitbulla Daddy'ego (15 lat), naszych chihuahua: Coco (5) i Minnie (2), Jack Russell teriera Jacka (4), rottweilera Apolla (mniej więcej dwuipółrocznego) i dwuletniego teriera Yorkshire – Georgii Peaches, którą uratowałem z pseudohodowli, goszcząc w Atlancie, gdzie miałem zaplanowane wystąpienie. Ponieważ Centrum Psychologii Psa było w trakcie przeprowadzki, regularnie przywoziłem też do domu z programu *Zaklinacz Psów* osobniki wymagające bardziej intensywnej rehabilitacji, więc szczenięta miały kontakt z mieszanym towarzystwem psów różnych ras, w różnym wieku oraz o zróżnicowanym poziomie energii.

Byłem gotowy – mogłem rozpocząć swój eksperyment ze szczeniętami, którego celem było wychowanie czterech zrównoważonych psów różnych ras, utrzymanie ich wrodzonego poziomu energii oraz zapobieżenie wszelkim problemom, jakie zwierzęta te mogłyby stwarzać w przyszłości. W dalszej części książki moje szczeniaki będą (obok mnie) głównymi bohaterami. Opiszę kolejne etapy ich rozwoju, byście mogli dokładnie prześledzić, w jaki sposób stosowałem założenia psychologii psów w ich wychowaniu.

Zainspirowany i ożywiony ustawiłem ochronne bramki w jednej linii oraz umieściłem w dużym garażu z otwartymi drzwiami prowadzącymi na nasze podwórko rząd wygodnych psich bud. Calvin i Andre zabrali się energicznie do pomocy, przygotowując dom do celów tego ekscytującego doświadczenia. Przez następne siedem miesięcy cała moja rodzina miała oddawać się czystej przyjemności obserwowania, jak cztery psy przechodzą magiczny okres w swoim życiu – okres szczenięcy – i zaczynają dojrzewać.

ROZDZIAŁ 2

DOBRANA PARA

JAK WYBRAĆ IDEALNEGO SZCZENIAKA

Georgia Peaches

Gdy dorastałem na farmie dziadka w Sinaloa w Meksyku, towarzyszyło mi stado mieszkających tam kundli – naszych wiernych przyjaciół oraz pomocników w polu i na farmie. Zwierząt tych nie dało się nazwać „domowymi" w typowym znaczeniu tego słowa. Psy żyły blisko nas, ale nie z nami. Należały do nas, lecz miały swój własny świat, jakże odległy od naszego – pełen psich spraw i równowagi typowej dla królestwa zwierząt. Byłem świadkiem narodzin wielu psów i chociaż szczeniaki były zawsze pocieszne, prawdziwą „słodycz" ujrzałem dopiero po przyjeździe do Ameryki, gdzie miałem okazję zobaczyć setki przedstawicieli najróżniejszych ras. Francuskie buldogi ze spłaszczonymi pyszczkami i nieproporcjonalnie dużymi oczyma, lhasa apso, westie i małe pudle – wszystkie puchate szczeniaki chwytały mnie za serce swoim urokiem osobistym. Gdy przyjrzałem się niektórym bardziej popularnym rasom, zrozumiałem, dlaczego Amerykanie traktują szczeniaki jak dzieci. W Meksyku zachowanie takie nie jest powszechnie przyjęte.

Wszystkie małe zwierzęta są pełne uroku, ale moim zdaniem szczeniaki w tej kategorii prowadzą. Nawet najbardziej surowi ludzie po prostu muszą się obejrzeć na ulicy za szczeniakiem. Wielu moich klientów w pracy odgrywa role bezlitosnych przedsiębiorców, ale wszyscy bez wyjątku topnieją na widok małego pieska. Kanadyjski psycholog i ekspert w dziedzinie zachowania zwierząt, doktor Stanley Coren, twierdzi, że „małe ssaki wydzielają feromony nadające im specyficzny »dziecięcy« zapach. Jedną z funkcji takich feromonów jest wzbudzanie instynktów opiekuńczych lub co najmniej tłumienie wrogich zachowań wśród osobników tego samego gatunku. Podobieństwa między ssakami powodują, że reakcja ta działa też na inne zwierzęta*". Słowa Corena wyjaśniają liczne przypadki przyjaźni między przedstawicielami dwóch różnych gatunków (z których jeden osobnik był zazwyczaj starszy i bardziej opiekuńczo nastawiony). Gorylica Koko i jej mały kociak lub lwica i mały wilczek to doskonałe przykłady na istnienie wrodzonej potrzeby opieki nad młodszymi towarzyszami.

Urok szczeniaka może być jednak także wadą. Reakcja powodująca niepohamowaną potrzebę przygarnięcia szczeniaka to wpływ emocji, a nie rozsądku. John Grogan doskonale oddaje istotę miłości do szczeniaków w cudownej opowieści o uroczym, lecz nieprzewidywalnym labradorze, zatytułowanej *Marley i ja*. „Zanim tu przyszliśmy, umówiłem się z Jenny, że tylko obejrzymy szczeniaki, o wszystko wypytamy, a potem się spokojnie zastanowimy, czy naprawdę chcemy wziąć psa do domu.»To dopiero pierwsze ogłoszenie – mówiłem. – Nie podejmujmy pochopnych decyzji«. Ale po 30 sekundach od wejścia wiedziałem, że przegrałem. Nie miałem wątpliwości: zanim minie wieczór, jeden z tych szczeniaków będzie nasz".

---

* Susan Kaufmann *Interspecies Friendships: When Cats Join the Pack*, ModernDogMagazine.com, http://www.moderndogmagazine.com/articles/interspecies-friendships-when-cats-join-the-pack/270.

Wiele razy, gdy proszono mnie o interwencję w sprawie sprawiającego trudności psa, słyszałem najróżniejsze wariacje na temat powyższego schematu. Niestety, tego typu historie nie zawsze mają swój finał w postaci książki-bestselleru i filmu bijącego rekordy oglądalności. Czasami rezultatem są rozczarowani i sfrustrowani właściciele rwący sobie włosy z głowy i oddający szczeniaka do schroniska. Niekiedy takie zaniedbania kończą się nawet uśpieniem niewinnego psa.

Gdy przynosicie do domu szczeniaka, musicie zdawać sobie sprawę, że wkrótce stanie się on dorosłym psem i nie będzie wiecznie waszą małą pluszową zabawką-przytulanką. Miłośnicy zwierząt (zwłaszcza tacy, którzy mają do czynienia z psami) doskonale zdają sobie sprawę z tego, jak wiele psów ląduje w schroniskach. W ciągu ostatnich paru lat odpowiedzialni hodowcy, organizacje i schroniska zwracają coraz większą uwagę na konsekwencje przekazywania szczeniaków ludziom, którzy nie traktują swoich obowiązków poważnie. Często od przyszłego właściciela wymaga się podpisania umowy lub nawet organizuje „wizyty domowe", by być pewnym, że psu stworzono odpowiednie warunki. Brooke Walker, hodowca Angela, podpisuje z nowymi właścicielami umowę, w której ustala, że jeśli w wyniku nieprzewidzianych okoliczności właściciele nie będą w stanie trzymać psa w domu, oddadzą go z powrotem do niej. Oprócz tego Brooke wszczepia wszystkim swoim psom mikrochipy, dzięki którym można bez problemu ustalić, skąd wzięła się zguba.

Diana Foster i jej mąż Doug są wykwalifikowanymi i utytułowanymi hodowcami, którzy od 34 lat prowadzą firmę Thinschmidt German Shepherds w Corona w stanie Kalifornia. Hodują oni idealnie ułożone owczarki niemieckie z rodowodem, zajmują się także ich tresurą. Diana opisała mi szczegółowy proces lustracji potencjalnych kandydatów do adopcji szczeniaków:

Odbywamy długą rozmowę. Najpierw pytam, czy kiedykolwiek wcześniej wychowywali owczarka. Patrząc na urocze maleństwo, nie wszyscy rozumieją, że będą mieli do czynienia z wielkim psem. Trzeba zdać sobie sprawę z przezna-

czenia owczarków niemieckich, ich rozmiarów i siły oraz z funkcji, jaką pełni tresura. Pytam klientów, dlaczego chcą mieć właśnie owczarka. Jaki jest tego powód? Czy będzie on pracował jako pies obronny przebywający głównie na zewnątrz? Jeśli tak – nie mogę sprzedać im jednego z naszych psów, bo nie do tego je tresujemy. Nasze psy są jak rodzina. Oprócz tego usiłuję się dowiedzieć, czy w domu będą jakieś dzieci. Czy klient ma już jakieś psy? Jeśli tak, czy są to samce czy samice? Czy właściciel jest osobą aktywną? Czy pies będzie przebywał z rodziną? Gdzie będzie spał? Osobom zainteresowanym oferujemy rady dotyczące przygotowania domu do przyjęcia czworonoga. Nie chcemy oddawać psa, zanim nie dowiemy się, jak będzie wyglądało jego życie.

Podobnie jak Fosterowie, Brooke Walker także starannie dobiera ludzi, którzy zabiorą do domu jednego z jej sznaucerów miniaturowych.

Jeśli oboje małżonkowie pracują i mają małe dziecko, nie będą mieli czasu na poprawne wychowanie szczeniaka. Moje psy bardzo dobrze znoszą towarzystwo dzieci – to nie problem. Pies poradzi sobie, jeśli ktoś będzie chciał się nim opiekować, ale jeśli się zorientuję, że nie poświęci mu się dostatecznie dużo uwagi, nie będę mogła zgodzić się na adopcję. Pytam klienta, czy w jego pełnej życia rodzinie znajdzie się miejsce na psa. Jeśli ma ogródek, koniecznie musi on być ogrodzony. Ludzie mieszkający na mniejszej przestrzeni muszą mnie zapewnić, że będą wyprowadzać swojego psa. Nie mam tu na myśli chodzenia dookoła bloku. Psy mają wrodzoną potrzebę odbywania długich spacerów. Nosy sznaucerów miniaturowych wciąż pracują i psy te potrzebują stymulacji w postaci nieustannie zmieniających się miejsc, zapachów oraz dźwięków.

Brooke sporządziła także listę wymagań, których spełnienie jest jednym z warunków zgody na adopcję psa.

Na początku proszę, by osoba biorąca psa miała już wybranego dobrego lekarza weterynarii. Gdy klienci pokazują mi choćby jego wizytówkę, wiem, że rozmawiali z nim i wszystko jest przygotowane. Ludzie, którzy mieli już kiedyś psa, zazwyczaj mają już swojego weterynarza, ale nowi właściciele muszą dokonać odpowiedniego wyboru, zanim pozwolę im zabrać jednego z moich podopiecznych. Proszę ich, by odwiedzili szczeniaki, gdy mają one dwa tygodnie, ale jeśli to ich pierwszy sznaucer, nalegam też, by udali się na pokaz psów i oswoili również z dorosłymi osobnikami. Muszą pokochać dorosłe psy tak samo jak szczeniaki, bo chciałabym, by moje pociechy miały dom, w którym spędzą całe życie.

Jeśli nie macie pewności, czy jesteście w stanie zapewnić szczeniakowi dobry dom, odpowiedzcie sami sobie na pytania, które Brooke zadaje przyszłym właścicielom jej utytułowanych szczeniaków:

- Czy macie już upatrzonego lekarza weterynarii? Czy jest to specjalista? Czy ma doświadczenie w leczeniu psów tej rasy?
- Czy wasz weterynarz wie o tym, że zamierzacie przygarnąć szczenię?
- Czy macie zaplanowaną wizytę lekarza w terminie do trzech dni od przywiezienia szczeniaka do domu?
- Czy mieliście już kiedyś szczeniaka? Jeśli tak, jakiej rasy? Gdzie go kupiliście? Jak długo żył? Jak wyglądały wasze doświadczenia z psami, które mieliście wcześniej?
- Czy wasz pies będzie mieszkał w klatce/budzie?
- Czy macie dzieci? Jeśli tak, w jakim wieku? Jakie będą miały obowiązki wobec psa? Czy wasze dzieci zachowują się odpowiednio wobec psów?

- Czy macie ogrodzony ogródek? Czy jest duży i dobrze zabezpieczony? Czy macie basen? Jeśli tak, czy jest on na tyle bezpieczny, by nie było możliwości dostania się do wody bez nadzoru osoby dorosłej?
- Czy pracujecie? Jak długo pies będzie w domu sam? (Brooke uważa, że najlepsi kandydaci to osoby na emeryturze – psy towarzyszą im bez przerwy. Uważa też, że psy powinny nieustannie być z opiekunem... może z wyjątkiem wizyt w kinie).
- Czy stać was na opiekę nad psem? Czy będziecie zabierać go na regularne wizyty do weterynarza? Czy będziecie dawać mu karmę wysokiej jakości i powstrzymacie się od przekarmiania go (resztki z obiadu i błaganie o jedzenie wykluczone)?

Brooke nalega, by stosować się do poniższych rad:

- Klienci zainteresowani kupnem psa powinni odwiedzić hodowcę przynajmniej raz, a także udać się na wystawę psów, aby zanim przygarną szczeniaka, zobaczyli dorosłe sznaucery.
- W dniu odbioru szczenięcia klienci muszą spędzić co najmniej godzinę z ich przyszłym nabytkiem. Powinni przynieść ze sobą klatkę, miskę, wodę w butelce, smycz i dopasowane do rozmiarów szczeniaka szelki.
- Brooke prosi o regularne sprawozdania o postępach w rozwoju psa. Kupców traktuje jak nową rodzinę i zaprasza ich do swojego domu na zabawy organizowane co miesiąc zarówno dla szczeniaków z miotu, jak i innych sznaucerów. Zabawy w grupie są bardzo istotne dla prawidłowego rozwoju umysłowego psa.
- Przez zakupem klienci muszą podpisać umowę.
- Według postanowień umowy, jeżeli zaistnieją okoliczności, przez które właściciele będą zmuszeni oddać psa, musi on wrócić do niej. Jeżeli członek rodziny wyrazi chęć przygarnięcia psa, Brooke musi go najpierw poznać i zadać mu kilka podstawowych pytań.

- Brooke pragnie być powiadamiana o wszelkich chorobach, niezależnie od tego, jak bardzo błahe mogą się wydawać. Jeśli pies zdechnie, ona chce być o tym poinformowana i sama zapłaci za nekropsję, dzięki której będzie mogła zdobyć informacje pomocne w hodowli.

Diana Foster i jej mąż równie poważnie jak Brooke podchodzą do kwestii wyboru odpowiednich właścicieli dla swoich owczarków niemieckich. „Najtrudniejszym wyzwaniem dla hodowcy jest walka z ignorancją – uważa Diana. – Owczarek niemiecki to duży pies, ale ludzie patrzą na urocze szczeniaki i wydaje im się, że wszystko pójdzie jak z płatka. Hodujemy psy o bardzo przyjaznym usposobieniu, ale nasze owczarki same się nie wychowają. Czasem ludzie nie mają o tym zielonego pojęcia i trudno im uwierzyć, że jestem w stanie odmówić im sprzedaży szczeniaka".

Mnisi z New Skete to także bardzo cenieni hodowcy owczarków niemieckich. Opisali oni kolejny przykład tego samego fenomenu w książce zatytułowanej *Jak wychować szczenię**. Gdy pokazali pewnej kobiecie kwestionariusz, który miała wypełnić, zanim kupi szczeniaka, odparła: „Mój Boże, myślałby kto, że chcę adoptować dziecko!". Prawdę mówiąc, nie minęła się zbytnio z prawdą. Jestem ojcem i przyznaję, że choć wychowanie zdrowego, zrównoważonego psa nie jest nawet w połowie tak skomplikowane jak wychowanie dziecka, to wymaga niemal tyle samo poświęcenia.

CZY ZNAJDZIESZ CZAS?

W przeciwieństwie do dorosłych psów, szczeniaki w pierwszych sześciu, a nawet ośmiu miesiącach swojego życia wymagają nieustannego nadzoru opiekuna. Nawet po wejściu w okres dojrzewania będzie trzeba im poświęcać bardzo wiele czasu. W stadzie szczeniaki są nieustannie pilnowane, a ich zachowanie jest korygowane przez

---
* Mnisi z New Skete *Jak wychować szczenię*, Łódź: Wydawnictwo Galaktyka, 2006.

osobniki dorosłe. Nigdy nie pozostawia się ich bez opieki przez dłuższy czas. Nie znaczy to jednak, że musimy mieć oko na naszego pupila przez 24 godziny na dobę, siedem dni w tygodniu. Nasze ludzkie życie sprawia, że musimy nauczyć szczeniaka czegoś, co jest dla niego zupełnie nienaturalne – samotności. Przyzwyczajanie psa do klatki i budy już od pierwszych dni może skutecznie pomóc nam w naszym zadaniu i zapobiec problemom, z którymi stykam się w pracy niemal codziennie. Kwestie klatek i lęku przed separacją omówię w *Rozdziale 4*. Przyprowadzenie do domu szczeniaka oznacza jednak, że przynajmniej przez jakiś czas musicie być przygotowani na zmiany w rodzinnym harmonogramie. Szczenięta potrzebują regularnej stymulacji poprzez zabawę, a jeżeli nie macie w domu psa, który wam w tym pomoże, narażacie się na ryzyko, że wasz znudzony pupil narobi sobie kłopotów, gdy spuścicie go z oczu.

ŚWIEŻO UPIECZENI OPIEKUNOWIE: ZMIANA TRYBU ŻYCIA

Czasem, gdy żartujemy podczas realizacji programu *Zaklinacz Psów*, lubię rozluźnić atmosferę poprzez zastanawianie się, jakiej rasy psami byliby moi koledzy z planu. Kamerzysta o kręconych włosach – Chris Komives – zdecydowanie jest terierem, zarówno z wyglądu, jak i z zachowania. Chris to człowiek, który zazwyczaj wchodzi do pomieszczenia przede mną, by zrobić parę ujęć obrazujących nieodpowiednie psie zachowanie. Nigdy nie poddaje się, dopóki nie zrealizuje ujęcia dokładnie tak, jak to sobie zaplanował, niezależnie od wiążących się z tym wyzwań i niebezpieczeństw. Sam przyznaje, że łatwo wpada w obsesję. Wiele czasu minęło, zanim nauczyłem go zbliżać się do niezrównoważonych psów, cierpliwie je ignorować i postępować zgodnie z zasadą „brak kontaktu cielesnego, wzrokowego i żadnych rozmów". Najlepszym sposobem jest obojętne siedzenie przy psie w ciszy, dopóki ten się nie odpręży i nie przyzwyczai do znacznych rozmiarów kamery. Chris poważnie potraktował wszystkie moje

Chris Komives filmuje psa z bliska

lekcje i – jak na amatora – nauczył się doskonale rozpoznawać nastroje czworonogów. Czasem, gdy przybywa na miejsce, a właściciel psa ostrzega go, mówiąc: „Nie zbliżaj się, ten pies jest niebezpieczny!", Chris potrafi ocenić, czy tak jest naprawdę, czy też zachowanie psa prowokuje sam właściciel. Zazwyczaj, gdy kamerzysta zostanie z psem sam na sam i postępuje zgodnie z moim radami, wszystko jest w porządku.

Pracowaliśmy razem przy pięciu sezonach *Zaklinacza Psów*, dlatego w końcu Chris i jego żona Johanna, analityk z Głównego Urzędu Obrachunkowego, zapragnęli spróbować sami wychować psa. Wspólnie postanowili, że chcą podjąć się odpowiedzialnego wyzwania, jakim jest wspólna opieka nad szczeniakiem.

Chris powiedział: „Wcześniej nigdy nie mieliśmy psa, chcieliśmy więc zobaczyć, jak przebiega proces wychowywania go od początku do końca. Zamierzaliśmy spędzać z psem jak najwięcej czasu, więc szczeniak wydawał się idealnym wyborem. Gdy zaczęliśmy wybierać odpowiednią rasę, starałem się wykorzystać fakt, iż zetknąłem się już z wieloma rodzajami psów. Cesar powiedział mi, że gdybym był psem, na pewno byłby to terier, więc postanowiliśmy przyjrzeć się właśnie terierom".

Chris i Johanna w końcu zdecydowali się na odmianę soft coated wheaten terrier*. Chcieli zwrócić się w tym celu do hodowcy i nie szukać szczeniaka w schronisku. „Wybierając psa z rodowodem, mieliśmy nadzieję uniknąć płacenia wysokich rachunków za weterynarza. Współpraca z Cesarem sprawiła, że wielu hodowców, do których się zwracaliśmy, patrzyło na nas łaskawszym okiem. Niektórzy niezbyt chętnie godzą się na oddanie czystej krwi teriera ludziom, którzy nigdy wcześniej nie mieli psa, obawiając się, czy zapewnią mu oni odpowiednie warunki. Gdy hodowca zobaczył, że odpowiedzi udzielone przeze mnie w formularzu są bardzo szczegółowe, zapytał mnie, skąd tak wiele wiem o psach. A kiedy dowiedział się, że pracuję na planie *Zaklinacza Psów*, od razu zgodził się sprzedać mi szczeniaka!".

Komivesowie mieli jednak na głowie dużo obowiązków. Przygotowując się na przybycie małej suczki o imieniu Eliza, zdali sobie sprawę, że zmieni się całe ich życie. Chris mówił wtedy:

> *Cesar powiedział, co nas czeka i że będziemy musieli przygotować się na wiele zmian, a nawet wyrzeczeń. Wziąłem dwa tygodnie wolnego, by być z Elizą, gdy zacznie przyzwyczajać się do nowego domu. Cesar uprzedził mnie, że szczeniak będzie potrzebował co najmniej dwóch długich spacerów dziennie, i zawsze tego przestrzegaliśmy. Wstawałem o godzinę wcześniej niż zwykle, by mieć czas na wyprowadzenie Elizy po raz pierwszy, a tuż przed wieczornym karmieniem wychodziłem z nią ponownie. Robię to do dziś. Gdy musiałem wrócić do pracy, zatrudniłem osobę, która dwa razy w tygodniu zastępuje mnie w wieczornym wyprowadzaniu psa.*

---

* Więcej o tej rasie w: American Kennel Club *Meet the Breeds: Soft Coated Wheaten Terrier*, http://www.akc.org/breeds/soft_coated_wheaten_terrier.

„Choć obowiązki nie zawsze na to pozwalały, starałem się być w domu na lunch, by móc wypuszczać ją z klatki w dni, kiedy nie udało mi się zamówić opiekuna". Chcąc zadbać o to, by Eliza nie przebywała jednorazowo w klatce dłużej niż cztery godziny, Johanna umówiła się z pracodawcą, że będzie mogła pracować w domu w dni, na które nie mieli zamówionego opiekuna lub gdy Chris miał zdjęcia zbyt daleko od domu.

Chris Komives z Elizą

PLAN RODZINY KOMIVESÓW PODCZAS PIERWSZYCH MIESIĘCY ELIZY

5.30: pobudka, spacer z Elizą, tresura/trening sprawnościowy/inne zadania w krótkich odstępach czasowych.

6.15: powrót, karmienie Elizy. Prysznic i przygotowania do pracy.

7.00–16.30: praca – obserwacja Elizy za pomocą kamery internetowej. Dwa razy w tygodniu około południa opiekun wyprowadzający psy zabiera Elizę wraz z innymi psami na godzinny spacer.

17.00: powrót do domu, spacer z Elizą, tresura/trening sprawnościowy/inne zadania w krótkich odstępach czasowych.

18.00: karmienie Elizy.

19.00–21.00: kolacja. Podczas gdy ludzie jedzą, Eliza przebywa w wyznaczonym dla niej miejscu. Zabiegi pielęgnacyjne (czesanie, obcinanie pazurów, czyszczenie uszu itp.).

22.00: wyprowadzenie Elizy do korytarza, udanie się na spoczynek.

„W pracy nauczyłem się, że pierwsze sześć miesięcy jest kluczowe dla ustalenia rutynowych czynności i zasad obowiązujących szczeniaka – wspomina Chris. – Bardzo zaangażowałem się w wychowywanie psa, co negatywnie odbiło się na pozostałych dziedzinach mojego życia. Mam skłonność do popadania w obsesję, co widać było w moim podejściu do Elizy. Gdy minął miesiąc, Johanna poprosiła, byśmy spróbowali porozmawiać o czymś innym niż tylko o psie".

Komivesowie przekonali się, jak wiele wyrzeczeń, uwagi oraz energii wymaga wychowanie szczeniaka. Jeśli nie jesteście przygotowani na opiekę nad psem do końca jego dni, nie ulegajcie uroczym pyszczkom i nie przynoście do domu szczeniaków pod wpływem impulsu. Dobra wiadomość jest taka, że wychowywanie psa od małego to najlepsza okazja do stworzenia intymnej więzi między nim a człowiekiem, o której wszyscy marzymy. Szczenięta rodzą się bez wad psychicznych i gdy przez pierwsze osiem tygodni życia wychowywać je będzie dobra matka, trafią do was bez żadnych dziwactw czy objawów nerwicy trapiącej wiele dorosłych psów. Szczeniaki rodzą się z naturalnym odpowiednikiem smyczy – są zaprogramowane, by podążać za przywódcą. Tak samo naturalnie szukają równowagi oraz chętnie uczą się zasad i ograniczeń obowiązujących w waszym rodzinnym stadzie. Odpowiednia opieka i poświęcenie w ciągu pierwszych ośmiu miesięcy życia szczeniaka da wam szansę na ukształtowanie waszego wymarzonego psa – wiernego towarzysza.

GDZIE SZUKAĆ SZCZENIAKA

„Ile kosztuje ten piesek na wystawie?"

Tak naprawdę cena takiego szczeniaka – biorąc pod uwagę koszty opieki nad zwierzętami i dobro społeczeństwa – jest o wiele wyższa niż cena sklepowa.

Istnieją trzy prawidłowe drogi adopcji szczeniaka – schronisko, hodowca i organizacja zajmująca się ratowaniem zwierząt. Wielu miłośników zwierząt uległo uroczym psom prezentowanym na sklepowych wystawach, w klatkach czy na łańcuchach w licznych niezależnych sklepach zoologicznych lub centrach handlowych. Większość miłośników zwierząt kupujących psy w sklepic zoologicznym albo poprzez ogłoszenie znalezione w Internecie nie zdaje sobie sprawy, że szczeniaki mogą pochodzić z pseudohodowli – fabryk psów nastawionych wyłącznie na zysk, w której zwierzęta trzymane są w niehigienicznych i niehumanitarnych warunkach.

„Byłem na terenie wielu takich pseudohodowli w całym kraju. Muszę przyznać, że nie jest to przyjemny widok" – opowiadał mi mój przyjaciel Chris DeRose, założyciel Last Chance for Animals*, organizacji non-profit pełniącej swoistą funkcję „zwierzęcego FBI" i zajmującej się dokumentowaniem przypadków okrucieństwa wobec zwierząt. Organizacja ta działa w oparciu o informacje uzyskiwane od detektywów, osób prywatnych i ludzi działających incognito. W większości pseudohodowli psy żyją i umierają we własnych odchodach. Cały dzień spędzają w stalowych klatkach, a ich zaklinowane między drutami kończyny są podatne na infekcje i urazy, których nikt nie leczy i które często kończą się amputacją. Nie ma tu czegoś takiego jak stała opieka weterynaryjna, a psów nie bada się na obecność chorób genetycznych, więc przewlekłe infekcje uszu, oczu i przewodu pokarmowego nie są tu rzadkim zjawiskiem. Wiele pseudohodowli organizowanych w rejonach narażonych na działanie skrajnych temperatur pozbawionych jest jakiegokolwiek ogrzewania czy klimatyzacji, więc psy nagminnie giną z wycieńczenia lub wyziębienia. Najbardziej cierpią pary wykorzystywane do prokreacji, a zwłaszcza matki. Zmuszane są do rodzenia coraz to nowych miotów aż do momentu całkowitego fizycznego wycieńczenia. Gdy nie nadają się już do niczego, właściciele pozbywają się ich, często w okrutny sposób.

Podczas dyskusji na temat pseudohodowli często pomija się fakt, że to właśnie takie miejsca produkują psy z poważnymi zaburzeniami psychicznymi. Takich zwierząt jest w Ameryce coraz więcej. Wielokrotnie proszono mnie, abym pomógł nieułożonym psom, których zachowanie z całą pewnością wzięło się z chowu w tak okrutnych warunkach. Zwierzęta dorastające w pseudohodowlach pozbawione są naturalnego

---

* Ostatnia Nadzieja dla Zwierząt (przyp. tłum.).

*Cesar z grupą działaczy Last Chance for Animals
trzymających psy uratowane z pseudohodowli*

trybu życia w ciągu pierwszych kilku tygodni i miesięcy swojego życia, a to właśnie ten okres jest kluczowy dla prawidłowego fizycznego i psychicznego rozwoju szczeniaka. Zwierzęta te nie mają pojęcia, jak być psem, ponieważ ich matki również nie miały o tym pojęcia. Jakiś czas temu Chris DeRose zabrał mnie na teren pseudohodowli, bym pomógł mu uratować niektóre najbardziej pokrzywdzone ofiary – psy, które tak zwani „hodowcy" dobrowolnie zgodzili się nam oddać (były w takim stanie, że i tak nie przyniosłyby swoim opiekunom żadnych zysków).

Zobaczyłem tam psy poddane wielkiemu stresowi, były w tak kiepskim stanie, że nie potrafiły się uspokoić. Widziałem osobniki trzęsące się ze strachu, przygnębione, chore i zrozpaczone. Każdy, kto miał kiedyś normalnego, energicznego i radosnego psa, wie, że rozpacz nie jest cechą typową dla tego zwierzęcia – zwłaszcza dla szczeniaka. Widok, który ujrzałem, pozbawił mnie złudzeń i zmienił mój sposób patrzenia na świat.

Głęboko wierzę, że zdrowie psychiczne matki i stres, na który jest narażona (niezależnie od gatunku), to czynniki w istotny sposób wpływające na problemy dziedziczone przez jej dzieci. Wyobraźcie sobie suczkę, która tak jak jej matka i babka wychowuje coraz to nowe szczeniaki, nigdy nie wychodząc poza obszar drucianej klatki o wymiarach 120 na 120 centymetrów. Jej szczenięta przyjdą na świat zestresowane, a w ciągu kolejnych tygodni ich lęki jeszcze się pogłębią, gdyż przyswoją sobie brak równowagi i depresję, którą okazywać będzie matka. Gdy taki szczeniak trafi na sklepową wystawę, może w istocie wyglądać uroczo, ale jego szanse na normalne rodzinne życie wyglądają marnie. Wrodzone problemy behawioralne (nie wspominając o fizycznych), które objawią się w miarę rozwoju szczeniaka, zwiększają szanse na to, iż pies zostanie porzucony w schronisku i prawdopodobnie uśpiony. Właścicieli pseudohodowli (i sklepów zoologicznych) to nie interesuje. Oni już zarobili na tym interesie.

Gdy w zeszłym roku prowadziłem zajęcia w Atlancie w stanie Georgia, grupa ludzi zajmujących się ratowaniem zwierząt ofiarowała mi małą suczkę rasy york cierpiącą z powodu lęków, agresji wywołanej strachem oraz wielu innych problemów behawioralnych. Pochodziła z pseudohodowli i gdyby nikt jej nie pomógł, na pewno trzeba by było ją uśpić. Przywiozłem ją do Los Angeles i teraz stanowi część mojego domowego stadka. Na początku nawet moja bardzo cierpliwa żona była sfrustrowana zachowaniem psa. Georgia Peaches, bo tak ją nazwaliśmy, spędzała całe dnie, chowając się w kątach domu i pod meblami, atakując przy tym każdego, kto się do niej zbliżył. Siusiała i robiła kupki, gdzie tylko chciała – nawet we własnej budzie. Psy z pseudohodowli nie mają innego wyjścia, muszą oddawać mocz tam, gdzie śpią. Jest to coś, co zdrowe psy robią bardzo rzadko. W końcu jednak udało mi się wyleczyć ją z przykrych nawyków. Nadal jest trochę nieśmiała, ale żyje, bawi się radośnie z innymi psami i nie okazuje już stresu ani agresji. Nie jest już wrogo nastawiona do ludzi. Jednak nauka załatwiania swoich potrzeb poza domem wciąż trwa. Dorastanie w pseudohodowli zabija nawet najbardziej naturalne psie instynkty.

Wielu zwykłych ludzi może podejrzewać, iż szczeniak ze sklepu zoologicznego mógł dorastać w pseudohodowli, ale mimo to decydują się na jego zakup, gdyż sądzą, że „ratują" malca. Rozumiem takie myślenie – żaden miłośnik czworonogów nie może spokojnie patrzeć na psa (a zwłaszcza szczeniaka), który nie ma domu. Ale według Stephanie Shain z humanitarnej organizacji Humane Association of the United States „wszyscy ci dobroduszni ludzie po prostu zwalniają miejsce w jednej z klatek dla kolejnego psa z pseudohodowli. Tu chodzi wyłącznie o pieniądze. Jeżeli ludzie przestaną kupować szczeniaki z pseudohodowli, instytucje te przestaną zarabiać".

Organizacja, w której pracuje Stephanie, pragnie zlikwidować koszmar, jakim są pseudohodowle, ale w większości stanów instytucje takie wciąż funkcjonują legalnie, więc jedynym ratunkiem jest sprawienie, aby handel szczeniakami z pseudohodowli nie przynosił zysków. Pies, który nie zostanie kupiony w sklepie zoologicznym, w końcu trafi do schroniska, gdyż dorosłe psy nie mają już tyle uroku, co szczeniaki. To najlepszy moment, by go adoptować, jeśli naprawdę chcecie pomóc i wierzycie, że macie w sobie dość cierpliwości i doświadczenia, by zmagać się z problemami behawioralnymi i zdrowotnymi, które może mieć upatrzony przez was pies. Brak zarobków dla pseudohodowców oznacza brak zarobków dla sklepów zoologicznych. W ten sposób możecie przyczynić się do rozwiązania problemu pseudohodowli i raz na zawsze zakończyć ten nieludzki proceder.

JAK ZNALEŹĆ ODPOWIEDNIEGO HODOWCĘ

Łatwo jest zrezygnować z oferty sklepów zoologicznych i zignorować ogłoszenia o sprzedaży szczeniaków zamieszczone w Internecie, ale jak odróżnić odpowiedzialnego hodowcę od oszusta lub amatora? Otóż chcę wam powiedzieć, że nie ma nic nieetycznego w przygarnięciu szczeniaka od sąsiadów. Musicie po prostu wiedzieć, że istnieje obawa, iż wasz pies będzie miał genetyczne predyspozycje zwiększające ryzyko chorób lub problemów behawioralnych. Właśnie dlatego, jeśli brakuje wam doświadczenia lub nie chcecie tracić fortuny na opiekę weterynaryjną, proszę was, byście raz jeszcze zastanowili się nad tą drogą. Niektórzy hodowcy-amatorzy mogą mieć jak najlepsze chęci, ale zazwyczaj brakuje im doświadczenia w dobieraniu osobników pod kątem zdrowia i temperamentu, mogą też nie mieć informacji o rodowodzie (w tym o problemach zdrowotnych i behawioralnych) rodziców waszego pupila. Niestety, jest również wielu hodowców, którzy wcale nie mają na uwadze dobra psów. Mało ich obchodzą szczeniaki, które rodzą się w ich hodowli, gdyż zależy im wyłącznie na zysku.

Jeśli zdecydowaliście się kupić szczenię od hodowcy, powinniście poszukać ludzi takich jak Brooke czy rodzina Fosterów – osób o doskonałej reputacji i przestrzegających wysokich standardów. Opisane wcześniej przypadki pokazują, że doskonały hodowca zada wam mnóstwo pytań. Niektóre z nich mogą nawet wydawać się dość osobiste. Nie bądźcie zszokowani, jeżeli hodowca poprosi o możliwość odwiedzenia was, by przekonać się, w jakich warunkach będzie żył szczeniak czy też upewnić, że wasz ogródek jest odpowiednio zabezpieczony. Tak właśnie postępują odpowiedzialni hodowcy – nie chcą przyczyniać się do rosnącej liczby psów porzuconych i niechcianych! Hodowca godny zaufania z chęcią odpowie na wasze pytania dotyczące jego pracy, psa, którego zamierzacie kupić, czy historii miotów, starszych psów i rodowodu. Zastanówcie się, zanim skorzystacie z usług kogoś, kto nie chce wam ujawnić tego typu informacji lub denerwuje się, twierdząc, że zabieracie mu zbyt wiele czasu.

Kupno szczeniaka od odpowiedzialnego hodowcy nie będzie tanie – w Ameryce ceny wahają się od setek do tysięcy dolarów. Pamiętajcie jednak, że nie płacicie tylko za szczenię – płacicie za pewność, że nie wydacie zbyt wiele na usługi weterynarza, a także za trwałą więź z osobami odpowiedzialnymi za sprowadzenie na świat waszego szczeniaka.

Gdzie w takim razie znaleźć doskonałych hodowców? Skontaktujcie się z takim stowarzyszeniem, jak Humane Society of the United States, na przykład odwiedzając ich stronę www.HSUS.org. Mają oni własną listę kryteriów doboru odpowiednich hodowców. Kolejny cenny adres to strona internetowa towarzystwa kynologicznego American Kennel Club: www.akc.org. Pamiętajcie, że wielu hodowców specjalizuje się w określonych typach psów, nawet w ramach hodowli określonej rasy. Szukając Elizy, Chris i Johanna Komivesowie upewnili się, że mają do czynienia z odpowiednim hodowcą. Chris powiedział mi: „Wybraliśmy hodowcę, kierując się zapewnieniami, że najważniejszą cechą jest dla niego temperament. Standardem, który starał się on osiągnąć, jest szczęśliwy, pewny siebie pies okazujący mniej agresji niż inne teriery. Pozostali hodowcy, u których byliśmy, większą uwagę przywiązywali do miękkiej sierści i umaszczenia niż do usposobienia psów".

PYTANIA, NA KTÓRE POWINNI ODPOWIEDZIEĆ RENOMOWANI HODOWCY

- Od jak dawna hodują państwo psy?
- Ile miotów hodowla wydaje w roku?
- Dlaczego wybrana została ta para psów i czym kierowano się przy planowaniu tego miotu?
- Jakie jest potencjalne ryzyko związane z problemami zdrowotnymi w danym chowie i jakie kroki zostały podjęte, by wyeliminować ewentualne problemy?
- Czy dysponują państwo potwierdzeniem wykonania testów zdrowotnych rodziców szczeniaka?
- Czy rodzice mieszkają na terenie hodowli? Jeśli nie, dlaczego? Jeśli tak, czy mogę ich zobaczyć?
- Czy rodzice brali udział w jakichkolwiek zawodach (np. wystawy psów)?
- Jakie kroki podjęli państwo, by uspołecznić szczeniaki?
- Czym karmione są szczenięta i czym podyktowany jest ten wybór?
- Czy psy mają odpowiednie szczepienia?
- Czy szczenięta były odrobaczane?
- Czy wymagają państwo podpisania umowy kupna/sprzedaży?
- Czy udzielają państwo gwarancji zdrowotnej?

DOBRY HODOWCA...

- Nigdy nie sprzeda wam szczeniaka, zanim ten nie skończy ósmego tygodnia życia! Zanim szczeniak trafi do nowych właścicieli, wymaga co najmniej ośmiu tygodni matczynej opieki.
- Będzie wymagać podpisania umowy kupna/sprzedaży. W umowie zapisane będą szczegółowe postanowienia transakcji oraz wymagania stawiane nowym właścicielom.
- Nie wręczy wam dokumentów rejestracyjnych, zanim nie wysterylizujecie lub nie wykastrujecie szczeniaka. W innym wypadku możecie otrzymać dokumenty, które zabraniają rejestrowania potomstwa szczeniaka kupionego w AKC, chyba że planujecie rozpocząć własną hodowlę lub uzgodniliście szczegóły dotyczące tej kwestii z hodowcą.
- Zaoferuje jakikolwiek rodzaj gwarancji zdrowotnej. Niektórzy hodowcy udzielają nawet dożywotniej gwarancji, inni ograniczają jej okres do kilku lat. Gwarancje takie zazwyczaj obejmują problemy genetyczne uniemożliwiające psu normalne i zdrowe życie.
- Zgodzi się udzielić wam również w przyszłości wszelkich dostępnych informacji o psie.
- Zobowiąże się znaleźć nowy dom dla waszego psa, jeżeli kiedykolwiek zaistnieje sytuacja, w której nie będziecie mogli być jego opiekunem*.

Bardzo dobrym pomysłem jest też wizyta na oficjalnej wystawie psów. Można tam spotkać wielu hodowców, porozmawiać z nimi i zobaczyć na własne oczy psy, które udało im się wychować. Amatorzy wystaw zazwyczaj się znają, a hodowcy znają wielu innych hodowców (to wymagane, jeśli chce się zachować różnorodność genetyczną), więc nawet jeśli nie znajdziecie tego, czego szukacie, na pewno dostaniecie odpowiednie namiary. Na wystawie psów możecie też przyjrzeć

---

* Questions All Reputable Breeders Should Be Able to Answer – lista umieszczona za zgodą Jeri Muntis, http://www.mojaveschnauzers.com.

się dorosłym psom rasy, którą bierzecie pod uwagę. To pomoże wam zdecydować, czy właśnie tego szukacie.

KONTAKT Z ORGANIZACJĄ ZAJMUJĄCĄ SIĘ RATOWANIEM PSÓW

Jeśli wiecie już, jakiego szukacie szczeniaka, ale zdecydowaliście się zapewnić dom jednemu z tysięcy porzuconych psów lub nie stać was na psa od renomowanego hodowcy, możecie skontaktować się z organizacją zajmującą się ratowaniem psów, taką jak na przykład Southern California Labrador Retriever Rescue – to ci sami ludzie, którzy dali nam Blizzarda – lub Daphneyland – organizacja specjalizująca się w bassetach, która pomogła nam w produkcji mojego filmu pod tytułem *Your New Dog: The First Day and Beyond* (Twój nowy pies: pierwszy dzień i potem).

Psy trafiają do tego typu grup ratunkowych z wielu powodów: czasem po prostu się zgubiły lub je porzucono. Bywają też osobniki, które oddano do schroniska z powodów zdrowotnych lub ze względu na ich zachowanie. Niekiedy właściciele przekazują swoje psy organizacjom z uzasadnionych powodów, takich jak nieprzewidziane zmiany lub śmierć w rodzinie. Organizacje o dobrej reputacji bardzo skrupulatnie podchodzą do kwestii opieki weterynaryjnej nad psami. Sterylizują i kastrują psy, które do nich trafiają, i czasem nawet starają się wyleczyć je z problemów behawioralnych. Wiele spraw, którymi się zajmowałem, zlecanych mi było właśnie przez organizacje, które miały trudności ze skorygowaniem zachowań określonego psa. Wraz z moją żoną założyliśmy organizację non-profit pod nazwą Cesar and Ilusion Millan Foundation. Jednym z jej celów jest właśnie pomoc (wsparcie finansowe, szkolenia, itp.) organizacjom zajmującym się ratowaniem psów. Naprawdę dobre organizacje ratunkowe nie są zainteresowane zyskiem i stanowią grupy charytatywne. Podobnie jak renomowani hodowcy, członkowie grup ratunkowych naprawdę troszczą się o psy i starają rozwiązać problem ich rosnącej populacji.

UCZCIWA ORGANIZACJA RATUJĄCA ZWIERZĘTA...

- Ma status organizacji non-profit (niedochodowej) lub stara się o uzyskanie takiego statusu.
- Zapewnia psom przedadopcyjną opiekę weterynaryjną i będzie kastrować lub sterylizować wszystkie psy, które skończyły sześć miesięcy.
- Mieści się w czystej siedzibie, w której znajdziecie zdrowe i nakarmione zwierzęta.
- Dysponuje informacjami dotyczącymi posiadanych psów i wykona podstawowe badanie ich temperamentu, by upewnić się, że zwierzęta będą odpowiadać wymaganiom przyszłych właścicieli.
- Zada wam szczegółowe pytania (choć nie aż tak szczegółowe, jak w przypadku wizyty u hodowcy) dotyczące stylu życia, środowiska, doświadczenia z psami i perspektyw na zapewnienie czworonogowi opieki. Niektórzy członkowie grup ratunkowych mogą upierać się przy wizycie domowej, podobnie jak to się dzieje u profesjonalnych hodowców.
- Zaoferuje pomoc w przypadku, gdy nie będziecie mogli dalej opiekować się psem. Zazwyczaj jest to jeden z warunków podpisania umowy.
- Przedstawi wam wszelką dostępną dokumentację dotyczącą chorób zwierzęcia, które przygarniacie.

Pracują tam głównie ochotnicy, a pieniądze z pobieranych przez nich opłat zazwyczaj trafiają z powrotem do fundacji i pokrywają koszty opieki nad uratowanymi zwierzętami.

Szczeniaki, które trafiają do grup ratunkowych, zwykle od razu znajdują nowych właścicieli, ale możecie zapisać się na listę osób oczekujących. Wtedy pracownicy skontaktują się z wami, gdy tylko pojawią się u nich nowe szczeniaki.

Podobnie jak w przypadku poszukiwań hodowców, powinniście ostrożnie wybierać organizacje ratunkowe, od których bierzecie szczeniaki. Najpierw należy sprawdzić, czy dana grupa faktycznie ma charakter niedochodowy i nie jest tylko przykrywką dla pseudohodowli, rynkiem zbytu dla hodowców-amatorów lub grupą ludzi czerpiących zyski z gromadzenia zwierząt – zachowania patologicznego i stanowiącego zagrożenie dla zdrowia. Humane Society of the United States to organizacja, która może pomóc wam znaleźć bliźniacze organizacje zajmujące się ratowaniem zwierząt. Możecie zwrócić się także do grup takich jak Petfinder czy Pets911*.

SZUKANIE SZCZENIAKA W SCHRONISKU

Ratowanie psa ze schroniska jest czynem godnym podziwu – zawsze pochwalam i popieram tego typu postawę. Jeśli macie dość odwagi, by zaakceptować wszelkie „niewiadome" dotyczące waszego przyszłego pupila, nie ma przeszkód, by spróbować. Większość psów w schroniskach to osobniki dorosłe, zazwyczaj mieszańce. Niektóre psy wyglądające na rasowe mogą pochodzić z pseudohodowli – sklepy zoologiczne nie potrzebują dorosłych psów, które nie przyciągają już klientów swoim szczenięcym urokiem, więc oddają je do schronisk. Czasami do schronisk trafiają ciężarne lub wychowujące szczenięta suki. W innych przypadkach grupa ratunkowa przynosi do schroniska szczeniaki zabrane właścicielom, którzy zgromadzili w jednym miejscu zbyt wiele zwierząt, lub pieski porzucone w wyniku śmierci, przeprowadzki lub eksmisji właściciela. By znaleźć w schronisku szczenię, udajcie się tam jak najszybciej i zapiszcie na listę osób oczekujących.

Organizacja Humane Society of the United States przedstawiła listę podstawowych warunków, które powinno spełniać schronisko.

Penny Dunn, dyrektor Washburn County Area Humane Society w mieście Spooner w stanie Wisconsin, opowiedziała nam o stosowanych przez nią kryteriach przyjmowania szczeniaków do podległego jej schroniska. „Chętnie przyjmiemy psy każdej rasy. Najważniejsze

---
* Spis polskich organizacji znajdziesz na stronie 308.

PORZĄDNE SCHRONISKO DLA ZWIERZĄT...

- Przyjmie każde zwierzę. Jeśli jest to niemożliwe, pracownicy wskażą inne schronisko lub placówkę, która to zrobi.
- Za przyjęcie zwierzęcia nie wymaga żadnej opłaty.
- Zapewni każdemu zwierzakowi czystą, wygodną, bezpieczną i zdrową przestrzeń.
- Gdy jest to możliwe – będzie przetrzymywać bezpańskie zwierzęta przez minimum pięć dni roboczych, wliczając soboty.
- Upewni się co do kompetencji przyszłych właścicieli, wykorzystując do tego celu powszechnie przyjęte standardy adopcyjne.
- Będzie (w przypadku nieuniknionej eutanazji) stosować pentobarbital sodu podany przez wyszkolonego i troskliwego pracownika.
- Kastruje lub sterylizuje wszystkie szczeniaki w chwili adopcji lub będzie wymagać tego od nowych opiekunów oraz upewni się, że zastosowali się oni do zaleceń*.

jest jednak, by osoba, która chce przekazać nam szczeniaki, upewniła się, że ich mama została wysterylizowana. Co jakiś czas ludzie przynoszą do nas kilka znalezionych szczeniaków, ale tak naprawdę w większości przypadków osoby, które zgłaszają się do nas, doskonale wiedzą, skąd wzięły się szczeniaki. Wszyscy musimy podjąć współpracę mającą na celu zmniejszenie liczby niechcianych zwierząt".

Więcej o kastracji i sterylizacji dowiecie się w *Rozdziale 9*.

WYBIERANIE RASY

Gdy Barack Obama został wybrany na prezydenta Stanów Zjednoczonych, stanął przed dylematem. Musiał dotrzymać obietnicy wy-

---

* The Humane Society of the United States *Policies and Guidelines*, http://www.animalsheltering.org/resource_library/policies_and_guidelines/guidelines_for_animal_shelter_policies.html.

borczej – złożonej nie narodowi amerykańskiemu, lecz swoim dwóm córkom – Malii i Sashy. Zobowiązał się, że gdy ucichnie zamieszanie związane z wyborami, kupi dziewczynkom szczeniaka. Przez wiele tygodni wszystkie media miały obsesję na punkcie (wciąż hipotetycznego) szczenięcia Obamy. Niedzielne programy talk-show gościły ekspertów z obu frakcji politycznych debatujących nad przewagą zalet jednej rasy nad drugą. „Jaki byłby idealny pies dla prezydenta?", „Jaka rasa nie kolidowałaby z alergiami Malii?". Hodowcy i miłośnicy psów z całej Ameryki słali do Białego Domu tysiące zdjęć potencjalnych kandydatów, a także listów pełnych dobrych rad.

Łatwo zrozumieć, dlaczego Obamowie – rodzina, która nigdy wcześniej nie miała psa – byli bardzo zdezorientowani z powodu zamieszania z wyborem. American Kennel Club wyróżnia ponad 150 różnych ras oraz kolejne kilkaset odmian i wariantów psów. Wybór odpowiedniej rasy psa rodzinnego to bardzo ważna kwestia, zwłaszcza gdy bierzemy pod uwagę czynniki takie jak rozmiar, potrzeby, styl życia, środowisko czy preferencje żywieniowe i nawyki związane z aktywnością ruchową. W moim odczuciu poziom energii szczeniaka jest o wiele ważniejszym wyznacznikiem porozumienia między psem a jego właścicielem. Jest tak dlatego, ponieważ pies, niezależnie od rasy, zawsze pozostaje psem. Patrząc na psa, najpierw widzę zwierzę, dopiero potem psa, konkretną rasę, a na końcu zwracam uwagę na imię lub na coś, co ludzie określają mianem „osobowości". Gdy ludzie zajęli się mieszaniem ras pod kątem swoich własnych potrzeb, nie zaczynali od podstaw, lecz dostosowywali cechy psów już istniejących. Innymi słowy, wzięliśmy to, co dała nam Matka Natura, by potem zmodyfikować szczegóły zgodnie z naszymi życzeniami. Rasę psa postrzegam jako konkretny i specyficzny czynnik, dodający energii jego naturalnemu instynktowi.

Wszystkie psy to drapieżniki, ale przez tysiące pokoleń udało nam się stworzyć rasy, które pełnią tę funkcję szczególnie skutecznie. Wszystkie psy lubią kopać doły i uganiać się za mniejszymi zwierzętami, ale teriery robią to o wiele chętniej niż inne czworonogi. Wszystkie psy uwielbiają biegać, ale charty potrafią rozpędzić się nawet do 64 kilometrów na godzinę, a huskie mogą biec bez przerwy przez wiele godzin. Wszystkie psy mają wrodzoną chęć walki i siłowania się ze sobą, ale niektóre zostały genetycznie zmodyfikowane, by walczyć na śmierć i życie. Im „czystsza" rasa, tym silniejszy będzie wpływ określonych instynktów na zachowanie psa. Niektórzy ludzie uważają, że należące do nich „kundle" są spokojniejsze, ponieważ ich DNA zostało rozcieńczone, a instynkty typowe dla danej rasy zaczęły zanikać.

Zasada jest następująca: im czystszej rasy pies, tym silniejszy instynkt nakazujący mu pełnić określoną funkcję. Z tego właśnie powodu będziecie musieli poświęcać mu więcej uwagi i dbać o to, by jego instynkty były zaspokajane.

Zastanawiając się nad odpowiednią rasą, powinniście dobrze odrobić pracę domową. Dowiedzcie się jak najwięcej o danej rasie i zadaniach, do których została stworzona. Następnie zadajcie sobie pytanie: czy będziecie w stanie poświęcić mu odpowiednią ilość czasu, zapewnić odpowiednie środowisko i bodźce umożliwiające zaspokojenie jego wrodzonych potrzeb? Na przykład, jeśli zakochaliście się w uroczych pyszczkach terierów i odpowiadają wam ich niewielkie rozmiary, zastanówcie się, czy jesteście gotowi wydzielić waszemu pupilowi część waszego ogródka, by mógł rozkopywać go, dając upust swoim instynktom. A może tak bardzo kochacie swoje podwórko, że nie będziecie w stanie znieść jakichkolwiek poczynionych tam szkód? Jeżeli podoba wam się smukła sylwetka i wrodzona elegancja wyżłów, czy znajdziecie dość czasu i siły, by kilka razy w tygodniu bawić się z nimi w parku w chowanego lub w zabawy myśliwskie? A może wasz pupil będzie tkwił w ciasnym mieszkaniu i wychodził na spacery tylko do najbliższego skrzyżowania i z powrotem? Jeśli koniecznie chcecie mieć w domu owczarka australijskiego, czy będziecie zabierać go na treningi dla psów pasterskich lub regularnie odbywać z nim ćwiczenia sprawnościowe?

Gdy zaspokoicie podstawowe potrzeby waszych psów (z uwzględnieniem instynktów typowych dla danej rasy), wasi pupile odwdzięczą się wam, będąc lojalnymi i kochającymi towarzyszami. Jednak ignorując ich potrzeby, przyczynicie się do powstawania problemów, które potrafią uczynić zarówno ich, jak i wasze życie prawdziwą udręką.

WITAJĄC PIERWSZEGO SZCZENIAKA

Po dłuższym zastanowieniu rodzina Obamów zdecydowała się na portugalskiego psa wodnego – rasę psów roboczych charakteryzujących się przyjaznym usposobieniem, zamiłowaniem do zabaw i aktywnością. Portugalskie psy wodne nie linieją, są więc dobrymi towarzyszami osób cierpiących na alergię (jak Malia). Prezydencka rodzina chciała dać dobry przykład i adoptować psa ze schroniska, ale wkrótce okazało się, że znalezienie małego szczeniaka tej rasy w schronisku stanowiłoby nie lada wyzwanie nawet dla prezydenta Stanów Zjednoczonych. Barack Obama skarżył się, że „to zadanie trudniejsze niż znalezienie odpowiedniego sekretarza ds. handlu". Rodzina prezydencka dowiedziała się, że państwo Kennedy również lubują się w portugalskich psach wodnych i że w ciągu ostatnich lat licznym członkom klanu udało się wychować kilka zdrowych osobników. Senator Ted Kennedy skontaktował się z hodowcą, od którego kupił swoje psy, a ten powiedział mu, że właśnie otrzymali sześciomiesięcznego szczeniaka, któremu muszą znaleźć nowy dom. Przygarniając zwróconego szczeniaka, rodzina Obamów dała wyraz poparcia grupom ratunkowym, uniknęła kłopotów związanych z nielegalnymi „prezentami" i mogła podarować dziewczynkom szczenię wybranej przez nich rasy.

Media szalały, gdy w kwietniu 2009 roku szczeniak imieniem Bo trafił do Obamów. Podniecenie nie sprzyja powitaniu nowego szczeniaka, ale niestety tak właśnie wygląda życie w prezydenckim świecie. Pracownicy Białego Domu starali się trzymać reporterów na dystans, podczas gdy Bo, słusznych rozmiarów kruczoczarny sześciomiesięczny szczeniak, brykał po południowej części ogródka, stąpając na swoich białych łapkach i ciągnąc za sobą Malię. Transmisję na żywo z pierwszego oficjalnego występu Bo oglądałem w biurze w Burbank. Prowadziłem telefoniczną rozmowę z Wolfem Blitzerem siedzącym w studiu CNN. Zapomniawszy, że mam włączony mikrofon, powiedziałem: „Oho! Będą potrzebować pomocy". Nie wiem, czy Wolf zrozumiał, co chciałem powiedzieć. Większość Amerykanów widziała jedynie radosnego i skorego do zabawy szczeniaka, ale ja, z racji tego, czym się zajmuję, zobaczyłem coś innego. Bo, patrząc na prezydencką rodzinę, po raz pierwszy odniósł wrażenie, że ma do czynienia z nadmiernie podekscytowanym i niezorganizowanym stadem swoich podwładnych.

Obamowie powinni pamiętać, że mały Bo nie postrzega ich jako rodzinę prezydencką. Szczeniak odbiera otaczających go ludzi poprzez pryzmat energii, jaką emanują w stosunku do niego. Prezydent Obama ma naturalny dar w postaci energii spokojnie asertywnej, dlatego właśnie w większości sytuacji pełnych napięcia zachowuje spokój ducha. Wielu moich klientów jest jednak przywódcami w świecie rozrywki i biznesu, a mimo to ich psy mają ich za osoby psychicznie słabe. Niekiedy zdolności przywódcze ze świata ludzi i psów zupełnie się nie pokrywają.

Czy Obamowie wybrali szczeniaka o odpowiednim poziomie energii? Wszyscy są wysportowani i pełni wigoru, a to dobrze, ponieważ portugalskie psy wodne z racji swojego pierwotnego przeznaczenia nie znoszą bezczynności. Hodowca Bo, Martha Stern z Boyd w stanie Texas, uważa, że: „Bo nie posiada nadmiernej energii. Jednak ma jej trochę więcej niż przeciętny pies tej rasy. W skali od jednego do pięciu pewnie dałabym mu trzy". Jeśli Obamom uda się znaleźć czas na codzienne spacery z Bo (mam na myśli prawdziwy spacer – taki, w którym Bo chodzi obok właściciela, a nie ciągnie go za sobą!), będą systematycznie wyczerpywać nadmiar jego energii i stworzą więź pomiędzy psem a człowiekiem, która pozwoli okiełznać czworonoga o wysokim poziomie energii. Obamowie muszą też zatroszczyć się o to, by pies był wyczerpany i głodny w porze posiłku – pomoże mu to przyzwyczaić się do rutyny i zrozumieć, że to rodzina zapewnia mu pożywienie. Oczywiście Pierwsza Rodzina może sobie pozwolić na wsparcie pracowników Białego Domu, nie mówiąc o dostępie do najlepszych treserów w Ameryce. Mimo to chciałbym zobaczyć Pierwszego Psa, który szanuje swoich właścicieli i traktuje prezydencką rodzinę jako przywódców stada. Prawie każdy spośród ostatnich mieszkańców Białego Domu oblał test na „przywódcę stada" i nikomu nie udało się wychować dobrze ułożonego, spokojnie posłusznego psa. Trzymam kciuki za rodzinę Obamów i mam nadzieję, że okażą się chlubnym wyjątkiem.

DOBÓR POD KĄTEM POZIOMU ENERGII

Jeśli pragniemy stworzyć satysfakcjonujący związek z naszym pupilem, musimy wiedzieć, że niezależnie od rasy bardzo ważnym czynnikiem jest znalezienie psa o odpowiednim poziomie energii. To prawda, że wiele ras ma swój własny charakterystyczny poziom energii, ale każdy pies ma również swą własną osobowość. Starszy owczarek niemiecki z niskim poziomem energii będzie lepszym psem dla leniwej rodziny z dziećmi niż niesforny szczeniak rasy golden retriever. Dla osoby niedoświadczonej w kontaktach z psami, która chciałaby małego psa, terier o średnim poziomie energii może okazać się lepszym wyborem niż nerwowy, bardzo energiczny chihuahua. Podczas wyboru szczeniaka zrozumienie jego poziomu energii jest nie mniej ważne niż wiedza na temat cech danej rasy.

Proponuję, byście starali się wybrać czworonoga o tym samym poziomie energii co wy lub niższym. Jeśli macie już w domu psy, nie wybierajcie nowego osobnika o wyższym poziomie energii niż psy i ludzie w waszym dotychczasowym „stadzie".

Niektórzy hodowcy stosują metodę zwaną testem temperamentu szczeniaka*. Jest to sprawdzian, któremu specjalista poddaje psa w wieku około siedmiu tygodni. Test ma za zadanie przewidzieć, jaki typ osobowości będzie przejawiać dorosły osobnik. Dzięki kilku podstawowym doświadczeniom specjalista może ustalić reakcje czworo-

---

* Clarice Rutherford i David H. Neil *How to Raise a Puppy You Can Live With*. Loveland, Colorado: Alpine Publishing, 2005, edycja IV, s. 136–146.

> **POZIOMY ENERGII**
>
> Każdy pies rodzi się z określonym poziomem energii. Oto możliwe warianty:
>
> 1. **Bardzo wysoki:** pies jest ciągle w ruchu – od zmierzchu do świtu. Może spacerować lub biegać przez wiele godzin i nadal mieć w sobie spore pokłady energii.
> 2. **Wysoki:** pies wysportowany, preferuje aktywną rozrywkę fizyczną, ale męczy się tak jak każdy normalny pies i pod koniec dnia jest gotowy do snu.
> 3. **Średni:** pies szuka normalnych rozrywek fizycznych, niekiedy bardziej energicznych, ale zachowuje równowagę, uczestnicząc także w spokojniejszych zabawach.
> 4. **Niski:** typowy pies kanapowy. Od aktywności woli odpoczynek. Kilka normalnych spacerów dziennie to dla niego wystarczająca dawka ćwiczeń.

noga na interakcje społeczne, stosunek do ograniczenia ruchów, gotowość do podążania za przywódcą stada, przebaczania, akceptowania dominacji człowieka, spełniania życzeń właściciela; wrażliwość na dotyk, dźwięk i bodźce wzrokowe, a także zmierzyć jego poziom energii. Hodowcy wykorzystują tego typu testy do klasyfikowania psów jako zachowawczych lub agresywnych oraz do oceny ich przydatności do konkretnych zadań (praca terapeutyczna, pies ratowniczy, policyjny itp.). Jeśli bierzecie psa od hodowcy, możecie spytać o wyniki testów zwierzęcia, które sobie upatrzyliście. Informacja taka może pomóc w ocenie, czy osobowość danego psa odpowiada waszemu trybowi życia.

Mimo wszystko, nawet hodowcy, którzy namiętnie stosują tego typu testy, powiedzą wam, że ich rezultaty niekoniecznie dają kompletny obraz. Oceniając poziom energii psa, należy uwzględnić także inne ważne czynniki, takie jak rodowód, kolejność w miocie czy codzienne interakcje z innymi psami. Oceniając dorosłego osobnika w schronisku, możecie przekonać się, że trudno oddzielić kwestię poziomu energii psa od problemów i miejsc, które pojawiły się w jego życiu wcześniej. Na szczęście w przypadku szczeniaków ten problem odpada. To przysłowiowe czyste karty – urodzone z określonym poziomem energii i w większości przypadków zachowujące go przez resztę swojego życia.

POZNAJ MOICH RODZICÓW

Jak już zapewne wiecie, dobrzy hodowcy bardzo starannie dobierają pary rozpłodowe, poświęcając wiele uwagi zarówno ojcom, jak i matkom. Chcą przez to skutecznie kształtować i kontrolować temperament szczeniaków. Innymi słowy, hodowcy chcący mieć spokojne, przyjaźnie usposobione szczeniaki idealne do roli zwierząt domowych, psów terapeutycznych lub wystawowych, będą szukać spokojnych, miłych matek i ojców. Hodowcy potrzebujący psów ratunkowych lub rywalizujących w zawodach sprawnościowych będą szukać samców i samic o wyższych poziomach energii. W przypadku chęci wyhodowania idealnego psa obronnego lub policyjnego, cechami najbardziej poszukiwanymi u rodziców będą silne instynkty terytorialne, natomiast właściciele nielegalnych hodowli pitbulli poszukują do rozpłodu osobników najbardziej agresywnych i brutalnych. Właśnie dlatego, jeśli tylko pojawi się taka możliwość, powinniście poznać rodziców waszego nowego szczeniaka.

Brooke Walker pozwoliła mi spędzić trochę czasu z rodzicami Angela i okazało się, że to bardzo zabawowo nastawione i aktywne, choć spokojne i zrównoważone psy. Mama i tata Mr Presidenta okazali się spokojnymi angielskimi buldogami, które każdy chciałby mieć w swoim domu. Jeśli zamierzacie nabyć szczenięta pochodzące z pseudohodowli, nigdy nie uda wam się spotkać ich rodziców. Być może trzymani są w jednej spośród tysiąca ciasnych klatek upchanych w magazynie oddalonym o setki kilometrów od sklepu zoologicznego, w którym kupicie szczeniaka. W momencie, w którym malec trafi na witrynę, jego matka pewnie będzie już po urodzeniu kolejnego miotu. Wyobraźcie sobie, jaki wpływ na temperament psa mają tak nieludzkie warunki chowu. Pomyślcie o tym, jak wielki stres przeżywa suka zmuszana do wydawania na świat coraz to kolejnych miotów w tak ciasnej przestrzeni. Po pewnym czasie jej organizm po prostu się poddaje. Nie ma takiej możliwości, by te doświadczenia nie odbiły się negatywnie na jej temperamencie i energii, a także na psychice szczeniaków, które rodzi.

MIŁOŚĆ OD PIERWSZEGO WEJRZENIA

W książce *Marley i ja* ma miejsce zabawna sytuacja, gdy John Grogan, zaraz po wybraniu Marleya, ale jeszcze zanim pies trafił do jego domu, natrafia na książkę o labradorach, z której przerażony dowiaduje się, że pies często dziedziczy temperament po rodzicach. Hodowca Marleya niechętnie pokazał Johnowi ojca szczeniaka – psa, który okazał się „maniakalnym derwiszem przedzierającym się na oślep przez noc, jakby diabły siedziały mu na ogonie". Pomijając nadpobudliwego ojca Marleya, Groganowie byli świadkami wielu oznak świadczących o bardzo wysokim poziomie energii Marleya. W książce John z humorem opisuje typową sytuację, która miała miejsce w chwili wyboru szczeniaka.

Jeden z piesków, najbardziej zwariowany z całego rodzeństwa, był nami szczególnie zafascynowany. Atakował nas, koziołkował po kolanach i wdrapywał się na koszule, starając się sięgnąć językiem do twarzy. Chwytał za palce zaskakująco ostrymi szczenięcymi ząbkami i kręcił dookoła niezgrabne kółka na wielkich łapach, o wiele za dużych w stosunku do reszty ciała...
– To jest przeznaczenie – powiedziała Jenny.
– Jedno jest pewne, polubił nas – powiedziałem.

Podobnie jak Groganowie, większość ludzi, wybierając psa, natychmiast zakocha się w pierwszym szczeniaku, który się do nich przyczołga i zacznie lizać im ręce. Pomyślą sobie: On mnie kocha, wybrał mnie, chce, bym zabrał go do domu. Oczywiście, przekonanie, iż szczeniak „wybrał" właśnie nas, sprawia, że postrzegamy sami siebie i psa w lepszym świetle. To bardzo ważne czynniki dla więzi pies–człowiek, ale musimy pamiętać, że ten psi urok to tylko piękna bajka. Każde zdrowe, ciekawe świata szczenię będzie szukało nowych wrażeń i badało osoby, które wkroczą do jego świata. Prawda jest taka, że szczeniak, który – tak jak Marley – wyskakuje z pudełka, by się z wami przywitać, może zdradzać wczesne oznaki tendencji do dominacji.

Być może dominujący i aktywny szczeniak z wysokim lub bardzo wysokim poziomem energii to właśnie to, czego szukacie. Możliwe, że potrzebny wam pies, który wyrośnie na czempiona w zawodach sprawnościowych. A może lubicie biegi długodystansowe, tak jak mój znajomy, Todd Henderson – producent programu *Zaklinacz Psów*? Tylko bardzo aktywny pies jest w stanie dotrzymać mu kroku. Todd przygarnął Curly'ego, mieszańca labradora i charta – cudownego czworonoga, który był jednak zbyt porywczy dla swojego poprzedniego właściciela, spokojnego nowojorczyka imieniem Pete. Pamiętacie, jak Brooke Walker, hodowca Angela, chciała dać mi jego władczego braciszka „Pana Niebieskiego", którego sama nazwała „najmocniejszym ogniwem"? Brooke wyznała wówczas, że woli niezależne, bardziej asertywne szczeniaki, ponieważ z doświadczenia wie, że łatwiej tresować je na psy wystawowe.

Pamiętajcie jednak – zarówno Todd Henderson, jak i Brooke Walker to bardzo doświadczeni miłośnicy psów, osoby bardzo pewne siebie i pełne naturalnej, spokojnie asertywnej energii. Jeśli brak wam doświadczenia z psami lub wiecie, że jesteście osobami raczej spokojnymi i uległymi, mały, wyskakujący z pudełka Marley nie będzie dla was odpowiednim psem na resztę życia.

Interpretowanie wrodzonej ciekawości szczeniaka o wysokim poziomie energii jako „miłości od pierwszego wejrzenia" to niejedyna pomyłka w odczytywaniu psich komunikatów przez pryzmat własnych potrzeb emocjonalnych. Niektórzy ludzie szukają więzi duchowej z psem, a głównym kryterium wyboru czworonoga są wtedy jego „pełne wyrazu oczy". Inni pragną mieć szczeniaka, ponieważ chcą czuć się potrzebni. Przygarną oni nerwowego, nieśmiałego lub zamkniętego w sobie pieska, bo będzie im go żal. Są też osoby, które wybierają psa jedynie ze względu na jego wygląd zewnętrzny. W pierwszym sezonie *Zaklinacza Psów* spotkałem ludzi, którzy wybrali suczkę Emily, ponieważ miała łatę w kształcie serca. Emily była bardzo aktywnym pitbullem, ale jej właściciele trzymali ją zamkniętą w ogrodzie, nieświadomie zmieniając swoją podopieczną w ekstremalnie agresywnego psa, który w końcu wymagał kompleksowej rehabilitacji. Zetknąłem się z ludźmi, którzy przynieśli do domu szczenię tylko dlatego, że wyglądało jak Spuds MacKenzie*, Petey z *Klanu Urwisów*, Lassie, jeden ze 101 dalmatyńczyków albo Cziłała z Beverly Hills. To ważne, by pies podobał się swemu właścicielowi, ale wybieranie zwierzęcia wyłącznie pod kątem wyglądu ma jeszcze mniejszy sens niż dobieranie sobie męża lub żony według takiego samego kryterium.

Wybór szczeniaka ze względu na jego poziom energii to umiejętność, którą potrafi opanować każdy. W wieku jednego miesiąca wszystkie szczenięta poruszają się z uroczą niezdarnością, jedzenie zawsze stwarza motywację, a w centrum ich życia znajduje się matka. Zazwyczaj dzwonię więc do hodowcy i pytam, o której mniej więcej godzinie suka karmi małe. Karmienie następuje zawsze w regularnych odstępach czasu i odbywa się około pięciu razy dziennie. Staram się trafić właśnie na taki moment. Czterotygodniowe szczeniaki potrafią już chodzić. Proszę hodowcę, by trzymał pieski w oddzielnym pomieszczeniu, a następnie przyprowadził matkę. Obserwuję, w jakiej kolejności podbiegają do niej maluchy i który z nich jest najbardziej nieustępliwy, który najbardziej niecierpliwy, a który posłuszny i spokojny. Wtedy mogę sklasyfikować szczenięta jako psy o niskim, średnim, wysokim lub bardzo wysokim poziomie energii.

Możecie też zastosować metodę, której użyłem w przypadku Angela. Posadźcie wszystkie szczeniaki z miotu na krzesłach lub ławce i obserwujcie, jak długo potrafią czekać, zanim stracą cierpliwość i zeskoczą. Pieski o niskim i średnim poziomie energii to doskonały

---

* Pies pojawiający się w amerykańskich reklamach piwa Bud (przyp. tłum.).

wybór dla niedoświadczonych właścicieli, rodzin z dziećmi lub ludzi, którzy mają już w domu psa o poziomie energii wyższym niż człowiek. Psy o wysokim poziomie energii to idealni towarzysze dla ludzi takich jak Todd Henderson, Brooke Walker czy Diana Foster – osób bardzo aktywnych lub nieprzeciętnie doświadczonych w kontaktach z czworonogami.

Chris Komives to osoba bardzo aktywna i przejawiająca wysoki poziom energii, ale jego żona Johanna to kobieta spokojna i charakteryzująca się raczej średnim poziomem energii. Najlepiej zdecydować się na psa, który poziomem swojej energii odpowiada najspokojniejszemu członkowi rodziny. Wtedy żaden z domowników nie będzie miał problemów z utrzymaniem statusu przywódcy stada. Chris powiedział mi: „Szukaliśmy teriera, więc zdawaliśmy sobie sprawę, że trafimy na psa o średnim lub wysokim poziomie energii". Jako niedoświadczeni właściciele rodzina Komivesów chciała zastosować się do moich rad i przygarnąć psa o średnim poziomie energii. Według relacji Chrisa, hodowca, z którym się spotkali, miał jednak inną koncepcję: „Hodowcy mają dużo do powiedzenia w kwestii tego, którego szczeniaka dostanie osoba zainteresowana. Niestety, kobieta, z którą rozmawiałem, pokładała we mnie sporo wiary, gdyż znała mnie jako operatora z planu *Zaklinacza Psów*. Dostałem więc »najmocniejsze ogniwo« miotu. Dopiero niedawno dowiedziałem się od Cesara, który przyprowadził do domu Angela, że najmocniejsze ogniwo to nic innego jak najbardziej dominujący i aktywny szczeniak w gromadzie. Sprawy potoczyły się więc nie tak, jak pierwotnie zaplanowałem. W obronie hodowcy przemawia fakt, że wspomniałem o ćwiczeniach sprawnościowych dla Elizy, a najlepszym psem do takich konkurencji jest osobnik o wysokim poziomie energii". Wysoki poziom energii Elizy zapewnił Komivesom kilka nieoczekiwanych wyzwań, gdy suka osiągnęła wiek nastoletni. Opowiem o nich w kolejnych rozdziałach.

Mimo wszystko, gdy mówimy o wybieraniu psa według poziomu energii, doświadczenie ma pierwszeństwo nad aktywnością fizyczną przyszłego właściciela. Za dnia nawet długodystansowcy muszą przecież pracować. Doświadczenia z pierwszej ręki dają przewagę porównywalną jedynie z instynktem. Osoba niepełnosprawna ruchowo może nie być zbyt aktywna, ale będzie w stanie poradzić sobie z energicznym psem pomocnikiem, ponieważ rozumie kwestie takie jak przywództwo czy cierpliwość oraz wie, jak wykorzystać potencjał psa do pomocy we włączaniu świateł, otwieraniu drzwi czy prowadzeniu właściciela na przystanek. Pewny siebie człowiek charakteryzujący się energią spokojnie asertywną oraz doświadczeniem może okiełznać nawet najbardziej energicznego psa i nie przeszkodzi mu w tym żadnego rodzaju niepełnosprawność.

Warto też wiedzieć, że pies komunikuje się poprzez energię i może dzięki temu ujawnić nam więcej informacji na temat innego osobnika niż jakikolwiek opracowany przez człowieka test. Gdy po raz pierwszy zabrałem Daddy'ego na spotkanie z małym pitbullem, który miał być kontynuatorem jego spokojnie asertywnych tradycji, pozwoliłem, by duży pies sam wskazał mi poziom energii szczeniaków, które obserwowałem. Pamiętacie, jak Daddy warczał na szczeniaka, który zaczął okazywać dominację wobec dzieci mojego przyjaciela? Daddy od razu wiedział, że zachowanie małego to nie urocza serdeczność, ale objaw władczej energii, która może przyczynić się do powstania wielu problemów w stadzie. Daddy zignorował innego szczeniaka – psa, który zdradzał oznaki niższego poziomu energii, ale także symptomy nerwowości i lęku. Jego uwagę zwrócił dopiero najspokojniejszy i najbardziej ułożony piesek spośród całego miotu. Korzystajcie z podpowiedzi Daddy'ego i nie pozwólcie, by przy poszukiwaniach idealnego szczeniaka kierowały wami emocje.

ROZDZIAŁ 3

Mama wie najlepiej

UCZENIE SIĘ OD PROFESJONALISTÓW

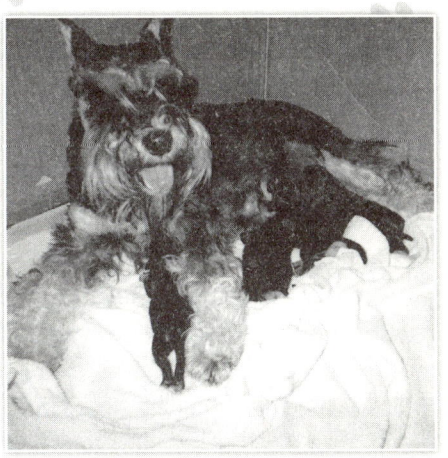

Binky i jej szczenięta

Moimi pierwszymi nauczycielami w dziedzinie poszczególnych etapów okresu szczenięcego były wyłącznie profesjonalistki – tzn. profesjonalne psie mamy. Z dumą oświadczam, że wychowania szczeniąt uczyłem się od najlepszych: suk pracujących na farmie mego dziadka w Meksyku. Podstawową zasadą Matki Natury jest równowaga i to do natury odnoszę się za każdym razem, gdy chcę wyjaśnić, jak prawidłowo wychowywać szczenięta. My, ludzie, często patrzymy na królestwo zwierząt z góry – w końcu nawet Biblia mówi, że mamy panować nad zwierzętami, prawda? Współczesna nauka jest jeszcze bardziej arogancka wobec naszych relacji ze światem fauny. To prawda, że ludzie mogą tworzyć, projektować i budować różne pomysłowe systemy, innowacje oraz ułatwienia mające na celu ulepszenie natury, ale w jednym nigdy nie będziemy lepsi: w naturalnych warunkach zwierzęce matki zawsze będą lepiej od nas wychowywać swe potomstwo. W tym jednym przypadku pierwotny plan natury wciąż jest – i zawsze będzie – najlepszy. Kiedy moim klientom trudno jest zrozumieć, czym w istocie jest przywództwo w życiu psa, kieruję ich do ekspertów: radzę poobserwować, jak suka rodzi, hoduje i pielęgnuje swoje szczeniaki, by wyrosły na dobrych, posłusznych członków stada. W wielu przypadkach wszystko, co musimy wiedzieć o wychowaniu szczeniąt, możemy znaleźć tuż obok: w cudownej relacji psiej matki z jej potomstwem.

Dokładnie pamiętam, że będąc dzieckiem, mogłem na farmie dziadka codziennie podziwiać rozgrywający się przed moimi oczami fenomen narodzin, życia i śmierci zwierząt. Nigdy nie nudziło mnie obserwowanie zawiłych rytuałów, za pomocą których suki wychowywały swoje szczenięta. Najlepsze psie mamy sprawiały wrażenie, jakby robiły to bez żadnego trudu, jakby realizowały pewien projekt. Wyobraźcie sobie program komputerowy, do którego możecie wprowadzić aplikację, by komputer pokazywał komunikaty w stylu: „Kliknij lewy przycisk, znajdziesz to. Kliknij prawy – znajdziesz tamto. Kliknij na dole – znajdziesz..." i za każdym razem system działałby prawidłowo. Psy na farmie funkcjonowały na zasadzie takiego właśnie programu: działającego intuicyjnie i bardzo precyzyjnie; w sposób prosty, ale jednocześnie pewny. Suki, z którymi dorastałem, zazwyczaj brały przykład ze swoich matek, ale nawet niedoświadczona samica okazywała się wspaniałą matką. To dlatego, że doskonały program wychowywania szczeniąt jest zakodowany w ich DNA.

Jedną z takich suk, które po raz pierwszy wydały na świat potomstwo i świetnie się nim opiekowały, była matka Angela – sznaucerka miniaturowa imieniem Binky. Gdy urodziła po raz pierwszy, miała półtora roku. Brooke Walker, hodowca Angela, podzieliła się ze mną kilkoma szczegółami dotyczącymi narodzin szczeniaka. Opowieść ta ilustruje nie tylko skrupulatnie wypełniane procedury dobrego hodowcy, ale też wewnętrzną mądrość i spokojnie asertywną energię przykładnej psiej mamy.

PIERWSZY MIOT BINKY

„Zanim suczka zostanie zapłodniona, wybieram się z nią na wizytę do weterynarza. Ten wykonuje pełną cytologię, by upewnić się, że zwierzę nie ma przeciwwskazań zdrowotnych do zajścia w ciążę – opowiada Brooke. – Wszystko musi być zaplanowane. Następnie zlecam pobranie suce krwi i zbadanie poziomu progesteronu, co daje informację, czy jest gotowa do zapłodnienia". Po przeprowadzeniu wszystkich tych procedur Brooke jest w stanie dokładnie przewidzieć datę narodzin szczeniąt. Binky została zapłodniona 22 sierpnia 2008 roku, co oznaczało, że 52 lub 53 dni później szczenięta w będą gotowe do przyjścia na świat. Zgodnie z tymi obliczeniami Brooke wiedziała, że Binky może wydać miot najwcześniej 18 października tego samego roku. W tym dniu miał urodzić się Angel!

„Kiedy mija pierwszy miesiąc ciąży suczki, zabieram ją na badanie USG, by zobaczyć, ile będzie miała szczeniąt. Macica suki różni się od kobiecej – wyjaśnia Brooke. – Przypomina róg. Są w niej dwa miejsca, w których rosną embriony szczeniąt. Natura świetnie to wymyśliła: zazwyczaj dwa pieski rosną w jednym rogu i dwa w drugim lub po trzy w każdym; może być też tak, że w jednym rogu macicy pojawi się troje szczeniąt, a w drugim dwoje. Binky miała po dwa embriony w każdym z rogów oraz bliźnięta w samym środku macicy".

Brooke ucieszyła się na wieść o bliźniętach jednojajowych, gdyż w jej hodowli wcześniej nie zdarzały się takie przypadki. Weterynarz odniósł się jednak do tej sytuacji z rezerwą. Wkrótce miała poznać smutną przyczynę jego powściągliwości.

Mijały tygodnie, a Brooke przygotowywała swoją sypialnię na powitanie szczeniąt. „Przygotowałam legowisko porodowe w mojej sypialni, ponieważ przez pierwsze 48 godzin od porodu postanowiłam nie opuszczać pokoju" – mówi. Oczywiście, w naturalnych warunkach suka podczas porodu nie szuka ani nie potrzebuje ludzkiej pomocy, czy nawet wsparcia innego członka stada – ciężarna tuż przed rozwiązaniem oddala się i przygotowuje sobie legowisko, zaś wszystkie inne psy respektują wysyłane przez nią sygnały i nie niepokoją jej podczas porodu. Ciężarna samica w psim stadzie cieszy się ogromnym szacunkiem i wysokim statusem. Jednak jako przezorny hodowca, Brooke chciała być przez cały czas w pobliżu na wypadek, gdyby coś zagrażało szczeniętom lub ich matce – zwłaszcza przy pierwszej ciąży, jak w przypadku Binky. „Umieszczam ciężarną sukę w przygotowanym wcześniej legowisku kilka dni przed rozwiązaniem, by oswoiła się z nim" – opowiada Brooke. Suki na wolności same wybierają sobie miejsce porodu, więc kiedy to człowiek przygotowuje takie gniazdo, zwierzę nie zawsze je akceptuje. Tak się stało w przypadku Binky. „Na początku od razu wyskoczyła z legowiska. Musiałam ją bardzo łagodnie zachęcać, wkładać do legowiska jej zabawki i koce, kusić ją psimi smakołykami i chwalić za czas spędzony w nim" – wspomina Brooke. Po pierwszym dniu Binky oswoiła się z legowiskiem, którym było pudełko o wymiarach mniej więcej metr na metr, z wysokimi ściankami mającymi utrzymać ciepło, a także podwyższeniem, gazetami, kocami, matą grzewczą na podłodze i ogrodzeniem chroniącym przed sytuacjami, w których szczenię mogłoby zostać zmiażdżone, gdyby przeczołgało się za swoją mamę. Wszystko było przygotowane na wielki dzień.

Choć Binky była nowicjuszką, świetnie sobie poradziła. „To właśnie jest takie piękne w naturze – mówi Brooke. – Binky po prostu od razu wiedziała, co robić. Oczywiście trochę popiskiwała, kiedy jej srom zaczął się rozszerzać i kiedy pojawiły się skurcze. Za pierwszym razem wszystkie narządy rodne powiększają się, więc poród może być nieco bolesny". Ale Binky się nie poddawała. Siostra Angela, „Panna Różowa", urodziła się jako pierwsza. „Zapisałam godzinę rozpoczęcia porodu oraz godziny przyjścia na świat poszczególnych szczeniąt. Miałam ponadto pod ręką przygotowaną wagę. Binky urodziła pierwsze szczenię w południe: to była suczka. Ważyła około 152 gramów. Zawsze staram się też zauważyć jakieś znaki szczególne, bym mogła potem rozróżnić szczenięta. Pomaga to również podczas ważenia ich; należy robić to codziennie i zwracać szczególną uwagę na to, czy przybierają na wadze przez pierwsze trzy dni życia" – wyjaśnia Brooke.

W momencie, kiedy przyszło na świat pierwsze szczenię, Binky udowodniła, że będzie psią supermamą. Wydawała się zafascynowana i jednocześnie podniecona swoim pierwszym dzieckiem – od razu wylizała szczeniaka i przegryzła pępowinę, jakby robiła to wcześniej już tysiące razy. Brooke stale była w pobliżu i pilnowała, by szczenię dotarło do sutka. Sprawdzała także, czy zostało wydalone łożysko. W naturalnych warunkach suka zazwyczaj zjada ten bogaty w składniki odżywcze organ, ale Brooke już wcześniej odkryła, że zbyt duże łożyska powodują problemy zdrowotne jej sznaucerek. „Zawsze pozwalam moim sukom zjeść chociaż jedno, ze względu na wartość odżywczą. Niestety, mają potem naprawdę ostrą biegunkę – wyjaśnia Brooke. – Przy pierwszym porodzie nie wiedziałam jeszcze, co i jak. Cała moja wiedza pochodziła z książek, które przeczytałam. Pozwoliłam, by suka zjadła wszystkie pięć łożysk i... mój Boże... co to było potem za zamieszanie".

Kiedy pierwsza córka Binky zaczęła ssać, był to bodziec stymulujący ciało suki do kolejnego porodu. Drugie szczenię, również córka, przyszło na świat o godzinie 12.30. Po nim nastąpiła długa przerwa. Brooke na początku nie przejęła się tym – w przeciwieństwie do psów wydających na świat liczne mioty, sznaucery miniaturowe mogą długo rodzić, nawet do czterech godzin. Jednak kiedy wybiła godzina 16.00 i nic nie zapowiadało narodzin kolejnych szczeniąt, Brooke wiedziała, że coś jest nie tak. „Ktoś, kto nie posiada odpowiedniej wiedzy i nie odczeka wystarczająco długo, mógłby przypuszczać, że to już koniec porodu i że suka po prostu odpoczywa. Ja jednak wiedziałam, że Binky na pewno jest spięta i ma skurcze, ale kolejne szczeniaki nie mogą się urodzić. Suka powoli stawała się zbyt zmęczona, by dalej przeć".

Brooke wezwała swego weterynarza, by wstrzyknął Binky oksytocynę na wywołanie skurczy. Wkrótce zaczęły się narodziny bardzo dużego szczeniaka. Brooke zrozumiała wtedy, dlaczego wcześniej weterynarz był zaniepokojony obrazem USG pokazującym jednojajowe

BROOKE'S MINIATURE SCHNAUZERS
WHELPING CHART

DAME: Brookehaven's Binky
SIRE: Ch. Brookehaven's Turner
WHELP DATE: Oct. 19 not 10/9/08 - Saturday

MARKINGS	SEX	PHYSICAL CONDITION COLOR	AFTERBIRTH	TIME CONTRACTIONS STARTED	TIME DELIVERED	BIRTH WEIGHT	20th Date	wt.	21st Date	wt.	22nd Date	wt.	23rd Date	wt.	24th Date	wt.	25th Date	wt.	Nov 1 Date	wt.	Nov 8 Date	wt.	Nov 15 Date	wt.	Nov 22 Date	wt.	6 wks
1. Pink	F	dark	yes		Noon	6 7/8		6 5/8		7 3/8		8 5/8		9 1/8		11	1 3/4		11 6.9		2.0		2.3 3/4		2.14
2. George	F	bright	yes		12:30	7 1/4		7 5/8		8 1/4		9 2/8		10 3/4		13	1 3/8		1 13/4		2.4		2.9		3.6
3. Blue	M	bright	yes	Alpha	4:30	6 7/8		7 3/8		7 3/8		8 4/8		9 4/8		12 7/8	1 3/4		2 1/6		2.9	2.1 lbs		3.14
4. Green	M	dark	yes		5:00	6 1/8		7 3/8		9		9 7/8		10 5/8		13	1 4 3/4		1.9 3/4		2.4		2.5 4		3.4
5.																	girls eyes open										
6.																											

Bred 8/22

Binky ultrasound/light - 5 pups - 1 twin
57 days - puppies born - #3 edema puppy removed at kilcare
3 wks - walking & responding to my voice

Pierwsza karta ciążowa Binky

bliźnięta w łonie Binky. „Od tamtego czasu wiele się dowiedziałam na ten temat i wiem, że taka sytuacja bardzo rzadko kończy się szczęśliwie. Prawie zawsze jest to anomalia". Jedno z bliźniąt miało wodogłowie, tzn. nienaturalnie dużą głowę. „Musieliśmy zrobić suce masaż i pomóc jej wydobyć ciało szczeniaka na zewnątrz. W tym momencie zaczął się poród trzeciego pieska – urodził się o 16.30. Zaraz po nim, o godzinie 17.00, pojawił się czwarty". Tym czwartym był mój Angel, ostatni z całego miotu.

Przypadek jajogłowego szczeniaka Binky ilustruje fakt, który ludzie – w moim przekonaniu – muszą wreszcie pojąć: że w świecie psów macierzyństwo nie jest stanem emocjonalnym, lecz doświadczeniem instynktownym. Wspomniany psiak urodził się martwy, Binky zaś całkowicie to zignorowała. Nie starała się go cucić ani lizać. Skupiła się na urodzeniu pozostałych żywych szczeniąt i zadbaniu o ich zdrowie oraz bezpieczeństwo. Od razu wiedziała, że musi poświęcić uwagę swoim żywym szczeniętom. „Wydawało się, że jej ulżyło, kiedy skończył się poród martwego pieska, i skupiła się na rodzeniu pozostałych – podsumowała Brooke. – Gdyby rozpaczała, ja, jako obserwator, też oczywiście bym się rozkleiła, co nikomu nie przyniosłoby żadnej korzyści".

My, ludzie, przywiązujemy dużą wagę do żałoby, nawet jeśli chodzi o opłakiwanie istoty, której jeszcze nie zdążyliśmy poznać. W mojej ludzkiej rodzinie miałem podobną sytuację: mój młodszy brat urodził się martwy. Ból po tym wydarzeniu wciąż niczym gęsta mgła spowija całą moją rodzinę. Moja matka nadal odczuwa wielki smutek i poczucie winy z powodu tej tragedii, chociaż przydarzyła się ponad 30 lat temu. Dla psów liczy się jednak tylko to, co najważniejsze: przetrwanie całego miotu, i – patrząc z szerszej perspektywy – stada. Zdarza się, że suka próbuje cucić martwe lub chore szczenię, ale nigdy nie trwa w żałobie. Jej uwaga skupia się na szczeniętach, które przeżyły poród. W ten sposób nigdy nie zaszczepi słabości u swego potomstwa. Od momentu narodzin szczenięta są delikatnie, lecz stanowczo upominane przez matkę, że jeśli chcą przetrwać, muszą przestrzegać wpajanych przez nią zasad. Psie mamy nie „rozpieszczają" swoich młodych. Właściwie jeżeli jakieś szczenię ma problem ze znalezieniem sutka, suka pomaga mu tylko do pewnego momentu. Jeśli maluch nie jest w stanie nadążyć za swoim rodzeństwem, matka może nawet pozwolić mu zginąć. My, ludzie, musimy pamiętać, że w wychowaniu szczeniąt ten spokojnie asertywny pragmatyzm jest naturalnym stanem umysłu pierwszego przywódcy stada każdego szczeniaka – jego matki. Nie namawiam oczywiście do wyzbycia się empatii i czułości, dzięki którym odczuwamy potrzebę opiekowania się psiakami, ale musimy uznać przykład psiej mamy i pamiętać, że szczenięta w swoim świecie zachowują się zgodnie z tym praktycznym sposobem bycia. Nie zranimy ich uczuć, jeśli ustalimy stanowcze zasady podobne do tych, jakie narzuciłaby im ich matka. Młode psy czekają na te zasady, by mieć zapewnioną bezpieczną, zrównoważoną przyszłość.

W PSIM ŚWIECIE OD PIERWSZEGO DNIA

W dniu 18 października 2008 roku Angel powitał ten nowy dla niego świat. Nie widział jeszcze ani nie słyszał, ale miał już rozwinięty zmysł węchu i od razu poznał pierwszy, a zarazem najważniejszy dla niego zapach: zapach swojej matki. Podczas dwutygodniowego okresu neonatalnego Angel i jego rodzeństwo nie byli zbyt aktywni: ich głównym celem w życiu było jedzenie i spanie. Jednak już na tym etapie rozwoju tworzyła się wśród szczeniąt pewna hierarchia. Brooke opowiedziała mi, jak bardziej dominujący brat Angela, „Pan Niebieski", zawsze pierwszy garnął się do jedzenia, odpychając po drodze pozostałe psiaki. Dlatego właśnie twierdzę, że każdy pies ma wrodzony podstawowy poziom energii. Nie oznacza to, że starszy brat Angela miał wyrosnąć na psa, którego trudno kontrolować. Dzięki dobrym genom, wspaniałym ćwiczeniom uspołeczniającym, które Brooke praktykuje ze szczeniętami, zanim zostaną oddane do adopcji, a także przy odpowiednim, spokojnie asertywnym właścicielu „Pan Niebieski" z pewnością wyrośnie na idealnego, posłusznego psa. Jego wrodzony poziom energii oznacza, że w nowych sytuacjach zwierzę to, zgodnie ze swą naturą, będzie przejmowało kontrolę w przypadku braku innego przywódcy, który wyznaczyłby zasady. Angel za to posiada wrodzoną tendencję do czekania i obserwowania sytuacji, zanim wkroczy i wcieli się w rolę przywódcy. Jest to klasyczna reakcja psa o średnim poziomie energii.

PIERWSZE DWA TYGODNIE: OKRES NEONATALNY

Szczenięta dojrzewają szybciej niż ludzkie dzieci. Pierwsze dwa tygodnie życia szczeniaka możemy porównać do całego ludzkiego okresu niemowlęcego. Ale nawet na tym etapie bezradności pieski udowadniają, że zamierzają walczyć o przetrwanie. W tych pierwszych tygodniach życia wydają się tak malutkie i bezbronne, że niektórzy ludzie obawiają się nimi zajmować lub nie chcą narażać ich na nadmierny stres. Prawda jest jednak taka, że nawet tuż po narodzeniu mózg szczenięcia szybko rozwija się i zaczyna planować, w jaki sposób należy reagować na otaczający świat i jak go odbierać. Dobrze poinformowani hodowcy wiedzą, że nieodzowne jest opracowanie i skrupulatne przestrzeganie programu wychowania szczeniąt. Ma on przygotować zwierzęta do skutecznego rozwiązywania problemów, radzenia sobie z czynnikami stresogennymi, wyzwaniami oraz nowymi doświadczeniami w przyszłości. Wie o tym Brooke Walker.

Chcę, by zajęto się moimi szczeniętami tak, by od początku były przyzwyczajone do tego, że wokół nich są ludzie. Jedną z pierwszych czynności, jakie wykonuję, jest delikatne dmuchanie w pysk psiaków. Chcę, by kojarzyły mój zapach z troską i opieką – tak jak kojarzą zapach swojej matki. Gdy szczenięta mają tydzień, obcinam im pazury. Czynność ta powtarzana jest potem raz w tygodniu. Po ukończeniu tygodnia poznają też delikatny powiew powietrza z suszarki.

Jeszcze nie widzą ani nie słyszą, ale chcę, by zaznajomiły się z tym zapachem i ciepłym powietrzem na swoim ciele. Wiele z moich szczeniąt wyrasta na psy wystawowe, więc pragnę, by zabiegi kosmetyczne od samego początku stały się dla nich rutyną, by nigdy nie były dla nich obcym, niepokojącym wydarzeniem.

Jak większość odpowiedzialnych hodowców, Brooke podczas pierwszych dwóch tygodni życia szczeniąt ma opracowany dla nich plan zajęć składający się z kilku ćwiczeń dziennie. Zajmują one od trzech do pięciu minut i mają na celu przyspieszenie fizycznego i psychicznego rozwoju zwierząt*.

Kiedy szczenięta mają trzy dni, Brooke wzywa weterynarza, by wykonał serię określonych badań i czynności. Pierwszą z nich jest obcinanie ogona, procedura nie tak popularna w innych częściach świata, ale w Stanach Zjednoczonych wciąż stanowiąca standard w przypadku sznaucerów miniaturowych przeznaczonych na psy wystawowe. Brooke wyjaśnia, że procedury tej – wraz z często jej towarzyszącym przycinaniem uszu – nie zaczęto przeprowadzać z powodów estetycznych. Czynności te praktykowano jako operacje niezbędne dla przetrwania pracujących terierów jakieś 110 lat temu, gdy rasa została „zaprojektowana"**. „Sznaucery miniaturowe zostały wyhodowane po to, by pozbyć się wielkich hord szczurów z niemieckich stodół: nie jednego czy dwóch szczurów, jakie nieraz zdarza się widywać dziś w domach, ale całych armii. Jeśli szczury występują w większych grupach, przeprowadzają masowe ataki na psy, więc gdyby pies miał długie uszy i ogon, te części ciała byłyby najbardziej narażone na atak. Pierwotnie przycinano więc ogony i uszy jedynie z powodów praktycznych".

Podczas tej samej wizyty Brooke zleca weterynarzowi obcięcie szczeniętom wilczych pazurów. Ich umiejscowienie przywodzi na myśl ludz-

---

* Bruce Fogle *The Dog's Mind: Understanding Your Dog's Behaviour*. Nowy Jork: Macmillan, 1992, s. 74.
** Sznaucery miniaturowe zostały po raz pierwszy pokazane jako oddzielna rasa w 1899 r., http://www.akc.org/breeds/miniature_schnauzer/history.cfm – American Kennel Club *Miniature Schnauzer History*.

kie kciuki, ale wyrastają na psiej łapie nieco wyżej niż reszta pazurów i nigdy nie dotykają podłoża. Stanowią szczątkową strukturę, która nie jest psom potrzebna lub też pełni mało istotne funkcje jedynie u niektórych ras – na przykład u pasterskiej rasy zwanej pirenejskim psem górskim. Psy te mają na tylnych łapach podwójne wilcze pazury, które w tym przypadku uważa się za pomocne przy zachowaniu równowagi podczas przeganiania owiec po skalistych stokach górskich. Większość psów ma wilcze pazury tylko na przednich łapach. Mogą one wisieć luźno, ale też zaczepiać się lub powodować nieznaczne – a niekiedy także poważne – podrażnienia psich łap, zwłaszcza u terierów, które używają łap do kopania. „Wilcze pazury sznaucerów oznaczają same problemy. Zawsze zaczepiają się o inne pazury, więc obcięcie ich od razu jest częścią programu pielęgnacji szczeniąt" – mówi Brooke.

Weterynarze twierdzą jednak, że psy świetnie radzą sobie bez usuwania wilczych pazurów. Kiedy zastanawiamy się nad usunięciem szczenięciu jakiejś części ciała, takiej jak wilczy pazur, pamiętajmy, że my sami genetycznie zmodyfikowaliśmy psy i wskutek tego pozbawiliśmy je pewnych naturalnych cech. Niektóre z nich już nie mają zastosowania u przedstawicieli tej stosunkowo nowej rasy. Takie procedury jak usuwanie wilczych pazurów są bezpośrednią konsekwencją ingerowania w plan Matki Natury.

Najważniejszą kwestią dotyczącą pierwszych dwóch tygodni życia waszego szczenięcia na tej planecie jest fakt, iż zwierzę odbiera świat zupełnie inaczej niż ludzkie dziecko. Dla małego pieska znaczenie mają trzy elementy: zapach, dotyk i energia. Matka jest dla niego zapachem, ciepłym ciałem zapewniającym komfort i pożywienie oraz źródłem spokojnie asertywnej energii. Jest delikatna, ale też stanowcza i asertywna, kiedy odpycha szczenię nieprzejawiające zainteresowania jedzeniem, podnosi je i przestawia w inne miejsce lub przewraca, by wylizać jego futerko i pobudzić układ pokarmowy. Nie traktuje potomstwa, jakby było ze szkła, ani nie ma „wyrzutów sumienia", gdy musi powiedzieć im w języku dotyku i energii: „O nie, ssiesz teraz trochę za mocno, odsuń się". Pierwszym doświadczeniom życiowym waszego szczeniaka towarzyszyły bardzo jasno określone zasady, granice i ograniczenia.

	Okres neonatalny
Narodziny – 2 tygodnie	Szczenię: • Śpi przez 90% doby • Jedynymi rozwiniętymi zmysłami są dotyk i węch • Je, pełza, szuka ciepła rodzeństwa i matki • Potrzebuje stymulacji do oddania moczu i kału • Odwrócone na grzbiet, zazwyczaj jest w stanie samodzielnie powrócić do poprzedniej pozycji • Ma dynamicznie rozwijający się układ nerwowy

Okres przejściowy: 2–3 tygodnie

Między 12. a 14. dobą życia szczenięta wchodzą w tak zwany okres przejściowy, który trwa około tygodnia. W porównaniu z ludzkimi dziećmi, przejście szczeniąt z okresu niemowlęcego do raczkowania przebiega w zawrotnym tempie. Szczenięta zaczynają stawać na swoich trzęsących się jeszcze małych łapkach, walczyć o pozycję, a nawet bawić się w dominowanie ze swoim rodzeństwem. Ich ruchy są bardziej zdecydowane. Suka zaś staje się widocznie bardziej stanowcza w utrzymywaniu dyscypliny i korygowaniu zachowań swoich młodych. We wczesnych fazach rozwoju psów matka cały czas narzuca swe przywództwo i egzekwuje przestrzeganie wyraźnie określonych zasad, granic i ograniczeń.

Ten etap rozwoju zaczyna się i kończy wraz z rozwinięciem się u szczeniąt dwóch kolejnych zmysłów. Zgodnie z wykresem Brooke, Angel urodził się 18 października, zaś oczy otworzyły mu się 1 listopada. Orientacyjnie przyjmujemy, że ta faza życia psa kończy się wraz z otwarciem się uszu – u Angela nastąpiło to 8 listopada, czyli 21 dni po urodzeniu. Dobry hodowca kontynuuje sprawowanie opieki nad szczenięciem w taki sam sposób, jak podczas okresu neonatalnego, a ponadto pozwala psiakom poznać różne nowe obiekty i dźwięki. W tym czasie Brooke pozwala osobom z zewnątrz – w tym przyszłym lub potencjalnym właścicielom – przyjść i obejrzeć pieski. „Mam żelazne zasady dotyczące wizyt u szczeniąt w tym okresie – mówi Brooke. – Zabraniam odwiedzającym wchodzić w butach i zawsze proszę o zdezynfekowanie rąk. Chcę jednak, by moje szczenięta były dotykane. Chcę, by słyszały ludzkie głosy oraz różne inne dźwięki, takie jak te wydawane przez piszczące zabawki czy suszarkę. Chcę też, by przyzwyczajały się do dźwięku odkurzacza, gdyż większość psów boi się tego urządzenia".

W *Zaklinaczu Psów* miałem wiele zleceń od ludzi, których psy bały się odkurzaczy i suszarek, więc osobiście doceniam ciężką pracę, jaką hodowcy pokroju Brooke wkładają w ten wczesny proces odwrażliwiania.

Podobnie jak Brooke, Diana Foster również zauważa ogromne znaczenie zapoznawania tak młodych szczeniąt z różnymi obiektami, dźwiękami i zapachami z otoczenia, z jakimi zwierzęta zetkną się potem w dorosłym życiu.

Kiedy otwierają się uszy i psiaki już trochę słyszą, często podnosimy je, nosimy oraz ich dotykamy. Włączamy im taśmy z różnymi dźwiękami. Robimy to, od kiedy skończą trzy tygodnie. Posiadamy realistyczne nagrania dźwięków wydawanych przez petardy, odkurzacze, krzyczące dzieci, samochody, klaksony, trzaskające drzwi – słowem wszystko, co pies może usłyszeć, mieszkając z ludzką rodziną – ponieważ na tym etapie rozwoju szczenięta nie odczuwają jeszcze strachu. Mają przy sobie matkę, która dodaje im otuchy. Włączamy im lampę grzewczą. Jest im ciepło. Są nakarmione. Nie trzęsą się. Nie podskakują ze strachu – wszystkie te dźwięki przechodzą do ich podświadomości, co zapobiega najgorszym incydentom, jakie mogą się przytrafić w późniejszym życiu, na przykład gdy owczarek niemiecki przestraszy się krzyczącego dziecka. Kiedy tak się stanie, pies może kogoś ugryźć i skończyć w schronisku lub zostać uśpiony, a przecież nie ponosi winy za swoje zachowanie.

Po trzech tygodniach od narodzin Angel i pozostałe szczenięta z tego miotu potrafiły już niezdarnie chodzić i reagowały na głos Brooke. Miały wkrótce wejść w prawdopodobnie najważniejszy okres we wczesnym etapie swego życia: okres socjalizacyjny.

	Okres przejściowy
2-3 tygodnie	• Otwierają się oczy • Wyrzynają się pierwsze zęby • Szczenię staje na czterech łapach i robi pierwsze kroki • Zaczyna mlaskać językiem • Nie potrzebuje już stymulacji, żeby się wypróżnić

Okres socjalizacyjny: 3-14 tygodni

Te kolejne tygodnie są jednym z najważniejszych okresów w życiu waszego szczeniaka. Zwierzę uczy się teraz od swojej matki, rodzeństwa oraz wszystkich dorosłych osobników, z którymi żyje, jak zachować się pośród innych psów. Od trzeciego do szóstego tygodnia* szczenięta wciąż wchodzą w interakcje głównie ze swoim rodzeństwem oraz matką. Oddalają się kilkadziesiąt centymetrów od matki lub swego legowiska, ale szybko wracają. Ta pierwsza faza okresu socjalizacyjnego to czas, gdy psiaki „stają się świadome" swego ciała, otoczenia, istnienia rodzeństwa i wsparcia matki.

W drugim etapie okresu socjalizacyjnego, tj. od piątego tygodnia życia, szczenię poznaje zasady funkcjonowania stada. Jego pierwsze stado składa się z matki i rodzeństwa. Metodą prób i błędów oraz dzięki wielkiej, pełnej wigoru figlarności, szczeniak uczy się od rodzeństwa, jak poruszać się w swoim otoczeniu. Przekonuje się na własnej skórze, jak bolesne może być ugryzienie czy bycie nadepniętym przez skaczące rodzeństwo, a także uczy się, jak dominować, a jak być uległym. Nabywa również innych umiejętności komunikacji z członkami swego gatunku. Gdyby wasze szczenię wychowywało się w naturalnych warunkach, dorosłe osobniki z jego stada w tym momencie wkroczyłyby do akcji i zadbały o to, by wyrósł na dobrego psiego obywatela. Społeczności zwierząt z rodziny psowatych – niezależnie od

---

* Według Bruce'a Fogle'a okres socjalizacyjny trwa u psów od czwartego do szóstego tygodnia, u ludzi zaś – od czwartego do dwunastego. Najbezpieczniej powiedzieć, że szczenięta wchodzą w interakcje z matką i rodzeństwem od drugiego do szóstego tygodnia życia. Bruce Fogle *The Dog's Mind: Understanding Your Dog's Behaviour*. Nowy Jork: Macmillan, 1992, s. 69.

tego, czy są to wilki, likaony czy psy domowe – są bardzo dobrze zorganizowanymi grupami, w których reguły stada ustanawiane są dla każdego członka od samego początku, bez wyjątków. Kiedy rodzą się szczenięta, całe stado dostosowuje się i reorganizuje swoje życie tak, by uczestniczyć w ich wychowaniu. Nawet w Centrum Psychologii Psa niektóre psy z mego stale zmieniającego swój skład stada przejmują rolę „nianiek" czy też „nauczycieli" dla każdego szczeniaka lub dorastającego osobnika, jaki dołącza do naszej radosnej gromadki.

Kiedy szczenięta mają sześć lub siedem tygodni, ich matka staje się nieco mniej zaborcza wobec nich i pozwala innym członkom stada pomóc sobie w wypełnianiu rodzicielskich obowiązków. U dzikich psowatych wychowanie młodych jest naprawdę rodzinnym wydarzeniem. Nieraz wszystkie dorosłe suki, nie tylko matka, dzielą się obowiązkiem karmienia dorastających szczeniąt: po powrocie z polowania zwracają pokarm i karmią nim młode. Co ważniejsze, całe stado zawsze odpowiada za edukację maluchów, w tym dyscyplinowanie ich. Wszystkie dorosłe suki tworzą pewien rodzaj niezwykłego, wszechstronnego i opartego na współpracy „publicznego systemu szkolnictwa", mającego na celu kształtowanie zdrowego i produktywnego młodego pokolenia. Jeżeli któraś z dorosłych członkiń stada uzna, że szczenięta stają się zbyt zuchwałe w swoich zabawach, może im to zakomunikować poprzez dotyk – trącając je lub nawet stanowczo, ale nieagresywnie gryząc. Jeżeli dorosła bądź dorastająca suka zauważy, że szczenię nie rozumie zasad dobrego zachowania „przy stole", może niskim głosem zawarczeć na nie, by odsunęło się od jedzenia. Każdy pies zdaje sobie sprawę, że stado, by przetrwać, musi mieć posłuszne, dobrze przystosowane i uspołecznione szczenięta.

Psy domowe jednak żyją nie tylko z innymi psami – mieszkają też z ludźmi i muszą na nich polegać. W pewnym sensie wasz szczeniak musi dorastać w środowisku „dwujęzycznym" – mówić językiem zarówno psów, jak i ludzi – zanim wkroczy w prawdziwy świat. Dziesiątki, a może nawet setki tysięcy lat rozwoju u boku człowieka dały psom wrodzoną biegłość w rozumieniu naszej energii i mowy ciała; biegłość, która jest tak samo imponująca, jak rozwój naszych najbliższych ewolucyjnie „kuzynów" – innych naczelnych. Jednak udomowienie nie dało psom automatycznej umiejętności rozumienia nas. „Ludzki" wciąż jest dla szczeniąt drugim, mniej znanym językiem. By stać się dobrymi pupilami, szczenięta między piątym a dziewiątym tygodniem życia potrzebują na co dzień pozytywnych interakcji z ludźmi. Muszą też mieć kontakt z różnego rodzaju bodźcami, jakie czekają na nie w naszym zmodernizowanym świecie. Dlatego właśnie dobry hodowca zajmuje się szczeniętami w okresie socjalizacyjnym tak skrupulatnie jak ich matka, by pokazać im różne aspekty kultury ludzi i zawiłości społeczeństwa, w którym przyszły na świat – złożonego po części z psów, po części z ludzi.

Okres socjalizacyjny			
Etap 1: budzenie się świadomości	3–4 tygodnie		Szczenię: • Słyszy i widzi • Ma o wiele lepiej rozwinięty zmysł węchu • Zaczyna jeść produkty stałe
	4–5 tygodni		• Zaczyna szczekać, merdać ogonem i gryźć rodzeństwo • Chodzi i biega znacznie pewniej, ale szybko się męczy • Urządza gonitwy i zabawy w zabijanie upolowanej zwierzyny • Odsłania zęby i warczy • Zaczyna drapać
Etap 2: ciekawość	5–7 tygodni		• Zaczyna się proces odstawiania od sutka • Zwierzę jest bardzo ciekawe świata • Bawi się z rodzeństwem w okazywanie dominacji
Etap 3: szlifowanie zachowań	7–9 tygodni	7 tygodni	• Funkcjonują już wszystkie zmysły • Wzrasta poziom ciekawości, pies stara się wszystko zbadać
		8 tygodni	• Szczenię staje się bojaźliwe, łatwo je przestraszyć • Jest ostrożne wobec wszystkich nowych elementów swego otoczenia

Diana Foster opisuje procedury, przez jakie ona i jej mąż Doug przechodzą przy każdym miocie owczarków niemieckich, jaki wychowują:

Gdy szczenięta kończą mniej więcej pięć tygodni, zaczynamy wnosić je po jednym do domu, by przyzwyczaiły się do bycia w towarzystwie ludzi, bez obecności rodzeństwa. Są tak zależne od bycia ze sobą nawzajem oraz z matką, że gdy przynosimy je po raz pierwszy do domu i stawiamy na ziemi, zaczynają skomleć. Bierzemy je więc na ręce i trzymamy przez chwilę, po czym odkładamy do matki. Dobrze jest dać im okazję do odczuwania niewielkiego stresu, by nauczyły się radzić sobie z nim, ale kilka minut dziennie to dla nich i tak dużo. Zabieramy je na krótko, by mogły stopniowo przyzwyczajać się do bycia poza swoim legowiskiem, wśród ludzi.

Fosterowie dbają też, by ich małe owczarki wciąż były w tym okresie rozwoju przyzwyczajane do nowych, realistycznych bodźców i stresujących doznań.

Staramy się umieszczać je tam, gdzie najwięcej się dzieje. Mamy do dyspozycji dwa hektary ziemi, ale nigdy nie ustawiamy ich kojca za domem ani na wzgórzu, gdzie nie widziałyby wszystkiego, co się dzieje w pobliżu. Mamy przed domem dużą zagrodę, po której kręci się mnóstwo przyjezdnych chcących obejrzeć nasze psy i tam zanosimy szczenięta. Są wtedy w centrum wydarzeń: słychać krzyk dzieci wysiadających z samochodów, szczekanie innych obecnych tam psów, muzykę. Po zagrodzie chodzą nasi pracownicy i jeździ śmieciarka. Nie możemy zabrać tak młodych szczeniąt w miejsce publiczne, więc przenosimy otoczenie do nich, by kiedy usłyszą głośny dźwięk lub gdy coś je przerazi, mogły uciec na tył posiadłości. Powtarzam moim pracownikom: „Nie reagujcie. Nie podchodźcie wtedy do szcze-

niąt. Nie przemawiajcie do nich. Nie bierzcie ich na ręce. Pozwólcie, by same sobie poradziły ze swoim lękiem". Powoli, stopniowo, pieski zaczynają podchodzić do źródła hałasu, stają się coraz odważniejsze i kiedy zrozumieją, że wielka przerażająca rzecz nie wyrządzi im krzywdy, wtedy się uspokajają. Im mniej reagujemy, tym lepiej. Gdybym miała napisać książkę o wychowaniu szczeniąt na tym etapie ich rozwoju, może nawet zatytułowałabym ją „Nic nie rób!", czy jakoś podobnie.*

Psy uwielbiają też rutynę, która jest ważna w ich rozwoju – zarówno we wczesnych etapach, jak i w późniejszym życiu. Brooke Walker trzyma się ściśle określonych reguł podczas okresu socjalizacyjnego swoich małych sznaucerów:

Jak tylko trawa obeschnie z porannej rosy, zabieram szczenięta na podwórko. Wszystkie od razu robią siusiu. Potem dostają śniadanie. Zostają na zewnątrz, bawią się. Wracają na swoją drzemkę. Potem znów wychodzą. Dostają obiad, załatwiają się, potem zabawa i znów wracają. Tak wygląda ich rutyna. Kiedy matka przestaje je karmić, daję im jeść trzy razy dziennie. Suki zazwyczaj karmią młode przez cztery tygodnie. Binky była wyjątkowo oddaną mamą – karmiła i lizała swoje dzieci do czysta przez pięć tygodni.

Brooke wyznała, że jestem jedyną osobą, której pozwoliła zaadoptować jedno ze swoich szczeniąt przed ukończeniem przez nie 10 tygodni. Zazwyczaj woli, by zanim szczeniaki opuszczą jej dom, proces odzwyczajania się od załatwiania potrzeb fizjologicznych w domu oraz przyzwyczajania do klatki był zakończony.

Odzwyczajanie od załatwiania potrzeb w domu jest proste. Psiaki wychodzą rano i chwalę je, kiedy załatwią się na podwórku. Za każdym razem, kiedy wychodzą – chwalę je. Kiedy zrobią siusiu – chwalę je. Bardzo często je chwalę. Późniejsi właściciele moich szczeniąt zawsze dzwonią do mnie, by powiedzieć, że są zdumieni gotowością moich szczeniaków do wychodzenia i załatwiania potrzeb na zewnątrz. Zawsze też staram się dopilnować, by szczenięta przebywały wśród starszych psów – są to wspaniali nauczyciele. Już przed ukończeniem ośmiu tygodni moje szczeniaki mają dużą wiedzę o świecie, ponieważ starsze psy są dla nich świetnym przykładem do naśladowania.

Diana Foster i Brooke Walker przyzwyczajają swoje szczenięta do klatek, poczynając od szóstego tygodnia życia, kiedy to pieski są odstawiane od sutka przez matkę. To bardzo rozsądne, gdyż – jak przekonacie się w kolejnym rozdziale – najtrudniejszą, najbardziej nienaturalną rzeczą, jakiej kiedykolwiek będziecie musieli nauczyć swego psa, jest umiejętność przebywania w samotności, bez was i bez stada. Kiedy przyzwyczajamy szczenię do krótkich chwil samotności w klatce wówczas, gdy wciąż jest ono jeszcze w fazie kształtowania się podstawowych funkcji życiowych, psiak uczy się, że „czas dla siebie" to element funkcjonowania w jego stadzie – chociaż to absolutnie niezgodne z psim DNA.

„Kiedy są trochę starsze, mają jakieś siedem czy osiem tygodni, lubię łączyć odzwyczajanie od załatwiania potrzeb w domu z przyzwyczajaniem do klatki" – wyjaśnia Diana.

Niekiedy wszystkie szczenięta z danego miotu wychowuję razem. Biegają razem, bawią się, śpią, a potem je separuję. Każdego szczeniaka wkładam do oddzielnej klatki, a każdą z nich umieszczam w oddalonym od innych miejscu. Zaczynam je do tego przyzwyczajać, ponieważ wiem, że kiedy zostaną zabrane przez nowych właścicieli, nie będą miały rodzeństwa do towarzystwa. Zaczynam od bardzo krótkich pobytów w klatce, mniej więcej półgodzinnych. Gdy umieszczam je w klatkach, wszystkie piszczą. Po 10 czy 15 minutach po prostu zasypiają.

"Wszystkie psy opuszczające moją hodowlę kochają przebywać w klatkach – chwali się Brooke. – Wrzucam do klatki smakołyk i mówię: »Chcesz ciasteczko? Dobrze, jest w twojej klatce«. Piesek myśli sobie: Och, lubię to miejsce, bo kiedy tam wejdę, dostanę ciasteczko. Pozwalam szczeniętom ucinać w klatkach drzemki, po czym wypuszczam je. Zaczynam od krótkich wizyt w klatce, stopniowo je potem wydłużając. Przystosowywanie psów do klatki jest więc najprostszą rzeczą na świecie".

Odkrywanie nowego, nieznanego świata

Na etapie „szlifowania zachowań" szczenięta stają się odważniejsze i zaczynają samodzielnie penetrować nieznane miejsca. Chcą zbadać i poznać absolutnie wszystko. Właśnie teraz dobrzy hodowcy zaczynają dbać o zapewnienie szczeniętom jak największej liczby nowych bodźców. Brooke bardzo poważnie traktuje zabawy wzbogacające wiedzę na temat zachowań – chce wyhodować ciekawskie, inteligentne i dobrze przystosowane sznaucery, więc zapewnia im urozmaicone zabawy oraz mnóstwo zabawek do wyboru.

Moje podwórko jest jak Disneyland. Uwielbiam pokazywać je szczeniętom. Bawią się na tarasie, bawią się w błocie. Kiedy nabierają wystarczającej odwagi, zapuszczają się w wysoką trawę w moim ogrodzie lub węszą w żywopłocie. Uczę je wielu umiejętności, gdy są na tym „poligonie doświadczalnym". Należą do grupy terierów i uwielbiają wchodzić do dziur, a więc kupuję im pokryte materiałem kocie tunele, by mogły biegać w nich i się chować. Uwielbiają to i kiedy są wystarczająco duże, wdrapują się na te tunele. Daję im wiele różnych zabawek: do ciągania – by mogły bawić się nimi między sobą, z wmontowanymi efektami dźwiękowymi lub dzwoneczkami, różne rodzaje piłek, za którymi mogą biegać, a także inne stymulujące urządzenia. Każdego dnia staram się dać im inną kombinację zabawek.

Diana Foster opowiada o swoich szczeniakach rasy owczarek niemiecki:

Na tym etapie nie potrzebują już matki, by przetrwać, ale wolimy wychowywać je blisko niej jak najdłużej z powodu jej naturalnego sposobu dyscyplinowania maluchów. Na przykład matka zabrania im zbliżania się do swojej kości lub powstrzymuje je, gdy zaczynają ją zbyt mocno ssać. Natychmiast koryguje ich zachowanie i nieważne, że szczenię skomle czy ucieka z podkulonym ogonkiem. A co zazwyczaj robi człowiek? Podnosi psiaka, mówiąc: „Ojej, biedactwo. Chodź tu". Kiedy coś się dzieje, wszyscy chcą ratować zwierzątko i współczują mu, przez co akcentują fakt, że stało się coś złego. Jednak w psim świecie to, co się wydarzyło, wale nie jest złe! To tylko nauczka. Prawdziwa matka szczenięcia nie przejmuje się tym. Pozwala, by psiak sam rozpoznał sytuację, bo w ten sposób dorasta i się uczy. Może uciec ze skowytem, ale po kilku sekundach wraca i dalej bawi się ze swoimi przyjaciółmi. To nic takiego, tylko ludzie myślą, że jest inaczej. Podobnie jak Cesar, potrafię godzinami siedzieć i obserwować psy. Możecie się wiele nauczyć, obserwując po prostu ich zachowanie, zwłaszcza reakcje naprawdę dobrej psiej mamy.

Matka Angela, Binky, była tak troskliwą mamą, że zajmowała się dyscyplinowaniem swoich szczeniąt do dnia, w którym każdy z nich został adoptowany. Warto o tym pamiętać, by zrozumieć, dlaczego Angel był tak pojętny i otwarty na nowe zasady oraz dyscyplinę, kiedy zamieszkał z moją rodziną.

Wczesny etap socjalizacyjny: budzenie się świadomości (8 lub 9 tygodni)

W wieku około ośmiu lub dziewięciu tygodni szczenię zazwyczaj wkracza w etap, w którym z towarzyskiego i lekkomyślnie ciekawskiego psiaka zmienia się z powrotem w bardzo ostrożne zwierzę. Należy to zaakceptować. W naturalnych warunkach ta faza szybko mija. Najlepsi hodowcy dokładają wtedy starań, by nie otaczać szczeniąt nadmierną opieką, lecz pozwolić im na samodzielne rozwinięcie prawdziwego poczucia pewności. „Zapewniam moim szczeniakom bezpieczeństwo i dbam, by nie doznały znęcania się ani krzywdy w jakiejkolwiek formie ze strony innych członków stada – mówi Brooke. – Jednak ratowanie szczenięcia z opresji za każdym razem, kiedy w nią wpadnie, może doprowadzić do tego, że wyrośnie ono na bojaźliwego psa. Chcę przygotować wszystkie moje szczenięta na rozłąkę ze mną, z ich rodzeństwem oraz matką. Kiedy kończą osiem tygodni, zabieram je do centrum Fashion Island tu, w Newport, w stanie Kalifornia. Czeka tam na nie wiele kolorów, odgłosów i zapachów, jakich wcześniej nie znały. Jest też specjalna fontanna, która pompuje wodę w górę w nieregularnych odstępach czasu. Chociaż od sznaucerów nie oczekuje się, że będą psami wodnymi, nie miałam jeszcze pieska, który nie chciałby wejść do wody i łapać bąbelków!".

Ta faza ostrożności może niekiedy pokrywać się z czasem, gdy hodowca zgadza się na wyjazd szczeniaka do jego nowego domu. Nowi właściciele często interpretują zrozumiałą powściągliwość pieska jako coś, o co należy natychmiast zadbać. Jeżeli nie dadzą mu przywileju samodzielnego przezwyciężenia jego lęków i niepewności, mogą zniweczyć ciężką, systematyczną pracę, jaką matka szczenięcia oraz hodowca włożyli w jego edukację do tego momentu. „Obecnie staram się nauczyć czegoś moją przyjaciółkę – opowiada Brooke. – Jej pies rozkleja się w momencie, gdy ona pojawia się w pobliżu. Zwierzę kuli się i chowa przed innymi psami. Ale kiedy jest tu sam, przejawia chęć do zabawy, ma apetyt i grzecznie chodzi na smyczy. Wydaję mu polecenia stanowczym głosem i staram się nie używać wysokiego tonu, z jakim zwracam się do nowo narodzonych szczeniąt. W skrócie można to ująć tak: zapewnij szczeniakowi bezpieczeństwo, ale nigdy nie ratuj go z opresji". By zapobiec wykształceniu przez szczenię lęków lub problemów z wysokim stopniem niepokoju, właściciele nie powinni ingerować w proces uczenia się, który uwzględnia również niewygody i popełnianie błędów. Oznacza to, że musimy pozwolić szczeniętom zbadać każdą nową sytuację nosem, oczami i uszami – w tej kolejności – oraz wypracować własne strategie radzenia sobie z nowymi wyzwaniami... nawet tymi budzącymi lęk. Więcej na ten temat przeczytacie w następnym rozdziale.

Idź za przykładem matki

Żaden szanujący się hodowca nie pozwoli wam zabrać do domu szczeniaka przed ukończeniem przez niego ośmiu tygodni. Moim zdaniem, jeszcze przed adopcją istotne jest zrozumienie różnego rodzaju czynników, które sprawiły, że pies jest taki, a nie inny. Jeśli szczenię zostało wychowane przez zdającą się na swój instynkt i rzetelną matkę, jak Binky – mama Angela – macie ułatwione zadanie z wychowaniem malca, gdyż znaczna część pracy została już za was wykonana. Pies będzie już rozumiał pojęcia zasad, granic i ograniczeń. Przybędzie do waszego domu zaopatrzony w podstawową wiedzę na temat psiej etykiety. Binky bez wątpienia poświęciła się wychowaniu Angela i jego rodzeństwa, ale nie pozwoliła, by jej emocje przeszkodziły we wpojeniu naturalnych praw i zasad, jakie każdy pies powinien znać, by wyrosnąć na dobrego obywatela i wzorowego członka innego stada. Jeżeli wasze szczenię pochodzi od tak znakomitego hodowcy jak Brooke czy Diana, będzie dodatkowo wyposażone w wiedzę z podstawowego „kursu" na temat osobliwości świata ludzi, włączając w to rytuały żywieniowe oraz ideę wewnętrznych i zewnętrznych granic. Ponadto szczenię będzie już nieco przyzwyczajone do klatki oraz odzwyczajone od załatwiania potrzeb w domu.

Waszym głównym zadaniem jako nowego przywódcy stada jest kontynuowanie edukacji szczenięcia z zastosowaniem tych samych naturalnych zasad zdrowego rozsądku.

ROZDZIAŁ 4

Szczeniak przybywa do domu

UŁATWIANIE ZMIANY ŚRODOWISKA

Mr President jako szczeniak

Jesteście już gotowi na przyjęcie psa, znaleźliście odpowiedniego hodowcę, odpowiednią grupę ratunkową lub schronisko, wybraliście szczenię o odpowiednim poziomie energii i jesteście pewni, że wyrośnie ono na idealnego towarzysza. Nadszedł czas, by przynieść malucha do domu. Zawsze powtarzam, że gdy jest się przywódcą stada, każdy ruch ma dla psa duże znaczenie. Każda czynność, uczucie i każdy wysłany przez was sygnał – przypadkowy lub zamierzony – będą stanowić dane, które zostaną wprowadzone do psiego komputera i wykorzystane do określenia waszej funkcji w życiu czworonoga. W przypadku szczeniaków wszystkie wcześniej wymienione czynności odgrywają jeszcze większą rolę. Mózg waszego psiaka dopiero się rozwija i to właśnie wy macie kształtować wzorce zachowań, których będzie on przestrzegał. Blizzard, Angel i Mr President byli na początku spokojnymi, uległymi i beztroskimi psami o średnim poziomie energii. Ale nawet ja, słynny zaklinacz psów, jestem w stanie zepsuć ich „fabryczne oprogramowanie", jeżeli nie będę zwracał uwagi na interakcje, które pojawią się między nami podczas pierwszych dni razem. Mam tu na myśli zwłaszcza te kilka tygodni, podczas których psy zmieniają otoczenie, przechodząc ze swego pierwszego stada (składającego się z mamy oraz rodzeństwa) do mojej rodziny i psów, które ze mną mieszkają.

PODRÓŻ DO DOMU

Gdy będziecie odbierać psa od hodowcy, ze schroniska lub z siedziby grupy ratunkowej, poprzedni właściciel omówi z wami szczegóły umowy kupna lub adopcji oraz opowie o historii chorób i zaaplikowanych szczepionek. Kiedy szczeniak będzie przekraczać próg waszego domu, powinien mieć za sobą pierwszą serię podstawowych szczepień przeciwko nosówce, zapaleniu wątroby, parainfluenzie i parwowirozie. Powyższym chorobom przyjrzymy się bliżej w kolejnym rozdziale. Pożądana byłaby co najmniej jedna wizyta u lekarza weterynarii jeszcze przed adopcją. Wielu hodowców praktykuje spotkania przyszłych właścicieli z dwu-, trzytygodniowymi szczeniakami, by poznały one zapach nowych przywódców stada. Pamiętajcie – psy zapamiętują zapach osoby w podobny sposób, w jaki my zapamiętujemy twarze, z tą różnicą, że psi nos jest tysiąc razy dokładniejszy niż ludzkie oczy! Innymi słowy – wasz szczeniak mógłby wskazać was w rzędzie ustawionych obok siebie osób o wiele szybciej, niż wy rozpoznalibyście go wśród gromady podobnych mu psów!

Wyostrzony zmysł węchu może działać na waszą korzyść także w inny sposób. By pomóc szczeniakowi w przyzwyczajeniu się do nowego środowiska, przynieście do domu ubranie lub zabawki przesiąknięte zapachem mamy i rodzeństwa waszego pupila. Dzięki temu malcowi będzie łatwiej przetrwać pierwsze kilka dni rozłąki ze środowiskiem, do którego przywykł. Powinniście mieć też klatkę lub transporter do przewozu szczeniaka. Jeśli jest to pojemnik, który będzie służył jako stałe miejsce pobytu psa, możecie poprosić hodowcę, by zaczął przyzwyczajać szczenię do klatki na mniej więcej tydzień przed ostatecznym rozstaniem z matką. Możecie też umieścić w klatce przedmiot (np. koszulę lub ręcznik), który ma na sobie wasz zapach. Upewnijcie się jednak, że materiał jest czysty i nie miał kontaktu z innymi nieszczepionymi zwierzętami! Im lepiej wykorzystamy psi nos do przygotowania czworonoga na kontakt z nowym środowiskiem, tym lepiej zniesie on zamieszanie związane z przeprowadzką.

RADY DOTYCZĄCE KLATEK I BUD
Jak wybrać odpowiedni pojemnik

KLATKI DRUCIANE
- nie nagrzewają się w ciepłych miejscach
- zapewniają dobrą wymianę powietrza
- dają psu szerokie pole obserwacji
- w razie potrzeby można zakryć je ręcznikiem, by nie rozpraszać psa
- można je złożyć w celu łatwiejszego przechowywania

Ważne: Pamiętajcie, by wyłożyć dno klatki papierem, tekturą lub miękkim materiałem.

KLATKI Z TWARDEGO PLASTIKU
- łatwe do czyszczenia
- mają wygodne, gładkie podłogi, które można wyścielić materiałem i urządzić podwyższenie do spania
- lekkie i łatwe w transporcie i przechowywaniu

- zapewniają gotowe środowisko w stylu „nory" – w naturalny sposób uspokajają szczenięta i pomagają w łagodzeniu lęku

Wybór należy do was, ale niezależnie od rodzaju klatki należy pamiętać o nabyciu wystarczająco dużego pojemnika, by wasz szczeniak mógł w nim wstać, odwrócić się i spać w wygodnej pozycji. Biorąc pod uwagę szybkie tempo wzrostu pupila, więcej miejsca na pewno się przyda.

Jeśli chodzi o transport szczeniaka, możecie zabrać go od hodowcy w klatce lub zdecydować się na sposób, który osobiście polecam – zaprowadźcie pieska do samochodu, pozwólcie mu wskoczyć do środka i samodzielnie wejść do umieszczonej tam otwartej klatki. Nie bez powodu radzę właścicielom psów, by pozwolili swoim pupilom jak najczęściej angażować się w nowe sytuacje – psy to nie torbacze ani nie przedstawiciele rzędu naczelnych. Gdy matka chce, by jej szczenięta dokądś za nią poszły, pozwala im samym znaleźć odpowiednią drogę do celu. Jeśli szczeniak nie będzie dość szybki, zboczy z odpowiedniej ścieżki lub coś stanie mu na drodze – matka po niego wróci, chwyci go za kark i przeniesie w odpowiednie miejsce. Potem pójdzie dalej, a malec będzie znowu musiał radzić sobie sam. Suka nigdy nie spędza całego dnia na noszeniu swojej gromadki z miejsca na miejsce. Gdyby tak było, szczenięta nigdy nie opanowałyby sztuki troszczenia się o siebie, a to z kolei byłoby niekorzystne dla całego stada.

Pomagając naszym małym pupilom w przejściu od okresu szczenięcego do samodzielności, musimy pamiętać o ich matkach. Przyjęcie roli partnera od pierwszych dni oznacza, że musicie pomagać szczeniakowi w przezwyciężaniu trudności, ale bynajmniej nie chodzi tu o ułatwianie mu życia lub robienie wszystkiego za niego. Natura z pomocą biologicznej matki opracowała wielokrotnie przetestowaną i praktycznie niezawodną strategię edukacji szczeniąt. Musimy zdawać sobie sprawę, że czasem nasze dobre chęci utrudniają Matce Naturze udzielenie szczeniętom cennych lekcji życia. Wiele osób nosi swoje szczenięta na rękach niczym niemowlęta, skutkiem czego pieski nie potrafią uzmysłowić sobie, w jaki sposób dotarły w miejsce, w którym się znajdują. To działanie wbrew naturze, które w znaczny sposób utrudnia rozwój młodego psa.

By wykorzystać moją metodę zapoznawania psa z samochodem i budą, zaparkujcie swój pojazd jak najbliżej punktu odbioru szczeniaka, by malec mógł za wami iść. Wielu znakomitych hodowców, takich jak Brooke czy Diana, przyzwyczaja swoje szczenięta do smyczy, więc proces tresury można rozpocząć już od waszych pierwszych wspólnych chwil.

Gdy już dotrzecie do samochodu, otwórzcie drzwi lub bagażnik i podnieście szczeniaka za kark, ale pozwólcie, by jego przednie łapy dotykały podłogi auta. Pozycja ta sprawi, że pies automatycznie będzie próbował się podciągnąć. Wykonując tę prostą czynność, pomożecie psu dokonać olbrzymiego kroku naprzód, ale nie wyręczycie go całkowicie w staraniach. Staniecie się partnerem w procesie zdobywania wiedzy.

Następnie szczeniak będzie chciał zbadać nowe środowisko, najpierw za pomocą własnego ciała, a potem za pomocą nosa. Możecie zwabić go do klatki za pomocą jedzenia. Uwagę malucha zwróci także wszystko, co nasiąknięte jest zapachem jego mamy i rodzeństwa. Zanim zamkniecie drzwiczki, upewnijcie się, że szczenię czuje się w klatce swobodnie. Nigdy nie zamykajcie podekscytowanego lub podenerwowanego psa, gdyż może to przyczynić się do powstania fobii czy lęku przed samotnością. Na koniec pamiętajcie, by umieścić psa w klatce w taki sposób, by mógł widzieć i czuć was przez całą drogę do domu.

Węch i wzrok to dla psa zmysły o wiele istotniejsze niż słuch! Co więcej, dźwięk może czasem pogłębić lęki wywołane przygodą w nowym środowisku. Jeśli wasz piesek piszczy w trakcie jazdy, a wy wciąż mówicie do niego „wszystko w porządku, wszystko w porządku", to tak naprawdę – poprzez energię przekazywaną dźwiękiem – wmawiacie psu, że wcale tak nie jest i że właśnie odczucie braku komfortu okazywane piszczeniem jest „w porządku". Starajcie się też unikać mówienia podniesionym głosem, którego dorośli często używają wobec dzieci i zwierząt. Jeśli żal wam szczeniaka, odniesie on wrażenie, że jesteście osobnikami o słabej energii. Jak zwykle w takich przypadkach energia spokojnie asertywna zadziała o wiele lepiej niż mowa czy dotyk.

Jeśli chcecie uspokoić bardzo nerwowe szczenię, polecam odwrócenie jego uwagi bodźcem zapachowym, a gdy zacznie się uspokajać, dodatkowo wzmocnienie tej reakcji poprzez zaoferowanie mu jakiegoś smakołyku. Głaskanie wystraszonego szczeniaka nie jest skuteczne i spowoduje reakcję zupełnie odwrotną do tej, której oczekujecie – zwierzak będzie się denerwował, ilekroć znajdzie się w samochodzie lub klatce.

PIERWSZE CHWILE W DOMU

Ci z was, którzy czytali moje książki na temat rehabilitacji starszych psów, będą zapewne pamiętać, że przed wprowadzeniem nowego psa do domu proponuję, by przez 30 minut do godziny oprowadzać go po nowym otoczeniu. W ten sposób zaczniecie kształtować więź z czworonogiem i pozwolicie mu myśleć o całej sytuacji jak o migracji, dzięki czemu potraktuje przeprowadzkę jako naturalny pierwotny proces przejścia z jednego obszaru na inny.

W przypadku szczeniąt zalecam „skróconą" wersję tego rytuału. Ważne, by zanim wprowadzicie pupila do domu, poznał on swoje nowe środowisko i doświadczył charakterystycznych dla waszego ogródka i najbliższego otoczenia zapachów, dźwięków i widoków. Musicie zakomunikować szczeniakowi, że podjazd, żywopłot lub płot oznacza początek jego terytorium. Jeśli maluch umie już chodzić na smyczy, umieśćcie ją wysoko na jego szyi, by móc mieć nad nim kontrolę. To najlepszy sposób, by ustalić rutynowe czynności i zapewnić psu bezpieczeństwo. Następnie postawcie szczeniaka na ziemi i zacznijcie iść w stronę domu, pozwalając, by podążający za wami pies sam przekroczył próg. Nie pozwólcie, by skupiał się na czymś innym lub zaczął wąchać grunt pod nogami. Chris i Johanna Komivesowie opisali mi swoje doświadczenia z Elizą: „Po odebraniu jej od hodowcy, założyłem jej smycz. Pies był już z nią zaznajomiony, dzięki czemu mogłem trochę z nim pospacerować, zanim wsiedliśmy do samochodu". Chris zapamiętał to, czego nauczył się podczas pracy nad sześcioma sezonami *Zaklinacza Psów*. Spacer to rytuał, do którego przekonuję wszystkich moich klientów zastanawiających się nad przygarnięciem dorosłego psa, ale jest to także doskonały sposób na stworzenie więzi ze szczeniakiem. „Klatka była już w samochodzie, więc wsadziłem małą do środka i zanim zamknąłem drzwiczki, poczekałem, aż się uspokoi – kontynuuje Chris. – Gdy dotarliśmy do domu, spryskałem chodnik przed budynkiem wodą z domieszką wybielacza, a następnie zrobiłem to samo dwa domy dalej. Przespacerowałem się z Elizą właśnie do tego miejsca, a następnie wprowadziłem ją na podwórko za domem. Pozwoliłem jej zaznajomić się z otoczeniem, po czym pokazałem przygotowane specjalnie dla niej miejsce w korytarzu".

Jeśli mieszkacie w bloku, zostawcie psa kilka kroków od wejścia do mieszkania i pozwólcie, by podążając za wami, sam przekroczył próg. Ćwiczenie to wymaga cierpliwości, ponieważ piesek może być na początku lekko zdezorientowany i nieśmiały. Te cechy nie są u szczeniaka niczym niezwykłym, gdyż wszystko jest dla niego nowością. Jak pisałem w poprzednim rozdziale, wasze szczenię może wciąż być na „etapie nieśmiałości", który następuje tuż po krótkiej fazie socjalizacji.

Nie zmuszajcie szczeniaka do niczego, jeśli „zapiera się łapami". Pamiętajcie o tym, co mówiłem: „nos, oczy, uszy". Gryzak, psi przysmak, zabawka lub przedmiot nasiąknięty zapachem mat-

Chris na spacerze z Elizą

Eliza w domu

ki i rodzeństwa to rzeczy, które mogą pomóc psu uaktywnić nos. Po pewnym czasie szczenię powinno okazać naturalną ciekawość i dobrowolnie za wami podążyć. Niezależnie od tego, jak nieśmiały może wydawać się z początku pies – podążanie za przywódcą jest wpisane w jego naturę. To bardzo istotne, byście przez cały czas byli spokojni, zrelaksowani i cierpliwi wobec powściągliwości malucha. W dniu, w którym planujecie przyprowadzić go do domu, zarezerwujcie sobie kilka wolnych godzin, by nie stracić cierpliwości. Pamiętajcie, energia, którą okazujecie w obecności psa, udzieli się i jemu. Jeśli będziecie spięci i sfrustrowani, pies odwdzięczy się wam tym samym. Zaznajamianie szczeniaka z nowym otoczeniem powinno być dla was przeżyciem radosnym, a nie uciążliwym. „Gdy ktoś kupuje szczeniaka, zawsze staram się udzielić mu informacji dotyczących właściwego przygotowania domu na jego przyjęcie" – mówi Diana Foster.

Jeśli ludzie nie są odpowiednio przygotowani, wiele rzeczy może pójść nie tak, jak powinno. Można tego uniknąć. Wyobraźcie sobie kobietę, która nosi dziecko w łonie przez dziewięć miesięcy, po czym idzie je urodzić do szpitala, a gdy wraca do domu – nic nie jest przygotowane. Nie ma kołyski, kojca, fotelika ani pieluch. Kobieta kładzie więc dziecko na podłodze. Być może to dość ekstremalne porównanie, ale na świecie naprawdę istnieją ludzie, którzy kupują szczeniaka pod wpływem impulsu. Później zastanawiają się, dlaczego ich dom zmienił się w ruinę, a oni sami muszą radzić sobie z niesfornym zachowaniem pupila. Winią psa za to, że stracił nad sobą kontrolę. Nigdy nie pozwolę, by jeden z moich owczarków niemieckich trafił do osoby nieprzygotowanej na przyjęcie psa.

Przygotowywanie domu na przyjęcie szczeniaka nie musi być monumentalnym przedsięwzięciem, zwłaszcza jeśli przez pierwsze tygodnie chcecie trzymać go w zamkniętej przestrzeni i stopniowo zwiększać jego „rewir", gdy nauczy się załatwiać potrzeby fizjologiczne na zewnątrz i poczuje wśród was jak w rodzinie. Określenie przestrzeni, w której trzymany będzie szczeniak podczas pierwszych kilku tygodni, pozwoli mu oswoić się z porządkiem i ochroni wasz dom. Chris i Johanna Komivesowie przygotowali mały fragment korytarza (zaopatrzonego w uchylne psie drzwiczki prowadzące na podwórko), w którym umieścili klatkę Elizy. Wszystkie nowe psy, w tym Junior, Blizzard, Angel i Mr President, rozpoczęły swój pobyt w naszym domu od przebywania w klatkach umieszczonych w dużym, wentylowanym garażu, którego drzwi prowadzą na podwórko (w niektórych miejscach dodatkowo ograniczone specjalnymi bramkami). Szczeniaki będą tam przebywać razem z dotychczasowymi mieszkańcami – zrównoważonymi dorosłymi psami. Nie polecam trzymania małego szczeniaka samego w pustym garażu lub pomieszczeniu oddalonym od właścicieli. Kompletna izolacja od dźwięków i zapachów jego nowego stada będzie dla malucha bardzo niemiłym przeżyciem.

Diana Foster zaleca, by przez kilka pierwszych dni rodziny nie zwracały uwagi na nowo przybyłe szczeniaki. Uważa, że ich klatka powinna znaleźć się w rogu pokoju dziennego lub kuchni, tak by maluchy mogły czuć się jak członkowie stada, nie robiąc jednocześnie zbyt wielkiego zamieszania. Dzięki temu psy nauczą się, że na podekscytowanie niekoniecznie należy odpowiadać podekscytowaniem. To bardzo ważna lekcja dla rasowych psów, które – gdy dorosną – będą silne i pełne energii. Najlepszym miejscem dla szczeniaków będzie sień lub pralnia w pobliżu kuchni. Niektórzy ludzie stawiają klatki w sypialni, by przez kilka pierwszych nocy szczenięta nie czuły

Układ klatek dla owczarków niemieckich Diany Foster

się samotne, po czym decydują się zostawić je tam na stałe. Dobrym miejscem dla małych piesków będzie pomieszczenie, którego estetyka nie ma dla was aż tak wielkiego znaczenia. Jeśli zdarzy się jakiś incydent, nie będziecie wtedy winić szczeniaków za coś, na co nie mają wpływu.

Jestem wielkim zwolennikiem bramek ochronnych dla dzieci – nieważne, czy są one metalowe, drewniane, druciane czy plastikowe. Mam ich wiele w garażu i wykorzystuję je do rozmaitych celów – jako ograniczniki, wskazówki informujące psy, w których miejscach pozwalam im przebywać, lub nawet jako przeszkody wykorzystywane w treningach z psami potrzebującymi więcej ruchu. Pamiętajcie jednak, że sprytny szczeniak potrafi otworzyć bramkę lub nad nią przeskoczyć, więc oprócz fizycznych przeszkód musicie zatroszczyć się także o niewidoczne granice behawioralne.

KONTROLA ŚRODOWISKA

Zawsze powinniście mieć oko na swojego szczeniaka, zwłaszcza gdy ten znajduje się w bardziej przestronnych rejonach waszego domu, bo w miarę dorastania zacznie on odczuwać potrzebę zbadania wszystkiego, co go otacza. Niezależnie od tego, jak dobrze będziecie przygotowani, musicie wiedzieć, że czasem zdarzają się wypadki. Mając to na uwadze, zanim sprowadzicie do domu najmniejszego członka waszego stada, powinniście obejrzeć i ocenić każde pomieszczenie pod kątem bezpieczeństwa szczeniaka. Poszukajcie w pokojach leżących na ziemi przewodów elektrycznych, które pies mógłby przegryźć, i ukryjcie je lub owińcie ochronną taśmą. Sprawdźcie, czy jedzenie w kuchni znajduje się na wyższych, niedostępnych dla psa półkach i w szczelnych pojemnikach, a śmieci przechowywane są w kuble z solidnym zamknięciem. Szafki zawierające materiały sanitarne zarówno w kuchni, jak i w łazience powinny mieć zasuwę. Z podłóg i najniższych półek w łazience powinny zniknąć wszelkie produkty do pielęgnacji (mydła, szampony, kremy do golenia i gąbki), które mogłyby zanadto spodobać się szczeniakowi. Deska klozetowa powinna być zawsze opuszczona. W moim garażu wszystko, co mogłoby paść łupem psa, trzymam na wysokich półkach, w zamkniętych szafkach lub szczelnych plastikowych pojemnikach.

Domowe rośliny to dla psa olbrzymia pokusa. Jest on zainteresowany wszystkim, co naturalne, nie pozostanie więc obojętny wobec zapachu ziemi i liści. Teriery takie jak Angel mogą wykopać waszą drogocenną roślinę, gdy tylko odwrócicie na chwilę wzrok. Właśnie dlatego powinniście zabrać wszystkie stojące na podłodze rośliny z pokoi, do których zamierzacie wpuszczać szczenię. Ponadto musicie wiedzieć, że niektóre rośliny domowe są dla psów trujące:

aloes zwyczajny
bluszcz
cibora

diffenbachia
fasola
fikus benjamina (i inne fikusy)

filodendron
hortensja
jemioła
kaladium

lilie
poinsecja
szparag sprengera

Nie zapomnijcie także o sprawdzeniu ogródka. Niektóre rośliny ogrodowe również mogą być trujące dla waszego szczeniaka:

cis japoński
hiacynt
kalanchoe
ketmia
konwalia majowa
milin amerykański
modligroszek
naparstnica
oleander

ostróżka
pokrzyk wilcza jagoda
psianka koralowa
rącznik pospolity
szafran
tulipany
wilec
wisteria

Na angielskojęzycznej stronie Amerykańskiego Towarzystwa Zapobiegania Okrucieństwu wobec Zwierząt (American Society for the Prevention of Cruelty to Animals, ASPCA) znajdziecie obszerną listę roślin trujących i nietrujących oraz informacje na temat rozpoznawania objawów zatrucia*.

ZAPASY

Oprócz klatki lub budy powinniście zaopatrzyć się także w następujące przedmioty, które pomogą wam i waszym szczeniakom rozpocząć wspólne życie pod jednym dachem:

- pokarm dla szczeniąt lub dorosłych psów zaakceptowany przez waszego weterynarza
- miski na wodę i karmę

---

* American Society for the Prevention of Cruelty to Animals *Toxic and Non-Toxic Plants*, http://www.aspca.org/pet-care/poison-control/plants/inde.jsp?plant_toxicity=non-toxic-to-dogs&page=14.

- smycz i obroża
- identyfikator (zapytaj weterynarza o chip identyfikacyjny)
- przybory do pielęgnacji: cążki do paznokci, szczotki, grzebień do wyczesywania pcheł, szampon dla psów, waciki do czyszczenia uszu, szczotka i pasta do zębów dla psa
- pieluchy
- bramki ograniczające
- gryzak naturalny (preferuję te wykonane ze ścięgien, gdyż gryzaki z niewyprawionej skóry mogą powodować niestrawność)
- polecane przez weterynarza smakołyki do nagradzania psa
- plastikowe torebki lub łopatka do zbierania odchodów
- legowisko lub poduszka dla psa
- duży wybór zabawek

PREZYDENCKIE ZABEZPIECZENIA

Gdy Mr President miał trzy i pół miesiąca, wybrałem się wraz z żoną na służbową wycieczkę do Australii. Stamtąd mieliśmy udać się na Fidżi, by trochę odpocząć. Podczas naszej dwutygodniowej nieobecności moimi psami miała zajmować się dyrektor Centrum Psychologii Psa Adrianna Barnes, ale Crystal Reel – kobieta, która pomagała mi w pisaniu niniejszej książki, bardzo chciała zaopiekować się naszym uroczym buldogiem angielskim. Uważam, że każdy członek mojego ludzkiego stada powinien mieć okazję do spędzania czasu z psami, nawet jeśli nie jest on pełnoetatowym właścicielem czworonoga. Zachęcam każdego, kto ze mną pracuje, by osobiście przećwiczył zasady spokojnie asertywnego przywództwa, które staram się przekazać. Mr President jest jednak miłośnikiem gryzienia, więc poprosiłem Crystal, by dokładnie zabezpieczyła swój dom przez prezydencką wizytą.

Crystal opowiedziała mi następującą historię:

Proces zabezpieczania domu rozpoczęłam od kuchni, ponieważ właśnie tam miał przebywać Mr President, gdybym nie mogła go dokądś zabrać ze sobą (np. do sklepu lub restauracji). Szybko zauważyłam, że ludzie raczej nie dają wiary zapewnieniom, że to mój pies przewodnik! Musiałam upewnić się, że w kuchni pies nie dostanie się do chemikaliów sanitarnych, które trzymam pod zlewem. Zamki zabezpieczające przed dziećmi i szara taśma klejąca to przedmioty, które pomogły mi rozwiązać ten problem.

Następnie zajęłam się szafkami w spiżarni. Buldogi nie mają zbyt wyostrzonego zmysłu węchu, ale Mr President bardzo szybko zrozumiał, że właśnie tam przechowuję jego karmę. W przykry sposób dowiedziałam się, że jest w stanie sam otworzyć sobie drzwi. Ustawiłam w kuchni kamerę internetową, by móc w pracy obserwować na komputerze Mr Presidenta w dni, kiedy nie mogłam zabrać go ze sobą do biura. W pewnym momencie zobaczyłam, że szczeniak otwiera sobie drzwi do szafki i zaczyna wyciągać z niej paczkę psich ciasteczek, które położyłam na najniższej półce! Przestraszyłam się, że razem z przysmakami zje też plastikowe opakowanie, więc wybiegłam z biura, wskoczyłam pospiesznie do samochodu i popędziłam do domu (dojazd zajmuje mi ponad 45 minut). Na szczęście Mr President miał wyczucie smaku – zjadł wszystkie ciastka, ale nie ruszył opakowania. Mimo wszystko bardzo się cieszę, że zamontowałam kamerę, bo mogłam zawsze obserwować, co dzieje się z psem.

Zabezpieczyłam także pokój dzienny i sypialnię – ukryłam wszystkie przewody elektryczne, które szczeniak mógłby przegryźć, oraz pochowałam buty i inne przedmioty, których nie chciałam stracić. Następnie odkurzyłam cały dom, gdyż liście i gałązki z ogrodu często dostają się do domu, więc obawiałam się, że szczeniak może mieć ochotę je zjeść. Cesar powiedział mi, żebym miała na małego oko i jeśli zobaczę, że coś gryzie, muszę postarać się odwrócić jego uwagę. Polecił mi naturalne gryzaki ze ścięgien zwierzęcych, po-

nieważ jego zdaniem niewyprawiona skóra powoduje u psów kłopoty z trawieniem. Zaopatrzyłam się więc w takie gryzaki i faktycznie bardzo się przydały!

LISTA ZABEZPIECZEŃ

- Pozbierajcie z podłogi wszystkie małe przedmioty, którymi szczeniak mógłby się udławić: monety, długopisy, spinacze do papieru, biżuterię itp.
- Ukryjcie wszystkie przewody elektryczne – zaklejcie je taśmą lub przykryjcie ciężkimi dywanami. Otwarte gniazdka zakryjcie specjalnymi nasadkami.
- Upewnijcie się, że wszystkie delikatne przedmioty, takie jak lampy i figurki, są poza zasięgiem szczeniaka.
- Ustawcie bramki ograniczające, by zablokować dostęp do obszarów domu, w których nie powinno być psa.
- Zainstalujcie blokady w szafkach i przenieście chemię gospodarczą oraz inne trujące substancje na wyższe półki.
- Zagrodźcie lub zakryjcie baseny, wanny jacuzzi oraz inne otwarte zbiorniki wodne.
- Pozbądźcie się trujących roślin domowych i ogrodowych.
- Opuszczajcie deskę klozetową.
- Zadbajcie o to, by pojemniki na śmieci były szczelnie zamknięte.

GRANICE WEWNĄTRZ DOMU

Ponieważ motywem przewodnim niniejszej książki jest instrukcja „jak nie wychować kolejnego Marleya", przedstawię wam kolejny epizod z zabawnej i przejmującej książki Johna Grogana, tym razem opisujący pierwszą wizytę dwumiesięcznego labradora w małym domu jego właścicieli. „Kiedy po przyjeździe do domu weszliśmy do środka, odpiąłem Marleyowi smycz. Od razu zaczął wąchać i nie przestał, dopóki nie obwąchał całego domu".

Ostrożny szczeniak badający nowe otoczenie – brzmi jak całkowicie racjonalne wytłumaczenie, nieprawdaż? John nie zdawał sobie jednak sprawy, że prawie wszystkie ośmiotygodniowe szczeniaki zachowują się bardzo kulturalnie i są niezwykle powściągliwe w nieznanym sobie środowisku. Jednak tego typu niezobowiązujące powitanie to precedens pozwalający psu myśleć, że cały dom należy do niego. Gdy pies poczuje się pewnie w nowym domu – zwłaszcza gdy mówimy o szybko rosnącym, silnym i niezwykle energicznym osobniku jak Marley, problemy będą się mnożyć jeden za drugim. Po kilku tygodniach Marley zachowywał się jak pijana gwiazda rocka demolująca apartament hotelowy.

„Każda rzecz w domu, która znajdowała się na wysokości kolan lub poniżej, była narażona na atak dziko rozhuśtanej broni Marleya. Czyścił stoliki do kawy, rozrzucał czasopisma, zwalał fotografie z półek, wysyłał w kosmos butelki z piwem i kieliszki z winem. Udało mu się nawet wybić szybę w drzwiach francuskich".

Groganowie pozwolili Marleyowi samodzielnie zbadać środowisko, w którym się znalazł, popełniając tym samym jeden z najczęstszych błędów osób posiadających szczeniaki. Nie ja jeden zaobserwowałem tę prawidłowość. Brooke Walker twierdzi, że: „najgorsza krzywda, jaką możecie wyrządzić szczeniakowi, to pokazać mu cały wasz dom". Podobnego zdania jest Diana Foster: „Szczeniak nie potrzebuje całego domu i całego ogródka. Właściciele takiego psa zadzwonią do mnie po kilku tygodniach z pretensjami, mówiąc:»Myśleliśmy, że pies będzie ułożony, tak jak pani zapewniała, ale on zupełnie nad sobą nie panuje«". Niestety, autorzy najpopularniejszych książek traktujących o tresurze szczeniaków optują za dawaniem szczeniakowi całkowitej swobody, twierdząc, że „jesteśmy mu winni wolność". W moim odczuciu szczeniak pojmuje jednak wolność inaczej niż ludzie lub nawet dorosłe psy.

Wasz ośmio- lub dziesięciotygodniowy pupil został właśnie oddzielony od matki, która od pierwszych dni wyznaczała mu określone zasady, granice i ograniczenia. Szczeniak mógł bawić się i odkrywać świat, ale zawsze istniały granice. Mógł siłować się z rodzeństwem, gryźć i rzucać się na matkę, ale zawsze istniały pewne ograniczenia. Jeśli malec dorastał pod opieką sumiennego hodowcy, nauczył się także szanować granice świata ludzi. Dla waszego szczenięcia świat z jasno wyznaczonymi zasadami reprezentuje poczucie bezpieczeństwa. Porządek dał mu harmonię, spokój i rosnące poczucie pewności siebie. Jeśli wolność to spokój ducha, to w takim razie właśnie dyscyplina stanowi podstawy poczucia psiej wolności.

Jako kontrast dla pierwszych chwil Groganów z Marleyem przeczytajcie teraz, jak wyglądał pierwszy dzień Elizy u rodziny Komivesów:

Gdy przyprowadziliśmy małą do domu, od razu zaprowadziliśmy ją do korytarza, gdzie przygotowaliśmy dla niej miejsce. Stały tam klatka, miska z jedzeniem i były drzwiczki dla psa (zanim nie nauczyliśmy jej korzystać z klatki, drzwi pozostawały jednak zablokowane). Przez pierwszy tydzień przebywała albo w klatce, albo w ogródku. Następnie przyprowadziłem ją na smyczy do pokoju dziennego, gdzie zapoznała się ze swoim miejscem – legowiskiem, w którym musiała przebywać, gdy znajdowała się w salonie. Od pierwszych chwil zaczęliśmy uczyć ją reagowania na polecenia. Nauczyła się siedzieć, czekać, leżeć i wracać na swoje miejsce. Po upływie następnego tygodnia pokazaliśmy jej kuchnię.

Komivesowie być może nigdy nie napiszą bestsellera o szalonych wyczynach Elizy, ale przynajmniej wciąż mają dom i suczkę, którą bez problemu mogą zabrać ze sobą na spacer, nie martwiąc się, że zniszczy wszystko dookoła i sprowadzi na swoich właścicieli liczne pozwy sądowe!

Gdy pies wkroczy do waszego królestwa, waszym zadaniem jest nadzorować jego pierwsze doświadczenia w nowym środowisku. Komivesowie wybrali niezawodny sposób przekazania szczeniakowi informacji, że to ludzie są panami domu. Szczenięta w wieku ośmiu–dziesięciu miesięcy czują się przytłoczone i przerażone różnorodnością nowych miejsc. Precyzyjnie określona przestrzeń to dla nich źródło komfortu psychicznego. Jeśli do tej pory stosowaliście się do moich wskazówek, macie już wydzieloną niewielką, „bezpieczną" przestrzeń, w której znajduje się legowisko lub klatka dla psa. Bramki ograniczające to idealne bariery, ponieważ pies może was poczuć i zobaczyć, ale wciąż znajduje się wewnątrz zamkniętej ograniczonej przestrzeni. Rozwiązanie Komivesów polegało na wprowadzeniu Elizy frontowymi drzwiami i przyprowadzeniu jej od razu do wyznaczonego dla niej miejsca.

PIERWSZA NOC W DOMU

Czas snu to dla szczeniaka chwila, w której naprawdę zaczyna on zdawać sobie sprawę, że nie ma już przy nim matki ani braci i sióstr. W naturalnych warunkach młode zawsze śpią z matką i rodzeństwem. Przejście z pierwszego stada do nowej rodziny to dla psa ogromne wyzwanie na drodze do stania się waszym idealnym pupilem. To właśnie tu zaczynają się schody.

Dla szczeniaka najlepszym substytutem rodzinnego stada jest spanie przy innym psie. Jeśli macie już w domu psa, będziecie musieli przedstawić mu nowego gościa i przekonać się, czy zaakceptuje on szczeniaka. Pamiętajcie, że pies, który warczy, ignoruje malucha lub jest wobec niego nieufny, będzie wymagać dłuższego okresu przejściowego, zanim będzie mu wolno zostać sam na sam ze szczeniakiem. Ważne też, by starszy pies śpiący z młodszym był dopasowany wzrostem do mniejszego towarzysza, gdyż bardzo mały szczeniak może zostać przyduszony przez przyjaznego, ale znacznie większego opiekuna. Jeśli macie w tej kwestii jakieś wątpliwości, poradźcie się lekarza weterynarii.

Od pierwszej nocy w moim domu Junior spał z Daddym. Oba psy były już przyzwyczajone do opiekowania się rozmaitymi psami w najróżniejszej kondycji psychicznej, więc mogłem bez wahania powierzyć im opiekę nad nowymi szczeniakami. Odgrywały rolę dziadka i starszego brata dla dwumiesięcznego żółtego labradora imieniem Blizzard, który tuż po przybyciu spał w swojej własnej klatce, ale był tuż obok innych psów. Odkąd mniej więcej w tym samym momencie przyprowadziłem do domu Mr Presidenta i Angela – obaj traktują się nawzajem jak „przyrodni bracia" i są nierozłączni – śpią w tej samej klatce niczym szczenięta z jednego miotu. Dzięki psom z mojego stada żaden nowy szczeniak nigdy nie miał problemów z przystosowaniem się do nowego trybu życia. Prawdopodobnie jednak nie macie w domu dorosłego zrównoważonego psa, który gotów byłby przyjąć rolę „niańki". W takim przypadku to wy musicie zadbać o to, by maluch nie cierpiał zbytnio podczas swojej pierwszej nocy z dala od prawdziwej rodziny.

Gdy przyjdzie czas na sen, ustawcie klatkę, budę lub legowisko psa w miejscu, które dla niego przeznaczyliście, pamiętając przy tym, by wyłożyć twardą powierzchnię gazetami lub ręcznikiem. Podwyższone legowisko i gazety sprawią, że szczenię nie będzie musiało spać we własnych odchodach, jeżeli zdarzy mu się jakiś nocny wypadek. Gdyby jednak tak się stało, następnego dnia zmieńcie posłanie i wyczyśćcie klatkę, by szczeniak nie poczuł zapachu własnego kału i moczu, co mogłoby poskutkować przyzwyczajeniem do załatwiania tam swoich potrzeb. Postarajcie się wyposażyć klatkę w przedmiot nasiąknięty zapachem matki i rodzeństwa, na przykład gryzak lub pluszowego pieska wydającego dźwięki imitujące bicie serca (to bardzo pomaga szczeniakowi się odprężyć).

Przez pierwsze kilka dni lub tygodni legowisko szczeniaka nie powinno być zbytnio oddalone od waszego łóżka, by malec mógł czuć waszą obecność. Noce spędzone samotnie w garażu nie będą niczym niezwykłym za kilka miesięcy, ale na wczesnym etapie rozłąki z matką mogłoby to wywołać u szczeniaka panikę. Jeśli miejsce psa ma być w pralni lub w korytarzu, możecie rozpocząć przyzwyczajanie go do klatki, ale przygotujcie się na długą i bezsenną noc. Większość szczeniąt skomle (czasem bardzo donośnie), gdy znajdzie się poza swoim stadem. By złagodzić taką reakcję, sprawcie, by przed zaśnięciem szczeniak był wyczerpany. Gdy zauważycie u psa oznaki zmęczenia, pozwólcie, by poszedł za wami do wyznaczonego mu miejsca. Nie podnoście go i nie przenoście do legowiska – pozwólcie, by sam je odnalazł. Postarajcie się, by samodzielnie ułożył się tam do snu, wykorzystując do tego celu jego węch, słuch, wzrok, kusząc go przysmakiem albo uspokajając waszą obecnością. Nie bójcie się nagrodzić go smakołykiem lub zabawką. Jeśli pies powędruje do legowiska o własnych siłach, zwłaszcza zwabiony przysmakiem, skojarzy swoją nową siedzibę z przyjemnością i odprężeniem. Pamiętajcie – nawet jeśli stworzyliście najbardziej przytulne posłanie na świecie, ale zapoznacie z nim szczeniaka w nieodpowiedni sposób – malec nigdy nie będzie chciał tam zostać.

Jeśli miejsce, w którym przebywać ma szczeniak, to klatka z zamykanymi drzwiami, zanim je zamkniecie, poczekajcie, aż szczeniak położy się i odpręży. Być może na początku będzie to wymagać sporo cierpliwości. Wykorzystajcie dźwięk lub po prostu waszą energię, by sprzeciwić się wszelkim formom popiskiwania i bądźcie przy klatce do chwili, w której maluch zupełnie się uspokoi. Być może szczeniak sam zacznie zasypiać (pamiętajcie, że małe pieski potrzebują dużo snu – podczas okresu najbardziej gwałtownego wzrostu jest to prawie 18 godzin na dobę). Gdy wasz podopieczny zaśnie, zamknijcie po cichu drzwiczki do klatki i wyjdźcie z pokoju.

W pewnym momencie szczeniak może obudzić się w środku nocy i zacząć skomleć. Brzmi to przerażająco, ale stanowi zupełnie normalne zjawisko. Jeśli nie zamierzacie wyprowadzać szczeniaka na zewnątrz, by umożliwić mu załatwienie potrzeb fizjologicznych (niektóre psy, jak Angel, są od początku uwarunkowywane na pozostanie w klatce przez całą noc, inne, tak jak Eliza, muszą być wypuszczane co kilka godzin, by przyzwyczaić się do wypróżniania poza domem), nie powinniście zrywać się na każde wezwanie. Nigdy nie pocieszajcie skomlącego szczeniaka. Wiem, że ten dźwięk łamie wam serce. To prawda, że zwierzak jest nieszczęśliwy, ale musicie pozwolić mu sobie z tym poradzić. Przezwycięży strach tylko wtedy, gdy nauczy się radzić sobie z nim samodzielnie. Musicie zapewnić mu przestrzeń i dać szansę na zwalczenie fobii poprzez bycie konsekwentnymi i stanowczymi właścicielami, niezależnie od tego, jak bardzo smucą was piski szczeniaka. Pocieszanie pieska za każdym razem, gdy zapiszczy, spowoduje, że szybko nauczy się, iż (a) ma on nad wami kontrolę i potrafi wezwać was swoimi piskami oraz (b) że zgadzacie się na skomlenie, wzmacniając jego odczucia poprzez pocieszanie, poświęcanie uwagi czy dawanie mu przysmaków. W ten sposób wychowujecie psa nerwowego, bojaźliwego i zależnego od was. Ignorowanie protestów szczeniaka na tak wczesnym etapie jest też ważnym krokiem na drodze do zapobiegania lęku przed separacją. Na razie po prostu zaopatrzcie się w zatyczki do uszu, wypijcie szklankę mleka przed snem, pomedytujcie przez chwilę i powtarzajcie sobie: „to minie". Możecie mi wierzyć – zanim się obejrzycie, będzie po wszystkim!

By zminimalizować efekty traumy, początkowo, przez pierwsze kilka nocy trzymajcie klatkę lub legowisko szczeniaka niedaleko swojej sypialni. Być może z początku piski nie dadzą wam spać (wciąż musicie pamiętać o tym, że nie wolno wam reagować na nawoływanie i uspokajać psów), ale jeśli klatka stoi niedaleko waszego łóżka, możecie trącić ją ręką i wydać dźwięk, który szczeniaki mają skojarzyć z brakiem aprobaty z waszej strony. To zapobiegnie dalszej eskalacji niechcianych zachowań, czasem na tak długo, by pozwolić maluchowi na dłuższy relaks. Jeśli szczeniak po takim zabiegu uspokaja się na dłużej, możecie pochwalić go lub nagrodzić przysmakiem. Naturalne gryzaki są idealną nagrodą, ponieważ angażują nos szczeniaka i odwracają jego uwagę od nieprzyjemnej sytuacji. Pamiętajcie, by nagradzać jedynie spokojnego psa. Następnie włóżcie do uszu zatyczki i ignorujcie wszelkie piski.

Następnej nocy szczeniak powinien już nieco się uspokoić lub całkowicie zaprzestać piszczenia. Pies nauczy się odczuwać komfort poprzez samo wyczuwanie waszej obecności lub przebywanie w znanym mu otoczeniu. Powyższa metoda ma kolejną zaletę, gdyż uczy psa naśladowania ludzkich nawyków związanych z cyklem dnia i nocy. Jeśli nie chcecie, by szczeniak został w sypialni na zawsze, trzy noce spędzone razem powinny wystarczyć mu na przyzwyczajenie się do nowego domu. Gdy przestawicie klatkę, skomlenie może powrócić, ale jeśli wieczorem zmęczycie psa i zadbacie o to, by tuż przed zaśnięciem był spokojny, przyzwyczajenie malucha do jego stałego miejsca nie powinno zająć zbyt dużo czasu.

Nie zapominajcie, że wasza energia i nastawienie do nawyków pupila będą miały olbrzymie znaczenie dla jego własnego poglądu na kwestię spania w klatce. Jeśli wkładając szczeniaka do klatki pozostawionej w pralni odczuwacie wyrzuty sumienia lub obawy, iż malec będzie się czuł opuszczony, pies prawdopodobnie wyczuje wasze negatywne emocje. Ustalcie reguły dotyczące snu, a sami poczujecie, że działacie dla dobra zwierzęcia. Zanim powiecie psu dobranoc, upewnijcie się, że jest on zmęczony, odprężony i posłuszny. To najlepsza gwarancja na długotrwałe i zdrowe nawyki dotyczące snu.

PRZYZWYCZAJANIE DO KLATKI

„Przyzwyczajanie psa do klatki to konieczność – twierdzi Brooke Walker. – Żaden pies nie opuści mojego domu, zanim nie nauczy się akceptować swojej klatki".

Brooke nie zawsze tak uważała. Zanim została profesjonalnym hodowcą, wierzyła w stary mit, według którego przyzwyczajanie psa do klatki jest okrutne, same psy zaś nie lubią ciasnych przestrzeni i potrzebują wybiegu w postaci całego domu lub ogródka. Praca przy hodowli wielu pokoleń zadowolonych i spokojnych sznaucerów miniaturowych odmieniła jej pogląd na kwestię klatek. Zobaczyła ona ogromną różnicę w zachowaniu i nastroju jej własnych psów w stosunku do czworonogów, które nie miały jasno określonej rutyny. Przyzwyczajanie psa do klatki to jedna z najlepszych rzeczy, jaką możecie zrobić dla swojego psa i samych siebie. Jeśli zabierzecie się do sprawy w odpowiedni sposób, zapewnicie szczeniakowi „norę" – miejsce, które będzie kojarzył z bezpieczeństwem, ciszą i spokojem. Gdy pies zostaje sam, zamiast uspokajać się w sposób destruktywny, nauczy się relaksować w swoim własnym zacisznym siedlisku.

Przyzwyczajanie psa do klatki zapewni mu także znajome środowisko podczas podróży samochodem, gdy zatrzymujecie się u przyjaciół lub w motelach i hotelach przyjmujących zwierzęta domowe. Psy kochają przygody i im łatwiej będzie wam zabierać je ze sobą, tym więcej zapewnicie im stymulujących doświadczeń. Przyzwyczajanie do klatki pozwala psu zachować spokojnie posłuszny stan ducha i zapobiega niechcianym zachowaniom, które wywołuje nadmierna „wolność" (według mnie lepiej pasuje tu określenie „chaos").

„Przyzwyczajanie do klatki rozpoczęliśmy pierwszego dnia – powiedział mi Chris Komives, od niedawna zwolennik tego typu tresury. – Kupiłem klatkę dla dorosłego teriera i przedzieliłem ją ścianką tak, by pasowała do rozmiarów Elizy. Przez pierwsze dwa tygodnie przebywała w klatce lub na podwórku za domem. Zadbałem, by klatka kojarzyła jej się ze spokojem i bezpieczeństwem. Z początku była nieco nerwowa, więc czekałem, aż się uspokoi, po czym siadałem przy niej. Nauczyła się, że gdy jest spokojna w klatce, pojawiam się ponownie. Wkrótce była spokojna za każdym razem, gdy znalazła się w środku".

Nauczenie szczeniaka korzystania z klatki wymaga cierpliwości i konsekwencji, ale nie jest to zadanie trudne, ponieważ szczenię instynktownie czuje się dobrze w norze. Jeśli kupiliście swojego szczeniaka od hodowcy takiego jak Brooke czy Diana, najtrudniejszy etap będzie już za wami. Umieśćcie klatkę w miejscu, które przeznaczyliście na psi azyl. Zadbajcie o to, by nie było ono zbyt odizolowane – pies powinien nadal czuć się jak członek stada, nawet jeśli na razie dzielą go od niego ścianki klatki i bramki ograniczające. Diana lubi, gdy nowi właściciele ustawiają klatki w rogu pokoju dziennego, gdzie jej owczarki niemieckie mogą czuć jedność ze stadem, ale jednocześnie nie rozprasza ich ciągły ruch i zgiełk panujący w domu.

Niezależnie od miejsca, na które się zdecydujecie (zawsze możecie zmienić zdanie w kwestii odpowiedniej lokacji), weźcie sobie do serca rady Brooke i nagradzajcie szczenię tylko wtedy, gdy na to zasłuży. Znajdźcie odpowiednią zabawkę, przysmak lub gryzak i sprawcie, żeby pies wiedział, iż w klatce na pewno otrzyma to, czego akurat potrzebuje.

Przyzwyczajanie do klatki rozpocznijcie zaraz po przyprowadzeniu szczeniaka do domu. Pozwólcie mu się bawić (naturalnie pod waszym czujnym okiem), a gdy się zmęczy, zaprowadźcie go do klatki i zamknijcie na pół godziny. Następnym razem wydłużcie ten czas do godziny, później godziny i kwadransa itd. Nigdy nie zamykajcie podekscytowanego lub zniecierpliwionego szczeniaka, ale jeśli zacznie skomleć, zignorujcie to i nie reagujcie na tego typu zachowanie uspokajaniem psa łagodnym głosem. Dźwięk „tssst" lub jakikolwiek inny sygnał, którego używacie jako znaku dezaprobaty wobec jego zachowań, powinien uspokoić psa, a gdy tak się stanie – odejdźcie od klatki i zacznijcie go ignorować. Posłuszeństwo okazywane w klatce nagradzajcie pochwałami, głaskaniem lub psimi smakołykami. Czynność powtarzajcie regularnie w ciągu całego dnia. Waszym celem jest doprowadzenie do sytuacji, w której pies jest szczęśliwy i potrafi odpoczywać przez kilka godzin. Skłonienie szczeniaka do spania w klatce ułatwia ten proces. Gdy pies nauczy się załatwiać potrzeby fizjologiczne poza domem, będzie mógł zostać w klatce na całą noc i spać przez siedem do dziewięciu godzin.

OPOWIEŚĆ O UDANYM PRZYZWYCZAJANIU DO KLATKI
Angel nocuje poza domem

Współautorka niniejszej książki, Melissa Jo Peltier, nie jest obecnie w stanie pozwolić sobie na trzymanie psa, ponieważ wraz z mężem często podróżuje w celach służbowych z Nowego Jorku, gdzie mieszka, do Los Angeles. Gdy pracowaliśmy nad książką, zaproponowałem, by zabrała Angela do siebie na noc. Melissa zatrzymała się w tymczasowym mieszkaniu niedaleko wytwórni Universal Studios. Angel miał dopiero cztery miesiące i jeszcze nigdy nie nocował z dala od swojego stada, byłem więc bardzo ciekaw, jak sobie z tym poradzi.

Piątkowego popołudnia wsadziliśmy Angela do niewielkiej klatki i przypięliśmy pasami na siedzeniu pasażera w niedużym kabriolecie Melissy. Pokazałem jej, w jaki sposób wprowadzić psa do klatki, nęcąc go gryzakiem. Zostawiłem w klatce ręcznik, który pachniał „domem", a Melissa dorzuciła też kilka swoich skarpetek, by malec mógł przyzwyczaić się do jej zapachu (znał ją już dość dobrze, gdyż często odwiedzała jego stadko). „Gdy samochód odjechał spod domu Cesara, Angel spojrzał na mnie, szukając otuchy, po czym ułożył się w klatce i zasnął – opowiadała Melissa. – Spał przez całą drogę, nawet mimo tego, iż samochód nieustannie zatrzymywał się i ruszał w korkach podczas godzin szczytu, a do uszu szczeniaka dobiegał zgiełk pojazdów sunących po autostradzie spotęgowany dodatkowo brakiem dachu w aucie. Maluch zaczął się budzić dopiero w momencie, gdy zjechałam z autostrady i byłam już niecałą przecznicę od domu. Sądzę, że wyczuwał moją energię, ale wiem, że nigdy wcześniej nie był w miejscu, do którego go wiozłam".

Melissa wraz z mężem spędziła wspaniały wieczór pełen zabaw z Angelem. Para zabrała małego sznaucerka do kawiarni z ogródkiem (to była jego pierwsza wizyta w takim miejscu!), gdzie zjedli kolację, następnie cała trójka przespacerowała się po alei Ventura Boulevard oraz odwiedziła pobliski park, gdzie pies załatwił swoje potrzeby fizjologiczne. „Drugą połowę wieczoru spędziliśmy, oglądając film, podczas gdy Angel leżał z nami na kanapie i ochoczo przyjmował pieszczoty" – mówiła Melissa. Nie byłem pewien, jak maluch (miał zaledwie cztery miesiące) zniesie swoją pierwszą noc poza domem, choć do tej pory nie sprawiał w nocy żadnych problemów. Przyczyną tego był zapewne fakt, iż Brooke bardzo wcześnie przyzwyczaiła go do klatki, oraz to, że dotąd spał w towarzystwie moich pozostałych psów. Maluch przyzwyczaił się jednak do spania w tej samej klatce, co jego adoptowany brat, Mr President. Nie wiedziałem, jak poradzi sobie sam w nieznanym otoczeniu i w towarzystwie dwóch nieznajomych mu osób. Okazało się jednak, że Angel jest aniołkiem nie tylko we własnym domu.

Melissa opowiada:

Zabrałam go na wieczorny spacer, by mógł się załatwić i trochę pobiegałam, by zmęczyć psa przed snem. To i tak był bardzo pracowity dzień, więc gdy nadeszła noc, ustawiłam klatkę w rogu sypialni, by móc obserwować malucha, po czym zaprosiłam go do niej, zwabiając naturalnym gryzakiem. Widziałam, że jest już zmęczony. Klatka najwyraźniej była dla niego symbolem odprężenia, gdyż położył się i zaczął cicho bawić się gryzakiem. Odczekałam, aż się odpręży, po czym zamknęłam drzwi i zaczęliśmy z mężem przygotowywać się do snu. Cesar uprzedził mnie, że Angel może zacząć piszczeć, gdy obudzi się w nocy, ale nic takiego nie miało miejsca. Gdy rano otworzyłam oczy, zobaczyłam, jak stoi w swojej klatce i stara się nawiązać ze mną kontakt wzrokowy. Widać było, że jest gotowy, by wyjść na zewnątrz, choć nie zdradzał oznak zniecierpliwienia i po prostu czekał, aż go wypuszczę. To było takie słodkie! W nocy nie zmoczył posłania, podczas porannego spaceru był pełen entuzjazmu, a gdy nadszedł czas zwrócenia go Cesarowi, sam wszedł do klatki i bez protestów dał się umieścić w samochodzie. Tym razem także spał przez całą drogę.

Jednodniowa przygoda Angela pokazuje, jak wiele korzyści przynosi przyzwyczajanie psa do klatki. Dzięki temu może on łatwiej przywyknąć do wszelkich nowych okoliczności i mieć szansę na przeżycie wielu ekscytujących przygód. Byłem bardzo dumny z Angela, a także z Melissy, gdyż udało jej się wzmocnić uwarunkowanie, które starałem się wpoić maluchowi.

ZASADY PODWÓRKOWE

Jeśli zamierzacie wypuszczać psa na swoje podwórko, upewnijcie się, że odpowiednio je zabezpieczyliście, oraz pamiętajcie, by nadzorować zachowanie psa. Jeżeli chcecie, by szczeniak korzystał ze specjalnych uchylnych drzwi dla psów i traktował podwórko jako przestrzeń, w której może się swobodnie poruszać, postarajcie się (zwłaszcza jeśli to duże podwórko) zacząć od wydzielenia jedynie niewielkiego fragmentu dostępnej mu przestrzeni. Ustawcie bramkę oddzielającą podwórko za domem od reszty waszej posiadłości, wydzielcie zagrodę lub zainstalujcie ogrodzony wybieg. Podwórko nie powinno być dla psa poligonem doświadczalnym, gdzie może wejść wszędzie i wszystko mu wolno. Jeśli nie ustalicie zasad obowiązujących przy pobycie na podwórku i pozostawicie psu pełną swobodę tylko dlatego, że sprawia wam to przyjemność, przysporzycie psu niepotrzebnego stresu. Będzie on niczym statek bez steru i zamiast czuć się swobodnie, zacznie postrzegać podwórko jako więzienie. Nigdy nie zostawiajcie młodego szczeniaka na podwórku bez opieki. Ogrodzony wybieg na zewnątrz i klatka wewnątrz domu powinny pełnić funkcję „psiej niańki".

„Danie psu wydzielonej przestrzeni w postaci zagrody lub wybiegu ma bardzo wiele zalet – twierdzi Diana Foster. – Zapobiega ewentualnym zniszczeniom, ogranicza agresję terytorialną, zmniejsza stres wywołany nadmierną stymulacją (który w rezultacie prowadzi do podniecenia i szczekania) oraz redukuje ekscytację skutkującą skakaniem na ludzi i niepokojeniem gości. Poza tym pozwala utrzymać podwórko w czystości. Takie argumenty są nie do podważenia".

BEZSTRESOWA TRESURA TOALETOWA

Doktor Paula Terifaj z kliniki weterynaryjnej Founders Veterinary Clinic w Brea w stanie Kalifornia uważa, że „ludzie nadal mają wiele błędnych teorii na temat przyzwyczajania psa do załatwiania się na zewnątrz. Wciąż praktykują oni techniki karania czy krzyczenia. Szczenięta nas nie zrozumieją, niezależnie od tego, jak głośno będziemy na nie krzyczeć. Najlepszym sposobem na nauczenie psa odpowiednich nawyków jest konsekwencja. Wypracujcie toaletowy harmonogram, a szczeniak w końcu z pewnością się do niego dostosuje".

Brooke Walker jest podobnego zdania: „Nie rozumiem całego zamieszania dotyczącego uczenia psa załatwiania się na zewnątrz. Moje szczeniaki potrafią to już w wieku 10 tygodni. Klienci dzwonią do mnie, mówiąc: »Naszemu psu nigdy nie przydarzył się w domu żaden przykry incydent«. Jestem w stanie nauczyć psa odpowiednich nawyków w trzy dni".

Podobnie jak Brooke i doktor Terifaj, ja również nie mogę zrozumieć zamieszania związanego z uczeniem szczeniaka załatwiania swoich potrzeb fizjologicznych na podwórku. Prawda jest taka, że od samego początku pomaga wam w tym natura. Po urodzeniu szczenięta jedzą i wypróżniają się w legowisku, a matka zawsze je czyści. Suka pobudza ich układ wydalniczy, a bezpośrednie otoczenie zawsze pozostaje czyste. W miejscu, w którym szczenięta śpią i żyją, nigdy nie czuć zapachu moczu ani kału. Gdy młode dorosną na tyle, by podążać za matką na zewnątrz, imitują jej zachowanie i szybko uczą się odpowiednich nawyków związanych z wypróżnianiem. W ten sposób wszystkie psy uwarunkowywane są tak, by nigdy nie załatwiać się w legowiskach ani w pobliżu miejsc, gdzie żyją i śpią. W wieku od dwóch do czterech miesięcy większość szczeniaków bez problemu przyswaja naukę dotyczącą wypróżniania się na dworze, ponieważ stanowi to część ich naturalnego uwarunkowania.

Powyższa kwestia oczywiście nie zawsze dotyczy szczeniaków wychowanych w pseudohodowlach. Psy takie często żyją we własnych odchodach i choć jest to nienaturalne, akceptują ten stan rzeczy, ponieważ nie znają innego. W momencie, gdy przyprowadzacie takiego szczeniaka do domu, trauma może już całkowicie wziąć górę nad instynktem naturalnym. Tak było w przypadku Georgii Peaches, uratowanego z pseudohodowli szczeniaka rasy york. Pierwsze miesiące swojego życia suczka spędziła w tak ekstremalnych warunkach, że mogło się wydawać się, iż w wielu dziedzinach życia normalny psi rozsądek po prostu zanikł. Udało mi się zrehabilitować ją do takiego stopnia, że w 80% przypadków zachowuje się konsekwentnie, ale wciąż jako jedyny pies z mojego stada miewa przykre wypadki. Wszystkie pozostałe szczeniaki przyzwyczaiły się do odpowiednich nawyków po najwyżej dwóch tygodniach od momentu przybycia do mojego domu.

Kolejną naturalną zaletą sprzyjającą wprowadzeniu tresury toaletowej jest niezwykle szybki i wydajny układ pokarmowy waszego szczeniaka. Działa on tak regularnie, że można nastawiać według niego zegarki. Szczeniak będzie musiał wypróżnić się w czasie od pięciu minut do pół godziny po jedzeniu. Gdy osiągnie ósmy miesiąc życia, będziecie karmić go około trzech razy dziennie. Zalecam, by konsekwentnie trzymać się harmonogramu karmienia i wyprowadzać szczeniaka natychmiast po jedzeniu, a także tuż po drzemce, dłuższym zamknięciu w klatce lub intensywnej zabawie. Musicie przygotować się na wyprowadzanie go na zewnątrz tuż po posiłku, by mógł przyzwyczaić się do określonego schematu.

Wyprowadzając psa zabierzcie go w miejsce, gdzie znajduje się dużo ziemi, trawy, piachu i kamieni. Poszukajcie naturalnego podłoża, które pobudzi instynkt szczeniaka i sprawi, że zacznie on szukać miejsca do wypróżnienia. Brooke powiedziała mi: „Gdy szczeniaki opuszczają mój dom, umieją już załatwiać się na trawie, ziemi, betonie i bruku. W ten sposób lepiej przystosowują się do miejsc, w które zabierają je nowi właściciele. Niektórzy ludzie popełniają błąd, ucząc swoje szczeniaki załatwiania się tylko na jednym rodzaju powierzchni. Wówczas, jeśli piesek znajdzie się w nieznanym otoczeniu, nie wie, co robić". W pierwszych dniach nauki powinniście również zadbać o to, by miejsce, w którym załatwia się szczenię, dawało mu poczucie bezpieczeństwa i było dla niego znajome. By układ wydalniczy zadziałał prawidłowo, pies musi być całkowicie odprężony. Jeśli szczeniak będzie przestraszony, zdenerwowany lub zaniepokojony, nie będzie w stanie załatwić swoich potrzeb fizjologicznych.

Zawsze pamiętajcie, że wasza energia odgrywa wielką rolę w staraniach dotyczących tresury. Jeśli sami jesteście zdenerwowani lub zniecierpliwieni, albo poganiacie szczeniaka, możecie go zestresować i utrudnić całe zadanie. Gdy właściciele owczarków niemieckich proszą Dianę Foster o wskazówki w tej kwestii, radzi ona, by najpierw przyjrzeli się swojej własnej energii i zachowaniu, upewniając się, że to nie oni stoją na drodze do sukcesu: „Wyprowadzacie psa na dwór. Oboje jesteście podekscytowani. Mówicie do niego wysokim, piskliwym głosem:»Proszę, zrób kupkę dla mamusi! No, dawaj, skarbie«. Podniecony pies biega dookoła was, zastanawiając się: Co oni chcą mi powiedzieć? Rozpraszacie psa tak bardzo, że nie może się odprężyć. Wtedy wydaje się wam, że pies nic nie zrobił, bo nie potrzebował, więc przyprowadzacie go do domu, a wtedy on siusia na dywan. I tak w kółko". Jeśli ta historia brzmi znajomo, Diana radzi, by wrócić do domu i – jeśli macie ogrodzone podwórko – zostawić tam psa na 15–20 minut lub oddalić się od niego na kilka metrów, by mógł się uspokoić.

Na wczesnych etapach toaletowej tresury postarajcie się nie wybiegać na podwórko tylko na chwilę, by pozwolić psu się załatwić, po czym szybko wracać do domu. Dla większości czworonogów pobyt na zewnątrz jest nagrodą samą w sobie. Jeśli pies skojarzy powstrzymywanie swoich potrzeb z nagrodą w postaci spaceru lub wspólnej zabawy, będzie to dla niego dodatkową motywacją do wzmacniania samokontroli.

Kolejna kwestia to pochwały. „Chwalenie szczeniaka, gdy we właściwy sposób załatwia swoje potrzeby, jest niezwykle ważne" – twierdzi Brooke Walker. Ja również się z tym zgadzam. Nie musi to być żadna wielka feta, wystarczy po prostu cichy znak aprobaty. Wasz pies potrafi wyczuć pozytywną energię, nawet jeśli milczycie, i może to być o wiele silniejszy sygnał niż krzyczenie do psa: „Grzeczna dziewczynka!".

Psie przysmaki również mogą stanowić dobry sposób nagradzania odpowiedniego zachowania, chociaż wolałbym, byście zrezygnowali z tego typu nagród, gdy tylko pies wykształci już odpowiednie nawyki. Takiej właśnie rady udzieliłem Crystal Reel, gdy zabrała do domu Mr Presidenta. „Cesar powiedział mi, że Mr President przywiązuje bardzo dużą uwagę do jedzenia, więc mogę to wykorzystać podczas wypracowywania odpowiednich nawyków związanych z wypróżnianiem. Gdy Mr President był ze mną, zadbałam o to, by mieć przy sobie organiczne psie przysmaki z wołowiną. Na początku, gdy szczeniak załatwiał się na zewnątrz, dawałam mu smakołyk i starałam się przekazać mu pozytywne wibracje. Po pewnym czasie zrezygnowałam z przysmaków, a gdy wychodziliśmy na dwór, pies reagował wyłącznie na moją energię".

Crystal opisała harmonogram, który sprawdził się w przypadku Mr Presidenta. W ciągu całego tygodnia spędzonego razem z opiekunką nie przytrafił mu się żaden przykry incydent.

- 7.00: wypuszczam Mr Presidenta z budy. Natychmiast wychodzimy na dwór i udajemy się w miejsce wyznaczone do siusiania. Szczeniak siusia, po czym nakładam mu smycz i odwiedzamy jego ulubione miejsca na kupkę. Maluch ma trzy takie miejsca, w których szczególnie lubi się załatwiać.
- Jeśli Mr President nie wychodził wcześniej, robi to o 8.15.
- 8.15–8.30: po porannym karmieniu ponownie zabieram szczeniaka na zewnątrz, by załatwił się, zanim wsiądziemy do samochodu i wyruszymy w drogę do pracy.
- 9.00: zabieram Mr Presidenta na krótki spacer, zanim wejdziemy do biura. Zazwyczaj znowu robi siusiu.
- 11.00: przerwę w pracy wykorzystuję na spacer z psem, podczas którego robi kupkę (czasem następuje to o tej godzinie, jeśli nie – o 13.00).
- 13.00: druga przerwa na kupkę (jest to także moja przerwa na lunch, więc wychodzę z biura, żeby kupić posiłek, ze znajomymi z pracy oraz ich psami).
- 15.30–16.00: trzecia przerwa na kupkę (zazwyczaj wystarczy siusiu).
- 18.00–19.00: zabieram Mr Presidenta na krótki spacer przed drogą powrotną do domu. Zazwyczaj robi siusiu.
- 19.30–20.30: po kolacji maluch ponownie wychodzi na zewnątrz. Odbywamy wieczorny spacer.
- 21.30 – szczeniak wraca na noc do budy.

Byłem pod wrażeniem konsekwencji, z jaką Crystal zajmowała się Mr Presidentem pod moją nieobecność i pełen podziwu wobec samego szczeniaka. Pamiętajcie, że mówimy tu o trzyipółmiesięcznym maluchu, który błyskawicznie przyzwyczaił się do nowej sytuacji.

Trzymanie szczenięcia w zamkniętej przestrzeni w chwilach, kiedy nie macie możliwości stałego nadzoru nad nim, jest również bardzo pomocne przy nauce załatwiania się na zewnątrz. Hodowca i treser Diana Foster mówi: „Staram się przekazać ludziom, że kluczową kwestią jest tu zapobieganie. Jeśli nie dacie psu szansy na siusianie na dywan, nigdy nie dowie się, że w ogóle istnieje taka możliwość. Gdy wszystko pójdzie dobrze, po kilku miesiącach będziecie mogli zacząć dawać mu więcej swobody. Opuszczając naszą hodowlę, szczeniaki nigdy nie mają za sobą żadnych doświadczeń z przykrymi incydentami w domu. Nie robiliśmy im nic złego. Nie karciliśmy ich ani nie korygowaliśmy ich zachowania. Po prostu nigdy nie daliśmy im szansy na popełnienie błędu".

BRAMKI OGRANICZAJĄCE

Gdy przygarnąłem Angela, miał on zaledwie osiem tygodni i dopiero zaczynał tresurę toaletową. Podczas pierwszych dni w domu ten sznaucer miniaturowy był lekko podekscytowany i dlatego skłonienie go do załatwiania potrzeb na zewnątrz było nieco trudniejsze niż w przypadku spokojnego Mr Presidenta. Malec bardzo dobrze reagował na behawioralne wskazówki, których mu udzielałem, ale nieznane otoczenie i gromada nowych przyjaciół do zabawy widocznie trochę go przytłoczyły. Jego uwagę najbardziej zwracał Jack, czteroletni Jack Russell terier. Angel dopiero co opuścił hodowlę Brooke, dlatego też od razu rozpoznał towarzysza, ale niestety Jack był trochę zbyt żywiołowy, by stanowić odpowiedni wzór do naśladowania dla nowo przybyłego szczeniaka. Wszystkie te czynniki spowodowały, że Angel, który normalnie jest psem o średnim poziomie energii, był bardziej podekscytowany niż zwykle i na początku miał nieco mniej kontroli nad własnym organizmem, pomimo iż wszystkie psy, które obserwował, miały już wykształcone odpowiednie nawyki toaletowe.

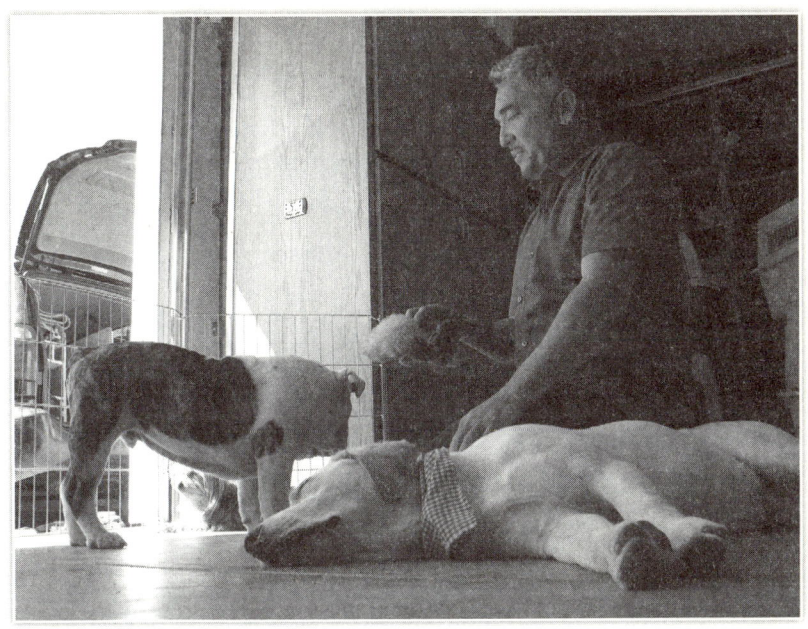

Cesar wykorzystuje bramki ograniczające jako granice

W przygotowaniu Angela do korzystania z podwórka, oprócz regularnego karmienia i ćwiczeń, korzystne okazały się też bramki ograniczające, wskazujące psu prostą ścieżkę na podwórko. W domu, garażu i na podwórku trzymam wiele czworonogów, bramki są więc dla mnie nieocenioną pomocą. Korzystając z nich, należy jednak pamiętać, że psy nie będą postrzegać ich jako granic (można je przecież otworzyć lub przeskoczyć), dopóki ich tego nie nauczymy.

NAUKA O GRANICACH

W przypadku pracy z Angelem najpierw ustawiłem bramki, a następnie stanąłem po drugiej stronie i czekałem, aż maluch spróbuje za mną iść. Użyłem wtedy mowy ciała (dałem energiczny krok do przodu, wyciągając jednocześnie rękę przed siebie i okazując energię blokującą), by zakomunikować mu, że nie powinien przekraczać tej granicy. Gdy usiłował popchnąć bramkę, podsunąłem się do niego z jeszcze większą asertywnością, ustanawiając niewidzialną granicę pomiędzy nim a mną. Takim ruchem i taką energią przekazuję psu, że nie wolno mu nawet podchodzić zbyt blisko bramki.

Kilkakrotnie powtórzyliśmy to ćwiczenie i choć Angel bardzo szybko się uczy, w ciągu kolejnych dni starałem się jeszcze bardziej wzmocnić uwarunkowanie. Po trzech dniach Angel już rozumiał i szanował ustanowioną przeze mnie granicę. Psy w sposób naturalny uznają istnienie „niewidzialnych granic" i idzie im to o wiele lepiej niż w przypadku ograniczeń fizycznych. Nieustannie ustanawiają tego typu granice dla siebie nawzajem poprzez energię i mowę ciała. Musicie jednak uzbroić się w cierpliwość i wzmacniać uwarunkowanie do momentu, w którym pies zaakceptuje nowe zasady.

WZORY DO NAŚLADOWANIA

Jeden z najlepszych sposobów na nauczenie psa poprawnej etykiety toaletowej to pozwolić mu naśladować zachowanie starszego psa. Gdy Junior przybył do nas po raz pierwszy, natychmiast podchwycił poprawne nawyki, obserwując mniejsze psy, które mieszkały wtedy z nami – chihuahuę Coco, jamnika Molly, buldoga francuskiego Sida oraz Minnie – mieszańca teriera i chihuahuy. Wtedy też nauczyłem się korzystać z podkładów higienicznych – okazały się bardzo przydatne, gdy zabrałem mojego nowego pięknego buldoga w trasę z ekipą *Zaklinacza Psów*. Gdy trafił do nas Blizzard, Juniorowi udało się nauczyć go odpowiednich nawyków, za co ten odwdzięczył się, ucząc toaletowej etykiety Angela i Mr Presidenta – obaj już po kilku tygodniach doskonale wiedzieli, gdzie należy załatwiać potrzeby fizjologiczne. Właśnie to jest w tym wszystkim najpiękniejsze – kolejne pokolenia psów wzajemnie uczą się zrównoważonych zachowań.

PODKŁADY HIGIENICZNE

Wielu właścicieli szczeniaków, zwłaszcza mieszkających w miastach, nie ma ochoty wychodzić z pupilem pięć czy sześć razy dziennie, decydują się więc na korzystanie z podkładów higienicznych stanowiących niejako „drogę na skróty" w toaletowej tresurze psa. Podkłady to faktycznie doskonały wynalazek i moje psy często korzystają z nich podczas podróży, ale musicie pamiętać, że powinniście nauczyć swoje szczeniaki załatwiać się także na dworze. Wasz dom staje się dla psa jego dużym legowiskiem, a wypróżnianie się w środowisku, w którym żyje, jest dla niego zjawiskiem nienaturalnym. Warunkowanie psa do załatwiania swoich potrzeb wyłącznie w domu jest sprzeczne z jego naturą. Właśnie dlatego szczeniakom z pseudohodowli, takim jak Georgia Peaches, zazwyczaj do końca życia przytrafiają się przykre wypadki. Często ludzie najpierw wychowują psy tak, by korzystały jedynie z podkładów, a potem dziwią się, dlaczego pies nie potrafi załatwić się na zewnątrz. Prawda jest taka, że to właściciel doprowadził do takiej sytuacji poprzez tłumienie naturalnego instynktu psa i zniesienie blokady powstrzymującej go przed wydalaniem w miejscu, w którym żyje.

Najlepszą metodą na wykorzystanie podkładów podczas tresury toaletowej jest rozkładanie ich tylko wtedy, gdy nie macie możliwości nadzorowania swojego pupila. Na początku rozłóżcie cztery podkłady, by na przyszłość wiedzieć, jak poprawnie dopasować umieszczanie podkładu do sposobu wypróżniania się szczeniaka. Gdy szczeniak nauczy się poprawnie z nich korzystać i udoskonali swoją technikę, będziecie mogli usunąć pozostałe trzy podkłady.

By zwabić malucha do podkładu, znajdźcie na dworze trochę ziemi lub trawy pachnącej moczem lub kałem innego psa. Być może wyda się to wam odrażające, ale zapach ekskrementów innego psa pobudzi w odpowiedni sposób mózg waszego pupila. Po pewnym czasie będziecie mogli zrezygnować z tego mało estetycznego rytuału, gdyż wasz zwierzak będzie już odpowiednio uwarunkowany do wypróżniania się na podkładzie.

W domu lub pokoju hotelowym trzymam podkłady w miejscu wyposażonym w filtr powietrza, by zapobiec rozprzestrzenianiu się przykrego zapachu po całym pomieszczeniu. Ponadto staram się, by szczenię mogło spać jak najdalej od podkładów, ponieważ psy, podobnie jak ludzie, wolą, by sypialnia i łazienka nie znajdowały się w tym samym miejscu. Gdy tylko wstanę z łóżka, zwijam podkłady i zmywam podłogę, by nie pozostawić na niej żadnego zapachu. To konieczność w przypadku ceraty, gazet lub innych materiałów, które dajecie psu – zaraz po tym, jak z niego skorzysta, wymieniajcie zużyty podkład i zmyjcie podłogę, ponieważ pies nie będzie chciał siusiać w miejscu, w którym już to robił. W ten sposób wytresujecie pupila tak, by korzystał zawsze z tego samego miejsca, a ponadto utrzymacie swój dom w czystości.

NIE BIERZ TEGO DO SIEBIE

Tresura toaletowa to nie fizyka kwantowa, ale jeśli zdarzy się jakiś przykry incydent, pamiętajcie, by nie wpadać w szał. Pies nie siusia na podłogę, by zranić wasze uczucia, zrewanżować się za krzywdy czy okazać złość. Nie oznacza to też, że wszystkie wasze wysiłki poszły na marne i trzeba zacząć od nowa. Na początku wypadki przy pracy stanowią nieodłączny element tresury i jedyną właściwą reakcją z waszej strony powinna być cierpliwość. Robienie zbyt wielkiego zamieszania z pojedynczego przypadku to najgorsze, co możecie uczynić, ponieważ wtedy szczeniak nauczy się, że siusiając, wywoła u was określoną reakcję. Niezależnie od tego, ile lat ma pies, zawsze będzie on odczytywać wasz nastrój i poziom energii oraz nieustannie sprawdzać, które czynności wywołują u was taką, a nie inną reakcję. Gdy wasz szczeniak zrobi coś, co wywoła u was negatywne emocje, staniecie się w jego oczach słabi, przez co pomyśli on sobie: Co za prosty sposób na kontrolowanie tego człowieka! Później, gdy pies będzie znudzony lub samotny, po prostu odda mocz, wiedząc, że teraz zapewnicie mu trochę rozrywki. Podobnie jak dzieci, psy również wolą czasem zwracać na siebie uwagę w negatywny sposób niż nie zwracać jej wcale.

Przede wszystkim jednak nigdy nie karzcie psa ani nie korygujcie jego zachowania! Nie wierzcie w starodawne mądrości, według których należy przystawić nos psa do jego własnych odchodów lub uderzyć go, jeśli zdarzy mu się wypróżnić w domu. Taka reakcja nie ma dla niego żadnego sensu. Zamiast tego zachowajcie spokój oraz asertywność i natychmiast zabierzcie szczeniaka na zewnątrz w miejsce, w którym powinien się załatwić (lub postawcie go na podkładzie, jeśli w danej sytuacji nie ma innego wyjścia). Jeśli zdarzy wam się złapać szczeniaka na gorącym uczynku, trąćcie go lekko lub wydajcie z siebie dźwięk – dzięki temu odwrócicie jego uwagę i będziecie mogli szybko wynieść go na zewnątrz, gdzie cierpliwie poczekacie, aż się odpręży i wypróżni. Pomyłkę szczeniaka wykorzystajcie jako okazję do wzmocnienia uwarunkowania dotyczącego pożądanego przez was zachowania. W ten sposób powiecie waszemu pupilowi: „Nieważne, co zrobisz. Za każdym razem pokażę ci, jak masz się zachować i zawsze podzielę się z tobą moją spokojną energią". Tego typu neutralna i niezawodna reakcja to prawdziwa oznaka przywódcy stada.

Jeśli będziecie postępować zgodnie z moimi wskazówkami, nauczenie psa odpowiednich nawyków nie powinno być szczególnie kłopotliwe. Wszystko zależy od tego, czy podczas pierwszych wspólnych kilku tygodni uda wam się wypracować odpowiedni plan zajęć. Nie pozwólcie, by niepotrzebny stres z powodu tego prostego i niezwykle naturalnego procesu pozbawił was radości związanej z posiadaniem szczeniaka.

ZASADY, GRANICE I OGRANICZENIA

Wielu właścicieli będzie chciało obsypać psa zabawkami, godzinami go głaskać, poświęcać mu swoją uwagę przez całą dobę, częstować go

ZASADY DOTYCZĄCE TOALETOWEJ TRESURY

1. Wyprowadzajcie psa na zewnątrz wczesnym rankiem, tuż po każdym posiłku, gdy maluch obudzi się po drzemce, a także po dłuższej zabawie.
2. Za każdym razem przyprowadzajcie psa w mniej więcej to samo miejsce.
3. Uważnie obserwujcie swojego szczeniaka! W ciągu pierwszych kilku miesięcy musicie poświęcić trochę czasu, by wypracować odpowiednie nawyki na resztę życia. Jeśli nie możecie być przy psie, wsadźcie go do klatki lub umieśćcie w innej ogrodzonej przestrzeni. Jeżeli boicie się, że zapomnicie o „zewie natury" swojego pupila, ustawcie budzik na odpowiednią godzinę.
4. Wykażcie się konsekwencją! Wytrwałość sprzyja wypracowywaniu odpowiednich nawyków. Karmcie i wyprowadzajcie swojego psa codziennie mniej więcej o tej samej porze. Pamiętajcie, że zwierzęta nie wiedzą, co to weekend lub wakacje. Jeśli chcecie dłużej pospać w niedzielę, wyprowadźcie psa wcześnie z rana, a potem wróćcie do łóżka.
5. Nie karzcie psa za wypadek i nie róbcie niczego, co mogłoby spowodować negatywne skojarzenia związane z wypróżnianiem się! Spokojnie, bez okazywania emocji, zabierzcie szczeniaka w miejsce, w którym chcecie, by się załatwił.
6. Nie polegajcie wyłącznie na podkładach higienicznych. Wypróżnianie się we własnym legowisku jest dla psa czymś nienaturalnym. Pozwólcie mu załatwiać potrzeby raz w domu, raz na zewnątrz.

resztkami ze stołu lub dawać mu smakołyki na każde żądanie i pozwalać od pierwszego dnia poruszać się po całym domu. Nasze ludzkie umysły podpowiadają nam, że w ten sposób okazujemy psu swoją miłość. Problem polega na tym, że wasz szczeniak trafił do was prosto ze swojej prawdziwej rodziny – od matki i rodzeństwa. Tam miłość oznaczała porządek i zorganizowanie. Jeśli pies dorastał pod okiem odpowiedzialnego hodowcy, prawdopodobnie zna już podstawowe zasady obowiązujące w świecie ludzi. „Pies wie już, że musi żyć w świecie zasad i ograniczeń, ponieważ wpajano mu to od urodzenia – tłumaczy Diana Foster. – Taki pies jest bardzo zadowolony i czuje się bezpiecznie, bo jest uwarunkowany do przestrzegania określonych zasad i uznawania granic".

Później ten sam pies, który identyfikował władzę z asertywną energią matki i hodowcy, trafia nagle do środowiska, w którym otaczają go niezrównoważeni i podekscytowani ludzie. Ci zaś albo nie ustanawiają żadnych ograniczeń, albo robią to niekonsekwentnie. Pies, który poprzednio był zaledwie członkiem spójnego i dobrze wychowanego stada, nagle widzi, że cała uwaga skupia się na nim – z wyjątkiem chwil, w których zostaje sam. Diana Foster rozdaje świeżo upieczonym właścicielom jej owczarków niemieckich broszurę, w której opisuje prawdopodobne skutki takiej sytuacji:

> *Pies wkracza do nowego domu. Wszyscy go przytulają, głaszczą i przemawiają do niego, a szczeniak nie musi robić nic, by zasłużyć na takie traktowanie. Pupilowi poświęca się wiele uwagi i rzadko zostaje sam choćby na kilka minut. Później nadchodzi czas na spanie i na noc rodzina nareszcie umieszcza szczeniaka w klatce. Pies przechodzi od bycia w centrum uwagi do kompletnej izolacji. To wielkie wyzwanie skutkuje stresem i niepokojem. Macie teraz psa, który szczeka i skomle w klatce. Dlaczego? Ponieważ pobyt w waszym domu kojarzy z wolnością, swobodą przemieszczania się i byciem otoczonym przez ludzi. Gdzie są ci ludzie? Gdzie uwaga, którą mu poświęcali? Szczeniak pragnie tego, co miał wcześniej. Sami zgotowaliście sobie taki los i trzeba zapytać, czy było warto?**

Wprowadzając psa do domu na waszych zasadach, przyzwyczajając go do klatki/legowiska i w ciągu kilku pierwszych tygodni lub

---

* Diana Foster *Arriving Home with Your New Pup*, Thinschmidt German Shepherds, 2009.

miesięcy ograniczając jego terytorium, wpoicie mu zasady, granice i ograniczenia, które staną się podstawą bezpiecznej i szczęśliwej przyszłości.

WYRAŻANIE NIEZADOWOLENIA

Szczenięta potrzebują wskazówek i z łatwością akceptują granice, które chcecie im wyznaczyć. W jaki jednak sposób przekazać istnienie granic w sposób łagodny i zrozumiały dla szczeniaka? Suka nie przekupuje go smakołykami ani nie nagradza głaskaniem (czasem jednak nagradza posłuszeństwo, liżąc i czyszcząc młode). Nigdy też nie piszczy ani nie komunikuje się ze swoim potomstwem przymilnym głosem. Korygowanie niewłaściwego zachowania odbywa się poprzez energię spokojnie asertywną: mowę ciała, kontakt wzrokowy i dotyk. Szczeniaki zawsze doskonale pojmują, czego chce matka i niezwykle rzadko musi ona korygować ten sam błąd więcej niż raz. Natomiast większość ludzi koryguje zachowanie szczeniaka za pomocą energii pełnej frustracji i niepokoju – gwałtownych ruchów (zabierając rękę lub obiekt, albo odsuwając się od psa) i głośnych dźwięków typu „nie!", „stój!", „zły pies!". Właściciele powtarzają te pouczenia bez końca i bezradnie rozkładają ręce, zastanawiając się, dlaczego podopieczny ich nie słucha.

Wierzę, że możemy pomóc psom zrozumieć nasze intencje poprzez porozumiewanie się w ich języku. Na niepożądane zachowanie reaguję poprzez imitowanie zachowania psa, korzystając z pojedynczej metody lub kombinacji metod zwanych „korektami".

1. Korzystam z energii i intencji, by zakomunikować psu, że nie toleruję jego zachowania, a jednocześnie nie traktuję jego działań jako skierowanych przeciwko mnie i w każdej sytuacji pozostaję spokojny i niewzruszony (nazywam to energią spokojnie asertywną).
2. Wykorzystuję kontakt wzrokowy do zakomunikowania psu swojej energii i zamiarów.

3. Używam mowy ciała, by zająć pozycję i zablokować niechciane zachowanie (na przykład energicznie przesuwając się do przodu, by zająć przestrzeń psa lub stanowczo trącając szczeniaka, próbującego wdrapać mi się na nogę).
4. Stosuję dotyk jako oznakę niezadowolenia lub sposób na przerwanie eskalacji niechcianego zachowania.

- „Dotyk" nie oznacza jednak bicia! Szczeniaki i większość dorosłych psów to istoty bardzo wrażliwe na dotyk, nawet jeśli jest to jedynie subtelne trącenie (podobne do gestu, jakim chcemy zwrócić uwagę kolegi np. w kinie).
- Dotykajcie szyi lub okolic zadu szczeniaka.
- Złóżcie dłoń w szpon, imitując ukąszenie matki w szyję (celujcie w mięsień, a nie w gardło). Nie działa to jak uszczypnięcie – jest mocne, ale nie wywiera zbyt wielkiego nacisku. Nacisk powinien być proporcjonalny do poziomu zachowania (np. dorosły pies, którego zachowanie wkracza w czerwoną strefę, będzie wymagał większego nacisku niż szczeniak, który gryzie ci kapcie). Wszystkie psy pamiętają tego rodzaju dotyk z dzieciństwa i reagują na niego w sposób pierwotny.
- Odpowiednie wyczucie chwili jest tu najważniejszym czynnikiem; korekta musi odbyć się dokładnie w momencie, w którym pojawi się niepożądane zachowanie, i skończyć, gdy tylko szczeniak odpręży się i przestanie sprawiać problemy. Zbyt długie czekanie z korektą nie będzie mieć dla psa żadnego znaczenia, ponieważ żyje on chwilą obecną. Przyczyna i skutek muszą być dla niego jasno określone.
- Jeden stanowczy dotyk wystarczy; wiele małych uszczypnięć i przytyczków może jedynie pogorszyć sytuację.

Suka lub dorosły pies czasem wydają z siebie też niski warkot, który ma za zadanie okazać dezaprobatę wobec zachowań szczeniaka. Gdy Daddy warknie, Junior, Blizzard, Angel czy Mr President przechodzą w „tryb pokory" – senior wymaga absolutnego posłuszeństwa od swoich adoptowanych „wnuków". Junior, gdy był jeszcze w wieku dojrzewania, nauczył się naśladować ten dźwięk i od tej pory odgrywa wśród swoich towarzyszy rolę „starszego brata". Doradzam moim klientom, by wymyślili prosty dźwięk, który pies skojarzy z komunikatem: „nie zgadzam się z twoim zachowaniem". Wymyślcie też inny dźwięk, który będzie oznaczał „tak", „chodź" lub „to zachowanie mi się podoba".

- By wyrazić niezadowolenie, używam dźwięku „tssst".
- Wykorzystuję cmoknięcie, by pokazać pozytywną reakcję lub by zwrócić uwagę psa, a także, by skłonić go do podążania za mną.
- To, jaki wymyślicie sobie dźwięk, nie ma żadnego znaczenia (moje „tssst" nie ma żadnego ukrytego sensu). Chodzi tu bardziej o energię spokojnie asertywną i zamiary, które przekazuję poprzez dźwięk. Pamiętajcie, by zawsze używać tego samego prostego dźwięku.
- Wyczucie czasu jest kluczowe. Najlepiej jest zareagować dźwiękiem na wczesnym etapie eskalacji niechcianego zachowania. W przypadku pozytywnego dźwięku nie powtarzajcie pochwały, dopóki pies nie będzie zachowywał się tak, jak tego chcecie. W ten sposób dźwięk wzmocni uwarunkowanie.

Psy korygują zachowanie innych psów jeszcze w jeden sposób – poprzez ignorowanie. Jeśli niechciane sygnały utrzymują się na niskim poziomie eskalacji – zwłaszcza gdy mowa o zachowaniu mającym na celu zwrócenie uwagi – ignorowanie bywa równie skuteczne, jak dotyk i dźwięk. Szczeniak z miotu może się odwrócić i zacząć ignorować swojego towarzysza, jeśli ten będzie zachowywał się zbyt agresywnie podczas zabawy. Gdy żywiołowy piesek wciąż będzie miał ochotę na zabawę, zmuszony będzie obmyślić inny sposób na zachęcenie swojego kolegi. Blokowanie i ignorowanie szczeniaka, który wskakuje na was, gdy wchodzicie do pomieszczenia, da podobne rezultaty pod warunkiem, że zachowanie psa nie uległo zbytniej eskalacji.

Działania, które podejmujecie na rzecz korygowania zachowań szczeniaka, powinny być odpowiednio dopasowane do intensywności jego występków. U szczeniaków wspaniałe jest to, że gdy będziecie uważnie nadzorować je od samego początku, nigdy nie dopuścicie do sytuacji, w której niepożądane zachowanie urośnie do rozmiarów wymagających szczególnie ostrej korekty.

Ręczna korekta zachowania Mr Presidenta

PRZEKIEROWYWANIE I NAGRADZANIE

Łatwo jest zablokować lub skorygować zachowanie dorosłego psa lub szczeniaka, gdy popełnia podstawowy błąd, ale tego typu interwencja może jedynie powstrzymać niechciane zachowanie, a nie je zmienić. W większości sytuacji musimy pokazać psu inny sposób reagowania. Na przykład, gdy pupil gryzie nas podczas zabawy, złapanie go za szyję może skorygować jego zachowanie, natomiast użycie gryzaka potrafi je przekierować. Jeśli pies stara się gdzieś wskoczyć, możemy zareagować, blokując go fizycznie – ale nalegając, aby pies usiadł po tym, jak poddał się naszej woli, przekierujemy jego energię i podsuniemy mu alternatywne rozwiązanie. Gdy szczeniak zgodzi się na nasze warunki, możemy nagrodzić go poprzez głaskanie albo danie mu zabawki lub przysmaku. W ten sposób naśladujemy zachowanie matki, która liże szczenięta. Wzmacnianie uwarunkowania poprzez nagrody to dobra strategia, ale nagradzanie psa nie przyniesie rezultatu, jeśli nie będzie następować po zmianie zachowania na pożądane i w momencie, gdy pies jest spokojnie posłuszny. Powinniście okazywać uczucia dopiero po ćwiczeniach i dyscyplinie. W *Rozdziale 7* wyjaśnię, w jaki sposób wykorzystywać nagrody do komunikowania się z psem i warunkowania go w odpowiedni sposób*.

EGZEKWOWANIE ZASAD

Istnieje zestaw podstawowych umiejętności, które każdy członek waszej rodziny powinien opanować, by móc skutecznie kontrolować zachowanie szczeniaka:

1. Miejcie jasny obraz tego, jakiego postępowania wymagacie od waszego pupila.
2. Wyraźnie i konsekwentnie komunikujcie psu wzór zachowań. Podczas tego procesu energia, intencje i język ciała są o wiele ważniejsze (i łatwiejsze do zrozumienia) niż komendy słowne.
3. Ignorujcie mało znaczące wybryki, wykorzystując zasadę braku dotyku i kontaktu wzrokowego (jeśli nie będziemy przyczyniać się do eskalacji zachowania, pies zazwyczaj sam się skoryguje).
4. Niezwłocznie i konsekwentnie korygujcie poważniejsze wybryki.
5. Korekta powinna być dokonywana za pomocą energii spokojnie asertywnej – nigdy nie traktujcie zachowania psa jako wymierzonego przeciwko sobie!
6. Podczas korygowania zawsze pokazujcie szczeniakowi, co ma robić inaczej.
7. Pożądane zachowania nagradzajcie okazaniem uczucia, smakołykami, pochwałą lub po prostu milczącą akceptacją (wasz szczeniak natychmiast ją wyczuje i zrozumie).

---

* Więcej szczegółowych informacji o teoriach dotyczących dyscypliny i nagradzania stosowanych przeze mnie podczas rehabilitacji psów w mojej książce: *Jak zostać przywódcą stada*, rozdział 2.

Niezależnie od tego, jakie ustalicie zasady, granice i ograniczenia, musicie egzekwować je od chwili, gdy szczeniak pojawi się w waszym domu. Powinni w tym uczestniczyć wszyscy członkowie rodzinnego stada. Pies musi od samego początku zdawać sobie sprawę, gdzie jest jego miejsce, jak wygląda w domu plan dnia i co wolno, a czego nie. Jasno określając te zasady, już od pierwszego dnia ułatwiacie psu sukces w roli członka waszego stada, a to właśnie wasz wspólny cel.

ZAPOBIEGANIE LĘKOM ZWIĄZANYM Z SEPARACJĄ

Umiejętności, które nabyliście podczas wyznaczania granic, okazują się niezwykle cenne podczas radzenia sobie z istotnym problemem, który pojawia się u każdego psa – lękiem przed separacją. Chodzenie na smyczy, reagowanie na komendy, przynoszenie kapci – wszystko, czego chcielibyście nauczyć swojego psa, to dla niego pestka w porównaniu z samotnością. To dość powszechny problem i należy się go spodziewać. Psy nie są gatunkowo uwarunkowane do życia w pojedynkę. W naturalnym środowisku ich tożsamość budowana jest przez nieustanne towarzystwo stada. Pies zostaje sam tylko wówczas, gdy żyje wśród ludzi. Nie powinniśmy się dziwić, że taka sytuacja może go niepokoić. Mimo iż wymagamy od naszego pupila czegoś nienaturalnego, nie możemy się nad tym rozczulać, ponieważ tak właśnie wygląda nasza rzeczywistość.

Współczesny tryb życia nie pozwala na to, by pies towarzyszył nam 24 godziny na dobę. Psom jednak nie bez powodu udało się przetrwać miliony lat ewolucji w najróżniejszych zakątkach naszego globu. To gatunek, który wyśmienicie przystosowuje się do różnorodnych warunków. Pies, a zwłaszcza szczeniak, potrafi bez większego trudu przywyknąć do nowego stylu życia, jeśli pomożemy mu, wprowadzając zmiany stopniowo i zachowując przy tym spokój. To właśnie chcemy przekazać naszemu pupilowi – najważniejszy jest spokój.

Szczenięta, które opisałem w niniejszej książce, żyją w moim domu i niemal bez przerwy przebywają z resztą mojego stada. W końcu jednak znajdą swoje własne kochające rodziny i na pewnym etapie ich życia być może będą zmuszone pozostać przez jakiś czas same. Nawet Junior, który na zawsze pozostanie moim psem, być może podzieli los Daddy'ego i będzie zmuszony spędzać długie godziny zamknięty w pokoju hotelowym, podczas gdy ja będę na spotkaniu biznesowym lub w restauracji. Moje psy zasługują na to, bym od pierwszych dni uczył ich nowych wyzwań. Dzięki temu będą mogły lepiej znosić samotność i zamknięcie, gdy nie będę mógł im towarzyszyć.

Ze wszystkich opisanych w książce szczeniaków to Angel najgorzej znosił samotność. Na początku zauważyłem, że gdy był na dworze i nagle zauważył, że reszta psów wróciła do domu, patrzył w okno, piszczał i szczekał. Czasem nawet skakał na szklane drzwi tarasu i pazurami rysował szkło. Gdy Melissa zabrała malucha na małą przygodę poza domem, skomlał tylko w momencie, gdy zaniosła jego klatkę do samochodu tuż przed powrotem do domu. Pies został na kilka minut w mieszkaniu z jej mężem Johnem i zaraz po tym, jak Melissa zabrała klatkę, zaczął piszczeć i biegać od okna do okna, starając się ją znaleźć. John popełnił typowo ludzki błąd – podszedł do Angela i zaczął uspokajać go słowami: „Wszystko w porządku". Robiąc to, tak naprawdę przekazywał psu następującą wiadomość: „Twój lęk przed samotnością jest normalny. Zgadzam się z twoją reakcją". Zachowując się w ten sposób, wzmacniamy uwarunkowanie, które staramy się zmienić, i nie przekazujemy psu informacji o naszym przywództwie w stadzie, a właśnie tego najbardziej potrzeba zaniepokojonemu zwierzęciu.

Zachowanie Angela pokazuje bardzo istotny fakt dotyczący lęku przed samotnością – natura skłania psa do trzymania się blisko człowieka, gdy ten odchodzi. Pies jest zaprogramowany, by być razem ze swoim stadem, podążać za nim i starać się dołączyć do reszty, gdy zostanie w jakiś sposób oddzielony. Jeśli nie ma możliwości podążania za stadem, będzie usiłował przywołać je za pomocą swojego głosu. W większości przypadków czworonogowi udaje się w ten sposób sprawić, że człowiek wróci. Co więcej, człowiek wraca, czując żal, że zostawił pupila. Często się zdarza, że gdy właściciele wracają do psów, przynoszą im przysmaki. Pies rozumie to w ten sposób: Mój pan nie powstrzymuje moich lęków, lecz je nagradza. Nie możemy traktować tego problemu w kategoriach osobistych lub żyć w przekonaniu, że wyrządzamy zwierzęciu krzywdę.

Jeśli nie uda mu się nas sprowadzić, logicznym wyjściem dla psa będzie próba ucieczki z czterech ścian, w których został zamknięty. W książce *Marley i ja* John Grogan pisze, że lęk przed samotnością i strach przed burzą stały się u jego psa tak silne, że chcąc wydostać się z domu i odnaleźć swoje stado, Marley wydrapywał dziury w gipsowych ścianach tak długo, aż zaczęły mu krwawić łapy. Problem polegał na tym, że Groganowie pozwolili, aby lęk Marleya rozwinął się do punktu krytycznego. Nie polecam czekania do chwili, aż sąsiedzi zadzwonią do właściciela mieszkania lub spółdzielni, domagając się usunięcia psa. Lepszym wyjściem jest stopniowe przygotowywanie czworonoga na tego typu sytuacje po to, by niepokój nigdy nie przerodził się w fobię.

Chcąc wyleczyć lęki Angela, zabierałem pozostałe psy do garażu, tak by malec został sam na zewnątrz. Potem znikałem z jego pola widzenia, a on po kilku minutach zaczynał piszczeć. Gdybym czekał z interwencją zbyt długo, pisk przerodziłby się w skomlący płacz, a tego nie chciałem. Wychodziłem z ukrycia i natychmiast reagowałem na jego zachowanie. Stałem od niego jak najdalej, ponieważ ostatecznie mój plan polegał na oddaleniu się od psa na wiele kilometrów. Poprzez dźwięk „tssst", mowę ciała i energię zakomunikowałem mu: „Nie zgadzam się z twoim zachowaniem. Chcę, byś się odprężył". Jeden palec skierowany do góry oznacza „siad". Kiedy Angel stał się posłuszny, sprawdziłem jego nastawienie. Na początku zauważyłem, że choć usiadł, ciągle był spięty i ziewał. Wielu ludzi błędnie interpretuje ziewanie jako oznakę odprężenia, podczas gdy szczeniaki często ziewają, gdy są zaniepokojone lub sfrustrowane sytuacją, której nie potrafią zrozumieć. Patrząc Angelowi w oczy, widziałem właśnie niepokój, a jego napięta sylwetka zdradzała, iż pies nie jest jeszcze odprężony, więc stałem w miejscu tak długo, aż osiągnął odpowiedni stan. Po około 30 sekundach, gdy szczeniak odszedł, schowałem się ponownie. Tym razem po około minucie malec zaczął kręcić się dookoła podwórka, a następnie pobiegł za dom. To typowe zachowanie – szukał wyjścia. Natura podpowiadała mu, że musi znaleźć wyjście, by móc znowu być z rodziną. Właśnie dlatego musimy być bardzo cierpliwi i przygotowywać psa na rozłąkę krok po kroku. W tym przypadku wychodziłem z ukrycia, ponownie zwracałem się do Angela, czekałem i znowu znikałem mu z oczu. Za każdym razem starałem się stać coraz dalej od psa. Po każdej kolejnej próbie Angel dłużej zachowywał spokój.

Wiedziałem, że jestem na dobrej drodze, gdy skorygowałem jego zachowanie po raz trzeci. Po kilku minutach w ukryciu, gdy wciąż nie słyszałem żadnych pisków, postanowiłem po cichu wejść do domu i wyjrzeć przez okno. Mój mały sznaucer odpoczywał sobie, leżąc na tarasie. Dokładnie tego chciałem. Nie było potrzeby podniecać się i nagradzać szczeniaka, ponieważ jego zachowanie – przezwyciężenie własnych lęków – było nagrodą samą w sobie. Widząc tego typu postępy, dziękuję Bogu za pomoc w wyjaśnieniu psu, że zostawiając go samego, nie chcę zrobić mu krzywdy, że rozłąka to nic strasznego i że tak właśnie wygląda życie wśród ludzi. Modlitwa pomaga mi się zrelaksować, dzięki czemu mogę zapewnić moim psom i rodzinie odprężającą atmosferę.

ROZDZIAŁ 5

ZDROWY SZCZENIAK

PODSTAWY OPIEKI ZDROWOTNEJ

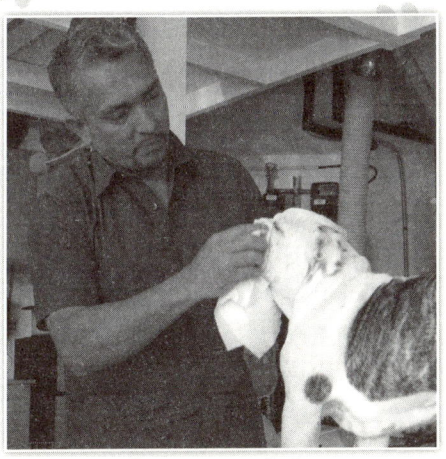

*Cesar jest spokojny,
kiedy czyści szczęki Mr Presidenta*

Trzymacie w rękach książkę o zachowaniu szczeniąt, nie zaś na temat ich biologii, ale kiedy przyprowadzacie do domu nowego psa, automatycznie bierzecie na siebie odpowiedzialność za jego zdrowie i dobrobyt do końca życia. Dlatego też odpowiednie przygotowanie oraz profilaktyka są takie ważne. Wystarczy jedna choroba, wypadek lub skaleczenie, byście na własnej skórze odczuli, jak kosztowne może być leczenie chorego zwierzęcia. Sam przekonałem się o tym już wiele razy, żyjąc z psami – rachunki za usługi weterynaryjne w nagłych wypadkach nieraz sięgały dziesiątek tysięcy dolarów. Możemy oczywiście kochać zwierzę do tego stopnia, że żadna suma nie będzie zbyt wysoka za uratowanie mu życia lub uśmierzenie jego bólu. Możemy jednak zmniejszyć prawdopodobieństwo zadłużenia się lub wyczerpania oszczędności przeznaczonych na ukochanego psa, jeżeli odpowiednio wcześnie podejmiemy pewne środki ostrożności.

KONDYCJA ZDROWOTNA PSA A JEGO POCHODZENIE

Profilaktyka zaczyna się wraz z wyborem sposobu oraz źródła pozyskania szczenięcia. Najlepsi hodowcy – jak ci, z którymi współpracowałem podczas pisania tej książki – na bieżąco śledzą najnowsze badania dotyczące przekazywanych genetycznie wad lub chorób i skrupulatnie wybierają psy, których rodzice i dziadkowie mieli prawidłowe wyniki badań. Na przykład owczarki niemieckie mogą mieć uwarunkowane genetycznie problemy ze stawem biodrowym. By zapobiec rozprzestrzenianiu się tego defektu na szczenięta, Diana i Doug Fosterowie – właściciele hodowli Thinschmidt – przed wyborem samców i samic, które będą ze sobą kojarzone, pilnie studiują ich pełne drzewa genealogiczne.

> *To czasochłonne, ale naprawdę ważne. Na wykresie genealogicznym pokazana jest hodowla liniowa, pochodzenie, liczba pokoleń, kto był ojcem czy dziadkiem – cała historia. Musimy uważać, by nie kojarzyć zwierząt zbyt blisko ze sobą spokrewnionych. Badamy więc historię obu linii – matki oraz ojca – pod kątem występowania problemów zdrowotnych, na przykład z biodrami. Byłby to sygnał ostrzegawczy, by nie kojarzyć ze sobą takiej pary. Krzyżujemy psy wedle bardzo surowych niemieckich standardów, które zawierają numeryczny system oceny ryzyka wystąpienia dysplazji biodrowej, więc musimy brać pod uwagę jeszcze ten jeden czynnik. Krzyżowanie to cała oddzielna nauka –*

nie łączymy po prostu zwierząt tylko dlatego, że ich sierść ma ładny kolor. Wielu ludzi o tym nie wie. Przychodzą do nas i pytają: „Dlaczego państwa szczenięta są takie drogie? Widziałem/-łam podobnego pieska za połowę ceny i wyglądał tak samo dobrze". Usiłujemy im wyjaśnić, jakich starań wymaga uzyskanie psa, który nie tylko ma odpowiedni temperament, ale będzie długo żył i cieszył się dobrym zdrowiem. Ludzie nie zawsze to rozumieją i decydują się na tańsze szczenię. I czasem okazuje się to katastrofą.

Jeżeli kupicie jednak szczeniaka od dobrego hodowcy, będzie chciał on utrzymywać z wami kontakt tak długo, jak długo pies będzie żył, by na bieżąco wiedzieć o wszelkich jego chorobach. Brooke Walker zapłaci nawet za sekcję zwłok każdego psa z jej hodowli w przypadku jego przedwczesnej śmierci, by przekonać się, czy nie miał on ukrytych chorób – mogących nękać przyszłe pokolenia jej sznaucerów miniaturowych, wygrywających na wystawach psów.

Jeśli chcecie zaadoptować szczenię ze schroniska lub organizacji ratującej psy, postarajcie się zebrać jak najwięcej informacji o rodzicach pieska lub przynajmniej dowiedzieć się, gdzie został znaleziony oraz jaki jest ogólny stan zdrowia zwierząt na tym obszarze. Upewnijcie się, że wasz szczeniak był dokładnie zbadany przez weterynarza, i zdobądźcie wszelką istniejącą dokumentację na temat procedur i szczepień wykonanych w danej placówce. Nie można zapytać szczeniaka: „Czy twoja mama była podatna na chroniczne infekcje oczu?", ale im więcej zgromadzicie informacji o przeszłości zwierzęcia, tym lepiej będziecie przygotowani na wypadek problemów zdrowotnych przekazywanych genetycznie lub nabytych z otoczenia. Jeśli chcecie adoptować starszego psa ze schroniska lub organizacji ratunkowej, poprzedni właściciel lub ratownik powinien udostępnić istotne z medycznego punktu widzenia dane na jego temat. Pamiętajcie, by nie zabierać do domu psa bez zapytania o nie dotychczasowego opiekuna.

PLANOWANIE KOSZTÓW OPIEKI WETERYNARYJNEJ

Prowadzenie kompletnej i rzetelnej dokumentacji jest pierwszym krokiem ku zapewnieniu zdrowia waszemu pupilowi; kolejnym jest szczegółowe rozważenie swojej sytuacji finansowej i zaplanowanie długoterminowych wydatków związanych z posiadaniem psa i opieką nad nim. Według Amerykańskiego Stowarzyszenia Lekarzy Weterynarii (American Veterinary Medical Association)* przeciętny Amerykanin wydaje około 350 dolarów rocznie na leczenie jednego psa. Amerykańskie Stowarzyszenie Producentów Produktów dla Zwierząt (American Pet Products Manufacturers Association) podaje niższą kwotę – 211 dolarów za standardową opiekę medyczną, ale dodaje sumę 574 dolarów rocznie na koszty leczenia chirurgicznego**. Tak czy inaczej, koszty są znaczne.

Większość ludzi nie chce, by ich dzieci były pozbawione ubezpieczenia zdrowotnego, gdyż rozumie, jakie następstwa niespodziewana choroba lub wypadek mogłyby mieć na stan rodzinnych funduszy. Podobnie sprawa ma się z psem. Wszyscy na co dzień staramy się jakoś utrzymać w tych ciężkich czasach, ale ja radzę nowym właścicielom dorosłych psów lub szczeniąt gromadzić oszczędności na leczenie zwierzęcia i przeznaczać te pieniądze tylko na ten cel. Oczywiście wasz pies nie wie lub nie dba o to, czy macie dla niego oddzielne konto bankowe, ale moim zdaniem każde odpowiedzialne działanie, jakie podejmiemy w celu polepszenia jakości życia naszego pupila, podniesie poziom naszej spokojnie asertywnej energii. Gdy będziemy odprężeni i pewni swej zdolności finansowej do zapewnienia naszym psom opieki bez względu na okoliczności, wzmocni się nasza pozycja silnego przywódcy stada.

Inną możliwością jest wykupienie ubezpieczenia zdrowotnego dla psa. Ludzie często pytają mnie: „Czy ubezpieczenie zdrowotne dla

---

* Organizacja non-profit zrzeszająca amerykańskich weterynarzy, zapewniająca dostęp do informacji związanych z weterynarią oraz wydająca publikacje z tej dziedziny (przyp. tłum.).
** www.americanpetproducts.org.

zwierzaka to nie jakiś przekręt?". Odpowiedź brzmi: nie – pod warunkiem, że porównacie produkty dostępne na rynku, wykupicie ubezpieczenie od renomowanej firmy i będziecie mieć realistyczne oczekiwania. Właściwie wielu nowoczesnych pracodawców, w tym Google Inc., sieć hotelowa Hilton, Ford Motor Company i korporacja McDonald's, tak zachwyciło się praktycznością ubezpieczeń zdrowotnych dla zwierząt, że spółki te zaczęły oferować grupowe polisy dla pracowników, którzy mają w domu zwierzęta*. Takie ubezpieczenie nie obejmuje podstawowych, rutynowych badań i szczepień – zaplanujcie wydatki związane z nimi w swoim domowym budżecie. Amerykańskie Stowarzyszenie Szpitali dla Zwierząt (American Animal Hospital Association, AAHA) przeprowadziło ankietę, według której większość właścicieli zwierząt była przygotowana na wydanie 500–1000 dolarów na leczenie swego podopiecznego w nagłych wypadkach, ale nie byli w stanie przeznaczyć na ten cel wyższych kwot**. W wyniku tych badań organizacja AAHA przez kilka lat współpracowała bezpośrednio ze spółkami z branży ubezpieczeń dla zwierząt, by stworzyć polisy o niskiej składce i większych odliczeniach. Obecnie AAHA oraz inne organizacje, takie jak ASPCA i Humane Society, zaczęły prowadzić oficjalne oceny korporacji oferujących polisy ubezpieczeniowe dla zwierząt, więc właściciele nie muszą się już obawiać natrafienia na potencjalnych oszustów. Na stronie http://www.petinsurancereview.com Amerykanie znajdują dokładne porównanie ofert różnych spółek.

SZCZEPIENIA

Pierwszym wyzwaniem związanym z długoterminową ochroną zdrowia waszego szczeniaka będzie przeprawa przez serię szczepień mających na celu zapewnienie zwierzęciu odpowiedniej ochrony przed

---

* James McWhinney *The Economics of Pet Ownership*, Investoopedia.com, http://www.investopedia.com/articles/pf/06/peteconomics.asp.

** The American Animal Hospital Association *AAHA Seal of Acceptance*, http://www.healthypet.com/sealofaccept.aspx.

mnóstwem najczęściej występujących psich chorób. Szczenięta przychodzą na świat bez żadnych przeciwciał, co oznacza, że nie są odporne na wiele wirusów i chorób, które czyhają na nie w naszym współczesnym świecie. Natura jednak zaopatrzyła je w zabezpieczenie działające przez pierwszych kilka miesięcy życia. Bogate w składniki odżywcze gęste mleko, zwane siarą, wydzielane przez matkę tuż po porodzie, zawiera wszystkie przeciwciała obecne w jej organizmie i stanowi tymczasową tarczę ochronną dla szczeniąt. Ilość naturalnej ochrony otrzymywanej przez potomstwo zazwyczaj uzależniona jest od kolejności, w jakiej pieski przychodzą na świat. Ma to także związek z poziomem ich wrodzonej energii, gdyż najbardziej aktywne osobniki dostają największą część tej limitowanej edycji pożywienia najwyższej jakości. Siara zapewnia jednak ochronę tylko przez pewien czas – co dziewięć dni poziom przeciwciał w organizmie szczenięcia spada o połowę, aż mniej więcej po czterech miesiącach jest zbyt niski, by skutecznie chronić. Organizmy szczeniąt stają się wtedy łatwym celem pasożytów i wirusów. Z tego powodu weterynarze zalecają serie szczepień, które zaczynają się zazwyczaj, gdy zwierzę ma sześć do ośmiu tygodni, a skończą – po 16. tygodniu (gdy piesek ma cztery miesiące).

Szczepienia są wykonywane w trzy- lub czterotygodniowych odstępach, co ma zapewnić skuteczne działanie i ochronę delikatnego organizmu szczenięcia przed ewentualnymi skutkami ubocznymi. Rozłożenie szczepień w czasie ma na celu zapobieżenie zneutralizowania naturalnych przeciwciał pochodzących z siary. Nigdy nie pozwólcie na podanie nowej lub kolejnej dawki szczepionki, jeżeli wasz szczeniak był szczepiony mniej niż 14 dni wcześniej. Jeżeli kupiliście swego pupila od hodowcy, prawdopodobnie pies miał już przynajmniej jedną serię szczepień, zanim trafił do waszego domu – pewnie chociaż raz był odrobaczany i otrzymał szczepionkę skojarzoną DHPP (przeciwko nosówce, zakaźnemu zapaleniu wątroby, parainfluenzie i parwowirusom). Większość weterynarzy zaleca następujący program szczepień*.

---

* Paula Terifaj *How to Protect Your Dog from a Vaccine Junkie*. Palm Springs: Bulldog Press, 2007, s. 42.

JAK WYCHOWAĆ IDEALNEGO PSA   157

Rekomendowane szczepienia szczeniąt	
3 tygodnie	Odrobaczanie.
6 tygodni	Odrobaczanie przeciwko powszechnym pasożytom przenoszonym przez łożysko i mleko matki, badanie kału na obecność kokcydiów oraz szczepionka skojarzona DHPP (nosówka, zakaźne zapalenie wątroby, parainfluenza, parwowirusy).
9 tygodni	Odrobaczanie, DHPP.
12 tygodni	Opcjonalnie odrobaczanie; DHPP, opcjonalnie wścieklizna. Leptospiroza i borelioza – jeśli w okolicy zdarzają się zachorowania na te choroby (w przypadku wykonania szczepień przeciwko tym dwóm ostatnim chorobom konieczne jest powtórzenie dawki po trzech tygodniach). Opcjonalnie krztusiec – jeśli szczenię będzie często zostawiane w salonach dla psów.
16 tygodni	Opcjonalnie DHPP, ostatnie badanie kału oraz wścieklizna – jeśli zwierzę nie było wcześniej przeciwko niej szczepione[*].

Doktor Paula Terifaj, właścicielka kliniki weterynaryjnej Founders Veterinary Clinic w Brea w stanie Kalifornia, która ukończyła weterynarię na Uniwersytecie Kalifornijskim w Davis, opisuje swoje podejście do opieki nad szczeniętami jako „integracyjno-holistyczne" (łączące w sobie założenia współczesnej zachodniej medycyny i terapii nietradycyjnych) z naciskiem na medycynę prewencyjną. W swojej książce zatytułowanej *How to Protect Your Dog from a Vaccine Junkie* (Jak ochronić psa od przedawkowania szczepionek), doktor Terifaj inaczej ustosunkowuje się do rutynowych szczepień psów w okresie szczenięcym. „Jestem bardzo konserwatywna wobec szczepionek – pisze. – Uważam, że szczenięta powinny rozpocząć serię szczepień najwcześniej między ósmym a dziewiątym tygodniem życia. Jeżeli zaczniemy je szczepić w tym właśnie czasie, kolejne dawki powinniśmy

---
[*] W 2006 r. organizacja American Animal Hospital Association zaktualizowała swoje wytyczne dotyczące szczepienia psów: 2006 AAHA Canine Vaccine Guidelines Revises pobrane dnia 05.05 2008 r. ze strony http://www.secure.aahanet.org/web/startpage.aspx?site=resources.

zaaplikować po trzech lub czterech tygodniach. Ostatnią szczepionkę należy podać między 12. a 14. tygodniem życia. Mam tu na myśli szczepionkę DHPP; w przypadku wścieklizny jest inaczej: szczepionkę przeciw tej chorobie podaje się, gdy zwierzę ma cztery miesiące, a drugą dawkę, kiedy skończy rok, więc według idealnego scenariusza szczenię otrzymuje nie więcej niż trzy serie szczepień. Radzę jednak, byście sami zasięgnęli wiedzy na ten temat. Zapytajcie o to swego weterynarza lub nawet kilku".

Kwestia odpowiedniej liczby szczepień jest dość kontrowersyjna. Osobiście skłaniam się ku wersji „proponowanej" przez Matkę Naturę, czyli z jednej strony chciałbym zrobić wszystko, co w mojej mocy, by zapewnić szczeniakom pełną odporność na niebezpieczne choroby, a z drugiej – uważam, że do tej pory tendencja do podawania zbyt wielu szczepionek bardziej szkodzi, niż pomaga wielu pokoleniom psów. W ostatniej książce *A Member of the Family* zawarłem historię moich spotkań z wieloma ekspertami, w tym z głównym pionierem weterynarii holistycznej, doktorem Martym Goldsteinem, a także wnioski z przestudiowania przekonujących badań. Wszystko to doprowadziło mnie do wspomnianej opinii.

W roku 2006 Amerykańskie Stowarzyszenie Szpitali dla Zwierząt również zajęło się tą kwestią i wydało nową strategię szczepienia psów opartą na wieloletnich badaniach. Ich wyniki potwierdzają tezę, że nadmierna liczba szczepień może doprowadzić u psów do wystąpienia chronicznych chorób, a nawet śmierci. Nowe wytyczne dzielą szczepienia na trzy kategorie:

- Podstawowe: szczepienia, jakie każdy pies powinien otrzymać;
- Dodatkowe: opcjonalne szczepienia, które należy rozważyć tylko w przypadku, gdy tryb życia danego psa oraz czynniki ryzyka stanowią ku temu podstawę;
- Niezalecane: szczepionki w żadnym wypadku niezalecane przez AAHA.

Szczepienia podstawowe	Nosówka* Zapalenie wątroby (adenowirus-2)* Parwowirus* Wścieklizna * DHP – szczepionka skojarzona 3 w 1
Szczepienia dodatkowe	Leptospiroza* Borelioza* Krztusiec (kaszel psi) Parainfluenza * Do rozważenia na obszarach, w których występuje ryzyko zachorowania na te choroby
Szczepienia niezalecane	Adenowirus-1 Koronawirus Giardioza Crotalus atrox toroid (przeciwko jadowi grzechotników) Bakterie *Porphyromonas gingivalis*

Udowodniono, że kompletna seria szczepień w okresie szczenięcym zapewnia psu odporność na całe życie. AAHA zaleca podawanie kolejnych dawek szczepionek nie częściej niż raz na trzy lata. Wielu moich znajomych weterynarzy – zwolenników medycyny holistycznej – uważa, że nawet trzyletni odstęp między kolejnymi szczepieniami to zbyt krótko. Naraża to zwierzę na ryzyko przedawkowania szczepień, gdyż liczne badania dowodzą, iż psy prawidłowo uodparniane w okresie szczenięcym zachowują przez całe życie odporność na zapalenie wątroby, nosówkę i parwowirusy*. Skrupulatni właściciele psów mogą poprosić swego weterynarza o zbadanie miana przeciwciał psa na nosówkę, parwowirusy lub wściekliznę. Badanie to wskaże ilość przeciwciał zwalczających daną chorobę, obecnych w organizmie psa w momencie wykonywania badania. Jeżeli wasz pupil ma wysokie stężenie przeciwciał, poziom odporności będzie wysoki – co stanowi dowód na to, że szczepionki spełniły swe zadanie i pies jest skutecznie chroniony. Przy wysokim poziomie odporności może-

---

* Paula Terifaj *How to Protect Your Dog from a Vaccine Junkie*. Palm Springs: Bulldog Press, 2007, s. 17.

cie założyć, że zwierzę nie potrzebuje dodatkowej dawki szczepionki, chociaż nawet niski poziom odporności nie musi koniecznie oznaczać, że wymagane jest kolejne szczepienie*.

Krótko, przez mniej więcej tydzień, system odpornościowy szczeniąt nie działa zbyt sprawnie: nie są już one chronione przez przeciwciała od matki, a szczepionki jeszcze nie zaczęły działać. W tym czasie nawet zwierzęta znajdujące się pod najlepszą opieką mogą zachorować, ale uwaga: łatwo wyolbrzymić potencjalne niebezpieczeństwo – niektórzy właściciele wpadają wręcz w paranoję i miesiącami trzymają swoje szczeniaki w domu, odizolowane od świata, kształtując w ten sposób sfrustrowane i aspołeczne osobniki. „Informuję moich klientów, że po 10 dniach od pierwszego szczepienia powinni zapewnić szczeniakowi jak najwięcej okazji do socjalizowania się – mówi doktor Charlie Rinehimer z Uniwersytetu w Northampton. – Radzę im w tym czasie trzymać się z daleka od takich miejsc jak parki dla psów, gdzie nie ma pewności, czy przebywające tam zwierzęta były szczepione ani czy są zdrowe. Lepiej odwiedzić przyjaciół również posiadających psy, spacerować ze szczenięciem na smyczy lub wybierać się na przejażdżki samochodem. O ile mi wiadomo, już po 16 tygodniach szczeniaka można zabierać wszędzie".

PARWOWIRUSY

Ostatnio przeżyłem przykre doświadczenie związane z parwowirusem, które naprawdę mną wstrząsnęło. Mniej więcej wtedy, gdy zacząłem rozważać wychowanie szczeniąt i napisanie niniejszej książki, odwiedził mnie znajomy, który uratował dwa dwumiesięczne yorki porzucone na ulicy. Następnego dnia mieliśmy z żoną jechać na seminarium na wschodnie wybrzeże, ale jak zwykle nie potrafiłem odmówić przyjęcia porzuconych psów, nie mówiąc już o tym, że były to malutkie szczeniaczki. Poinstruowałem naszą pomoc domową, jak ma się opiekować pieskami pod naszą nieobecność. Umówiłem się też

---
* Więcej informacji na temat badania odporności na stronie: www.homepet.org.

z doktorem Rickiem Garcią, by za kilka dni, już po naszym powrocie, przyjechał obejrzeć maluchy. Nie minęło pół dnia od naszego wyjazdu, gdy nasza gosposia zadzwoniła do nas zdenerwowana. „Szczenięta są bardzo, bardzo chore – powiedziała. – Mają ostrą biegunkę i się trzęsą". Zadzwoniłem wtedy do przyjaciela, producenta *Zaklinacza Psów*, Todda Hendersona i poprosiłem go, by pojechał do naszego domu i zawiózł szczeniaki do weterynarza. Todd opowiadał mi potem, jakie to było dla niego stresujące przeżycie: pędził do szpitala dla zwierząt, przekraczając dozwoloną prędkość, podczas gdy w jego aucie szczenięta walczyły o życie. Oba zostały przyjęte do szpitala, ale tuż po przybyciu jeden z nich zdechł. Stwierdzono u niego obecność parwowirusa, co oznaczało, że wszystkie psy przebywające w moim domu również mogły teraz być nosicielami. Na szczęście wszystkie przeszły kompletny program szczepień, musieliśmy jednak zdezynfekować całe mieszkanie i garaż jedynym środkiem, który był w stanie zabić tego odpornego wirusa – chlorowym wybielaczem wymieszanym z wodą w stosunku 1:10. Dopiero gdy doktor Garcia dokładnie przebadał resztę mego stada i stwierdził, że psy są zdrowe, znów mogliśmy spać spokojnie.

To straszne wydarzenie uświadomiło mi, jak szybkie i fatalne w skutkach jest działanie parwowirusa, na które szczenięta są podatne w okresie najniższej odporności w swoim rozwoju. Parwowirus to bardzo zaraźliwy mikroorganizm, którego celem staje się wrażliwa śluzówka jelit szczeniąt. Zakażenie nim może doprowadzić do śmierci psa. Nawet jeśli wirus zostanie wcześnie usunięty, leczenie wymaga kwarantanny i jest bardzo kosztowne. „Pamiętam pierwszy kontakt z parwowirusem, kiedy byłam jeszcze studentką weterynarii – wspomina doktor Paula Terifaj. – Szczenięta umierały, kiedy byliśmy pewni, że przeżyją, i na odwrót: żyły, gdy wróżyliśmy im pewną śmierć. To trudna sprawa". Parwowirus przenosi się przez odchody zarażonych psów. Niektóre dorosłe osobniki mogą być nosicielami wirusa i nie wykazywać żadnych objawów.

Doktor Terifaj w swoim wyjaśnieniu szczegółowo opisuje, co przydarzyło się yorkom w naszym domu:

Największe ryzyko zarażenia szczeniąt parwowirusem występuje, zanim zostaną one adoptowane i przewiezione do nowych domów. Wylęgarniami wirusów są schroniska dla psów, wątpliwej reputacji hodowle, schroniska dla zwierząt i sklepy zoologiczne. Narażony na ich działanie szczeniak nie będzie przejawiał żadnych objawów przez pięć do siedmiu dni, co stanowi okres inkubacji. Często zdrowo wyglądające szczenię trafia do nowego domu i dopiero tam zaczyna po kilku dniach chorować. Ludzie myślą wtedy, że to oni narazili zwierzę na działanie wirusa, ale najczęściej tak nie jest. Większość chorych szczeniąt, które badam, pochodzi ze sklepów ze zwierzętami lub sprzedaży internetowej, dokąd prawie zawsze trafiają z pseudohodowli. Są przewożone w brudnych klatkach lub wychowywane w niehigienicznych i stresujących warunkach. Choroby zakaźne często zdarzają się w pseudohodowlach, nie zaś wśród szczeniąt pochodzących od szanowanych hodowców lub profesjonalnych schronisk i placówek ratowniczych.

Pomimo moich ostatnich doświadczeń z parwowirusem, wciąż uważam, że wielu właścicieli za bardzo obawia się o zdrowie swoich szczeniąt i niepotrzebnie stara się je nadmiernie chronić, tygodniami lub nawet miesiącami izolując zwierzęta w domu i pozbawiając je ćwiczeń fizycznych, których bardzo potrzebują, oraz kontaktów z przedstawicielami ich gatunku. W kolejnych rozdziałach umieściłem wiele sugestii, jak bezpiecznie uspołeczniać szczenięta poniżej 16. tygodnia życia i jakie zapewniać im ćwiczenia.

Wróćmy do opisanego przypadku szczeniąt rasy yorkshire terrier. Na szczęście maluch, który przeżył infekcję parwowirusem, otrzymał opiekę medyczną i przeszedł kwarantannę. Obecnie jest kochanym dorosłym psem, cieszy się dobrym zdrowiem i mieszka w domu miłośnika naszej fundacji Cesar and Ilusion Millan Foundation.

NAJCZĘŚCIEJ ZADAWANE PYTANIA DOTYCZĄCE ZDROWIA SZCZENIĄT

„Zazwyczaj mówimy: »Nie traktujcie swego szczeniaka jak dziecka«, ale w kwestii zdrowia małe pieski są podobne do dzieci: potrzebują pewnego poziomu ochrony. Są wrażliwe na wysokie i niskie temperatury, a także mogą się szybko odwodnić. Na pewno potrzebują więcej troski i uwagi niż dorosłe psy" – twierdzi doktor Paula Terifaj. Jednak dzięki dobrze rozwiniętej współczesnej medycynie weterynaryjnej, większość weterynarzy, z którymi współpracuję, twierdzi, że obecnie w swojej praktyce rzadko spotyka dużą liczbę chorych szczeniąt. „Spotykamy się z kilkoma problemami zdrowotnymi, takimi jak biegunka spowodowana obecnością robaków czy infekcje górnych dróg oddechowych, na przykład psi kaszel – mówi doktor Rinehimer. – Ostatnio zdarzyło się kilka przypadków zainfekowania parwowirusem wśród nieszczepionych szczeniąt, zwłaszcza pitbulli; ta rasa wydaje się bardziej niż inne podatna na takie infekcje i częściej zdarzają się tu przypadki śmiertelne. Zupełnie sporadycznie mamy do czynienia z leptospirozą, zapaleniem wątroby czy, dzięki Bogu, wścieklizną u szczeniąt". W wiejskiej klinice doktora Rinehimera w Pensylwanii ostatnio zwiększyła się liczba zachorowań na boreliozę (epidemie zdarzyły się także wśród ludzi z tamtego regionu), ale zdecydowanie mniej zwierząt zapada na choroby, którym można zapobiec. „Nie zauważamy już większych błędów w wychowaniu psów ze strony właścicieli. Ludzie wydają się lepiej rozumieć potrzebę podawania szczepionek i zapobiegania dirofilariozie. Większość zauważanych przez nas błędów jest natury behawioralnej".

Dobre odżywianie, skrupulatny program szczepień, regularne badania kontrolne u weterynarza i przemyślany program zdrowotno-wychowawczy realizowany przez właściciela w domu to podstawy profilaktyki wielu problemów, jakie w niezbyt odległej przeszłości nękały zarówno dorosłe psy, jak i szczenięta. Doktor Terifaj i doktor Rinehimer odpowiedzieli na kilka najczęściej zadawanych pytań związanych ze zdrowiem szczeniąt.

Pytanie: Czy zachowanie mojego szczeniaka może zdradzać objawy świadczące o poważnych problemach zdrowotnych?

Odpowiedź: Ludzie powinni być poinformowani, że jeżeli szczenię wymiotuje lub nie chce jeść – oznacza to, że jest chore! Szczenięta funkcjonują w dwóch „trybach": zabawy i snu. Jeżeli wasz pies biega dookoła, bawi się, ale nieco dokucza mu biegunka – prawdopodobnie to nic poważnego, jednak gdy zwierzę nie jest skore do zabawy, wymiotuje i nie ma apetytu, należy je jak najszybciej zawieźć do lekarza weterynarii.

Pytanie: Szczeniak nie radzi sobie zbyt dobrze z odzwyczajaniem się od załatwiania potrzeb fizjologicznych w domu. Po czym poznać, czy nie ma zakażenia układu moczowego?

Odpowiedź: To, że piesek nie odzwyczaił się jeszcze od załatwiania potrzeb fizjologicznych w domu, nie oznacza, że ma zakażenie układu moczowego. Cierpiące na to schorzenie szczenięta napinają się przed oddaniem moczu i oddają go często. Jeżeli pęcherz moczowy jest zainfekowany, jest to równoznaczne z zapaleniem błony śluzowej tego organu. Kiedy słony mocz spływa z nerek, powoduje pieczenie i pies chce natychmiast pozbyć się go z ustroju. Jeśli w moczu pojawi się krew lub będzie miał niepokojący zapach, proszę udać się do weterynarza.

Pytanie: W jaki sposób pies może zarazić się robakami Dirofilaria immitis *i jak można to leczyć?*

Odpowiedź: Robaki te przenoszone są z jednego psa na drugiego przez komary. Larwy muszą przeniknąć przez wylinkę komara, by móc się rozprzestrzeniać. Profilaktyka polega na comiesięcznym podawaniu psu tabletki, na przykład o nazwie Heartguard, która zabija wszelkie larwy w jego organizmie. Dirofilarozę (robaczycę serca) można wykryć tylko za pomocą badania krwi. Można ją leczyć, lecz leczenie – chociaż skuteczniejsze od związków arsenu używanych w przeszłości – wciąż jest ryzykowne i kosztowne. Wobec tego profilaktyka będzie tu najlepszym rozwiązaniem.

Pytanie: Jak uchronić szczenięta przed plagą pcheł?

Odpowiedź: Odpowiednia dieta i regularne szczotkowanie powinny w większości przypadków zapobiec inwazji tych insektów. Szczenięta należy czesać specjalnym grzebieniem z drobnymi, gęsto osadzonymi zębami. Czasami udaje się złapać pchłę, ale najczęściej widać czarne drobiny wyglądające jak pieprz. Pchły żywią się krwią, zaś wspomniane czarne ziarenka są ich odchodami. By stwierdzić, czy mamy do czynienia z nimi, czy ze zwykłym kurzem, należy zebrać kilka ziarenek na papierowy ręcznik i polać spirytusem. Jeśli są to odchody pchły, na ręczniku zostanie czerwona plama w kolorze krwi. Środek na pchły do stosowania miejscowego, na przykład Frontline czy Revolution, powinien pomóc zwalczyć problem.

ZĄBKOWANIE

Między czwartym a szóstym miesiącem życia większość szczeniąt przechodzi ząbkowanie. Jest to dla nich dość niekomfortowy proces. W zachowaniu zwierząt zauważycie wtedy zwiększone zainteresowanie gryzieniem – w ten sposób pieski próbują złagodzić niemiłe uczucie w pysku i zazwyczaj ich wybór pada na parę waszych najdroższych butów, gdyż często są one wykonane z naturalnych materiałów, takich jak skóra czy zamsz, a poza tym przesiąknięte kojącym zapachem właściciela. Nie bierzcie tego do siebie ani nie martwcie się – sklepy zoologiczne oferują tysiące gryzaków dla psów po to, byście mogli na nie skierować zainteresowanie swego szczeniaka. W tym okresie szczenię skupia całą uwagę na pozbywaniu się nieprzyjemnego uczucia swędzenia w pysku. Nie wolno wówczas nosić rękawic i pozwalać psu ich kąsać ani pozwalać gryźć się w jakąkolwiek część ciała, nawet w ramach zabawy. Może się to teraz wydawać nieszkodliwe, ale w ten sposób umysł zwierzęcia może utrwalić przekonanie, że ręce i ciało właściciela pozwalają im uwolnić się od frustracji. Dyskomfort podczas ząbkowania można także zminimalizować poprzez ćwiczenia fizyczne. Kiedyś stosowałem pływanie, niekoniecznie w dużym basenie. Wanna bądź brodzik szczeniętom lub psom średniego wzrostu zapewnią wystarczająco dużo miejsca, by poruszać łapami w wodzie, w ten sposób skupiając się na zdrowej aktywności i zapominając o tym, co się dzieje w pysku. Po tym ćwiczeniu dajcie szczeniakowi wybrany przez siebie przedmiot do gryzienia. Pocieszę was, że ząbkowanie trwa u szczeniąt dość krótko – miesiąc lub maksymalnie dwa.

Gdy wasze szczenię będzie zbliżało się do okresu dojrzewania, tj. wieku od sześciu do dziesięciu miesięcy, przejdzie przez drugą fazę ząbkowania. Będą mu w tym czasie rosły zęby stałe i znów poczuje wielką potrzebę gryzienia. Pamiętajcie o dostarczeniu zwierzakowi zabawek odpowiednich dla psiego „nastolatka" i zapewnijcie mu jak najwięcej zdrowej aktywności fizycznej. Często psy, które na tym etapie rozwoju nie ząbkują, mają w późniejszym życiu problemy z uzębieniem, więc dopilnujcie regularnych wizyt u weterynarza i opowiedzcie mu o związanym z ząbkowaniem zachowaniu swego szczenięcia.

PORA NA KOLACJĘ

Konsultowałem się w ciągu kilku ostatnich lat z wieloma dobrymi weterynarzami i zapamiętałem informację, że pies jest tym, co zjada. Jako naiwny facet, który dopiero przyjechał z Meksyku do Stanów, ślepo wierzyłem we wszystkie twierdzenia i obietnice komercyjnych producentów żywności dla zwierząt, umieszczane w reklamach i na kolorowych opakowaniach ich produktów. Robiąc wówczas zakupy, szukałem najkorzystniejszych, najtańszych ofert. Dziś karmię niektóre z moich psów surową karmą organiczną i jestem zaangażowany w tworzenie przepisu własnej marki organicznej karmy dla psów pod nazwą Zaklinacz Psów. To, czym karmicie swego psa, może mieć wpływ na jego poziom energii, trawienie, odporność, a nawet podatność na alergie i ataki kleszczy oraz pcheł. W książce *A Member of the Family* szerzej omawiam kwestię żywienia psów, zaś w publikacji *Jak zostać przywódcą stada* szczegółowo opisuję rytuały żywieniowe mojego stada. Ogólnie jednak radzę, by nowi właściciele szczeniąt unikali zakupów w supermarketach i skonsultowali z weterynarzem inne możliwości żywienia psów, by ich pupil jak najdłużej cieszył się dobrym zdrowiem. Zamiast karmy dla juniorów w dużych paczkach, wypróbujcie kilka rodzajów wspaniałej, naturalnej karmy organicznej w zamkniętych opakowaniach, sprzedawanej przez mniejsze sieci. Nie znajdziecie jej na półkach lokalnych supermarketów ani w dyskontach. Szukajcie specjalnych rodzajów karmy w sklepach zoologicznych lub punktach z naturalną żywnością i nauczcie się przed zakupem czytać skład produktu na opakowaniu.

Pierwsze trzy składniki na liście są najważniejsze, gdyż stanowią największą część karmy, którą będzie jadł wasz pies. Szukajcie białka zwierzęcego oznaczonego jako mięso. Ograniczcie produkty złożone z tanich składników zbożowych lub w ogóle ich unikajcie. Natychmiast zrezygnujcie też z karmy, która zawiera sztuczne konserwanty, barwniki spożywcze oraz mięsne i zbożowe półprodukty.

Ważne jest, by oprzeć się pokusie przekarmiania szczeniaka, który ma nieposkromiony apetyt, i nie podawać mu zbyt wielu przekąsek między posiłkami – trudno będzie odzwyczaić zwierzę od tych nawyków, kiedy będzie dorosłym psem, który nie rośnie tak gwałtownie i nie spala tylu kalorii co szczeniak. Otyłość staje się poważnym problemem wśród amerykańskich psów, podobnie jak w przypadku ludzkiej populacji.

TABELA ŻYWIENIOWA		
Wiek	Okres rozwoju	Karmienie
0–8 miesięcy	szczenię	3 razy dziennie
8 miesięcy–3 lata	dojrzewający pies	2 razy dziennie
3 lata–około 8 lat	dorosły pies	1 raz dziennie
Powyżej 8 lat	senior	2 razy dziennie

WIZYTY U WETERYNARZA MOGĄ BYĆ ŚWIETNĄ ZABAWĄ

Jeżeli wychowujecie swego nowego pupila od szczeniaka, macie idealną szansę sprawić, by wizyty u weterynarza lub psiego fryzjera nigdy nie stanowiły problemu. Weterynarze są wyspecjalizowanymi ekspertami od medycyny zwierząt, ale niewielu zna się na behawioryzmie psów. Nawet jeśli wiedza takiego specjalisty na temat psychologii psa jest obszerna, nie zawsze ma on czas i energię zadbać o dobre samopoczucie czworonoga podczas badania. Na was spada więc obowiązek przygotowania szczenięcia na wizytę u weterynarza lub fryzjera i sprawienia, by chodzenie tam stało się ekscytującym doświadczeniem wypełnionym zabawą i pozytywnymi wrażeniami.

Metoda, jaką zastosowałem wobec wszystkich szczeniaków wychowanych na potrzeby tej książki – i którą stosuję w stosunku do wszystkich dorosłych psów przebywających pod moją opieką – zaczęła się od przyzwyczajania zwierząt do podróżowania w samochodzie już pierwszego dnia, gdy wiozłem je do mojego domu. Jeżeli auto stresuje szczeniaka, będzie on dziesięciokrotnie bardziej zdenerwowany po dotarciu do kliniki weterynaryjnej, więc wy, jako właściciele, musicie sprawić, by wsiadanie do samochodu i wysiadanie z niego było dla psiaka tak automatyczną czynnością, jak przekraczanie progu waszego mieszkania podczas wychodzenia na codzienne spacery. Wybranie się na przejażdżkę nie powinno być dla psa traumatycznym wydarzeniem – raczej zapowiedzią wspaniałego doświadczenia. Osobiście wszędzie zabieram psy samochodem i jazda kojarzy im się z zabawą, przygodą oraz poczuciem bliskości. Kiedy wskakują na tył wozu, nie wiedzą, dokąd się wybieramy, ale mają pewność, że mogą się spodziewać pozytywnych przeżyć.

Jeśli wasze szczenię czuje w samochodzie niepewność lub niepokój, przyzwyczajcie je najpierw do wsiadania i wysiadania – bez wyjeżdżania dokądkolwiek. Zostawcie otwarte drzwi, zaproponujcie smakołyk i pobawcie się z pupilem w aucie, gdy stoi ono na podjeździe. Kiedy powtórzycie te czynności tak wiele razy, że psiak będzie bez problemów wsiadał i wysiadał, dołączcie do tej rutyny przejażdżkę dookoła bloku/domu, by zwierzę przywykło do auta w ruchu. Stopniowo wydłużajcie czas jazdy. Kiedy pomyślnie przejdziecie przez ten etap, dodajcie do swoich przejażdżek określony cel, ale niech będzie on zróżnicowany, by pokazać waszemu szczeniakowi jak najwięcej nowych miejsc. Pojedźcie do swoich znajomych, teściowej, miejscowej biblioteki lub ulubionej kafejki. Obserwujcie przy tym szczeniaka i pamiętajcie, by zadbać o jego poziom odporności, ponieważ może mieć kontakt z innymi psami. Pozwólcie, by wyszedł z samochodu, nagrodźcie go, a potem wprowadźcie z powrotem. Dodatkową istotną zaletą tego ćwiczenia jest to, że podkreślacie w jego trakcie swą pozycję przywódcy. Im więcej miejsc, do których się udacie i gdzie szczenię zobaczy waszą spokojnie asertywną energię, tym bardziej będzie widziało w was kogoś, za kim może podążać w każdej sytuacji, bez względu na to, dokąd pójdziecie.

Jednak niektórzy właściciele, z powodzeniem przyzwyczaiwszy swego pupila do samochodu, popełniają inny błąd – pozwalają mu na nadmierne podekscytowanie. Szczenię staje się tak podniecone przejażdżką, że nie sposób go uspokoić. Zwierzę sieje chaos: może powodować niebezpieczne sytuacje, a nawet stwarzać zagrożenie podczas jazdy. Szczenię zazwyczaj manifestuje nadmierne podekscytowanie szczekaniem, skomleniem, gwałtownymi ruchami lub ślinieniem się. Najbardziej oczywistym rozwiązaniem tego problemu jest przyzwyczajanie psa do podróżowania w klatce. Kiedy już przywyknie do spokojnego siedzenia w klatce, także podczas umieszczania jej w samochodzie, te dwa elementy – klatka i auto – powinny kojarzyć się zwierzakowi ze spokojem. Postępujcie zgodnie z instrukcją podaną powyżej, dodając klatkę, i nie zwracajcie uwagi na szczeniaka, dopóki przez cały czas nie będzie zachowywał się w środku spokojnie i cicho. Korygujcie jego zachowanie dźwiękiem „tssst" lub stukajcie w górną część klatki, jeśli podniecenie zwierzęcia zacznie eskalować. Następnie warto poćwiczyć bez klatki, używając zamiast niej bramki zabezpieczającej lub pasów bezpieczeństwa dla psów.

Gdy Chris Komives zauważył, że jego czteromiesięczna suczka Eliza zaczyna przejawiać problem ze ślinieniem się, wypróbował ćwiczenie przyzwyczajania szczeniaka do auta: „Wsadziłem ją do samochodu, kiedy nigdzie się nie wybieraliśmy, i poczekałem, aż się uspokoi. Potem ją wyjąłem i powtórzyłem procedurę. Bawiłem się z nią w aucie. Po niedługim czasie pies przestał się ślinić". Ciągle uczę moje psy, by w samochodzie pozostawały spokojnie posłuszne, nawet jeśli otacza je wiele stymulujących bodźców. Pewnego dnia zabrałem ze sobą dla zabawy cały samochód szczeniąt i pojechaliśmy do myjni automatycznej, by psiaki przyzwyczajały się do nowych okoliczności, dźwięków i zapachów. Wszystkie psy: Junior, Blizzard, Angel, Mr President i przebywający u nas tymczasowo buldog francuski imieniem Hardy, były ciche i spokojne przez całą wyprawę.

Kiedy zyskacie pewność, że wasze szczenię może bez problemów zawsze i wszędzie wam towarzyszyć, zacznijcie przyzwyczajać je do określonych przychodni weterynaryjnych i salonów piękności dla psów, w których będziecie potem bywać. (Pamiętajcie, że chore psy można spotkać wszędzie, więc poczekajcie z tym ćwiczeniem, aż wasz szczeniak będzie miał cztery miesiące i zakończy się jego program szczepień). Zawsze zalecam przyzwyczajanie psa do sąsiedztwa jego przyszłej kliniki weterynaryjnej, radzę także parkować auto przecznicę dalej i przyjść do kliniki piechotą lub nawet przyjechać na rolkach. To ćwiczenie będzie przypominało psu wędrówkę, więc ten sposób docierania do celu będzie miał dla niego urok. Jeśli wasz szczeniak jest jeszcze mały i niespokojny w nowych miejscach, nie zmuszajcie go do przebywania tam. Zamiast tego zacznijcie od krótkiego spaceru po parkingu. Nie pozwólcie mu ciągnąć smyczy ani węszyć, ale za pierwszym razem go nie pospieszajcie. Pojedźcie do kliniki parę razy i poproście kogoś z personelu, by po waszym przybyciu wręczył mu smakołyk lub zabawkę. Pamiętacie, jak w dzieciństwie najlepsze lizaki dostawaliście zawsze od lekarza?

Ważne jest też, by szczenię poznało weterynarza i by podczas pierwszego spotkania nie dotykał on pieska, nie przemawiał do niego ani nie utrzymywał z nim kontaktu wzrokowego. Na koniec zastanówcie się nad swoim rodzajem energii podczas wizyt w psiej przychodni. Czy jesteście typem człowieka, który zawsze denerwuje się przed odwiedzeniem lekarza lub dentysty? Czy martwicie się, jak wasz pies poradzi sobie podczas badania? Jeżeli wasza energia nie jest spokojnie asertywna, nie możecie oczekiwać, że podopieczny będzie w stanie się uspokoić. Zwierzę zawsze będzie odzwierciedlać rodzaj energii, jaką emanujecie. Szczenięta są szczególnie uwrażliwione na wszelkie wysyłane przez przywódcę stada sygnały mówiące im, jak powinny się zachować i reagować w nowych, nieznanych miejscach.

OPIEKA NAD PSEM W DOMU

Następną kwestią, o której warto pamiętać, by zapewnić spokój podczas wizyt u weterynarza lub w psim salonie piękności, jest to, by najpierw oswoić szczenię ze wszystkimi rodzajami badań czy dotykaniem jego pyska i innych części ciała. Wszyscy weterynarze radzą, byście w domu regularnie badali swemu psu oczy, uszy oraz pysk i zęby – jest to też świetna okazja do ćwiczenia gestów, jakich można spodziewać się w klinice weterynaryjnej. „Uszy szczenięcia powinny być badane przynajmniej raz w tygodniu – mówi weterynarz Charlie Rinehimer. – Należy to robić częściej, jeśli mamy psa z opadniętymi uszami, na przykład rasy cocker czy springer spaniel. Po powrocie z długiego spaceru lub zabawy na chodniku właściciel powinien też sprawdzać łapy zwierzaka pod kątem otarć i zadrapań. Po spacerze w lesie lub w wysokiej trawie warto przeczesać sierść pupila grzebieniem i sprawdzić, czy nie ma w niej pcheł i kleszczy". Pora kąpieli to kolejna dobra okazją do wykonania rutynowego przeglądu zdrowia waszego szczenięcia. „Innym zauważanym przeze mnie błędem w opiece nad psem jest to, że ludzie nie kąpią swoich pupili regularnie, myśląc, że zabieg ten wysusza ich skórę. To nieprawda! Myjcie swoje psy tak często, jak uznacie za konieczne – radzi doktor Paula Terifaj. – Czyśćcie im uszy. Sprawdzajcie, czy nie są zaczerwienione lub podrażnione. Zajrzyjcie do pyska: czy nie widać zaczerwienienia? Powąchajcie: czy czujecie jakiś podejrzany zapach? Kiedy myjecie psa, zbadajcie, czy nie ma na jego ciele żadnych zgrubień. Podnieście mu ogon! Wiem, że nie macie ochoty tam zaglądać, ale w ten sposób można wykryć na przykład tasiemca. Rozpoczęcie tych czynności, gdy szczenię jest jeszcze małe, pomoże mu do nich przywyknąć. Czynnie monitorujcie zdrowie swego psa! Nie mówcie weterynarzowi: »Oto mój pies. Proszę się nim zająć«". Aktywne wprowadzenie rutynowych przeglądów zdrowia szczenięcia pozwoli wam też na dłuższą metę zaoszczędzić na rachunkach z kliniki weterynaryjnej.

SZCZĘKI MR PRESIDENTA

Ten uroczy buldog jest wynikiem ludzkiej inżynierii genetycznej, więc wymaga specjalnej opieki zdrowotnej i pielęgnacji przez całe swoje życie. Buldogi angielskie miewają problemy z oddychaniem z powodu płaskiego nosa, co może prowadzić do chrapania i ślinienia się. Ich nienaturalny kształt ciała może przyczynić się do występowania artretyzmu lub problemów ze szczękami. Buldogi wymagają też prawie codziennego czyszczenia miejsc między szczękami i pod luźnymi fałdami skóry na pysku, gdyż w przypadku braku odpowiedniej pielęgnacji może ona stać się sucha oraz podatna na uszkodzenia i infekcje, a nawet zacząć nieładnie pachnieć. Istotne jest, by ten regularny rytuał czyszczenia zacząć na wczesnym etapie rozwoju, nawet jeśli fałdy skórne są jeszcze płytkie i niewykształcone. Jeżeli będziecie odwlekać pielęgnację, aż pies zacznie dojrzewać, zwierzę może zinterpretować wasz dotyk na swoim pysku jako wyzwanie, wejść w wojowniczy nastrój i zacząć się bronić. Rehabilitowałem już wiele psów, które miały poważne problemy z akceptacją dotyku na swoim ciele, zwłaszcza pysku, wiele takich przypadków pokazywaliśmy też w *Zaklinaczu Psów*. Zacząłem więc czyścić fałdy Mr Presidenta na wczesnym etapie jego okresu szczenięcego, by zapewnić podstawę bezstresowych wizyt u weterynarza i w psich salonach piękności na resztę jego życia.

RYTUAŁ PIELĘGNACJI PSA

Do tego regularnego rytuału potrzebuję ręcznika, trochę ciepłej wody, paru bawełnianych wacików i myjki z niewielką ilością alkoholu, a także kilku pysznych smakołyków na nagrody i zachęty dla psiaka. Zaczynam od posmarowania dłoni lawendowym mleczkiem organicznym. Jego zapach mnie odpręża, więc jestem pewien, że wysyłam też spokojną i skupioną energię memu szczeniakowi. Zawsze bądźcie spokojni – nigdy nie przyspieszajcie żadnych zabiegów związanych z czesaniem lub ochroną zdrowia, w tym kąpieli. Waszemu psu wszystkie te doświadczenia muszą kojarzyć się z relaksem, którego nie osiągnie, jeśli wasza energia nie będzie spokojna. Zawsze traktuję takie sesje jak rodzaj medytacji. Kolejną zaletą jest to, że uczę Mr Presidenta kojarzyć zapach lawendy z rozluźnieniem. Wspomnienie zapachu bardziej na niego działa, niż gdybym powiedział „nie bój się" czy „spokój". Chcę stworzyć skojarzenie, bym potem mógł używać tego zapachu w samochodzie lub gdziekolwiek indziej w celu uspokojenia mego buldoga.

To ćwiczenie wykonuję na podwyższonym stoliku w moim garażu. Po podniesieniu psa i posadzeniu go na stoliku czekam, aż się zrelaksuje, dopiero potem zaczynam sesję. Najpierw pokazuję mu smakołyk schowany pod nasiąkniętym ciepłą wodą ręcznikiem. Chcę, by jego zapach skierował zainteresowanie psa na ręcznik, ale nie zbliżam przysmaku do zwierzaka, by nie wywołał u niego nadmiernego podniecenia. Chcę, by Mr President postrzegał tę sytuację jako korzystną dla siebie: kiedy pozwoli mi dotykać swego pyska, ja dam mu smakołyk – Mr President jest typem psa, który daje się zmotywować jedzeniem! Nie chcę jednak oferować mu zbyt wielu przysmaków; zależy mi też na stworzeniu w moim rytuale przyjemnego dla niego skojarzenia, by w przyszłości przekupywanie go psimi smakołykami nie było konieczne.

Delikatnie kładę dłoń pod podbródkiem psa i odwracam jego łeb w moją stronę. Wysyłam spokojną energię i chcę, by ją przejął. Korzystam ze sposobności i w tym momencie zapuszczam mu krople do oczu – buldogi są także podatne na podrażnienia i infekcje oczu, więc należy czyścić je i nawilżać. Kiedy zwierzę zaczyna czuć krople w oczach, lekko protestuje – delikatnie wywija wargę – ale uspokajam je głębokim masażem tylnej części jego ciała. Jednak jego początkowa reakcja przypomina mi, że wywinięcie wargi słodkiego szczeniaczka może zmienić się w warczenie lub ugryzienie dorosłego buldoga, jeśli odpowiednio wcześnie nie zbudujemy więzi ze zwierzęciem.

Następnie nadchodzi czas na myjkę z alkoholem. Chowam za myjką smakołyk, gdyż wiem, że szczenię będzie naturalnie zniechęcone do tej procedury lekarskim zapachem alkoholu. W ten sposób nienaturalna dla psa woń łączy się z inną, którą na pewno uważa za interesującą. To prosta sztuczka mająca zaciekawić zwierzę, by chciało dowiedzieć się więcej na temat tego, co robię, nie zaś cofać się przed tym. Zawsze jednak podaję mu smakołyk czystą ręką, nie tą, która miała kontakt z alkoholem, by pies go przypadkowo nie zlizał. Myję szczeniakowi skórę między fałdami za pomocą bawełnianych wacików. Za każdym razem, gdy wykonuję ruch w kierunku jego pyska, moja czynność kojarzy mu się ze smakołykiem.

Na koniec ćwiczenia myję ręce, by pozbyć się zapachu alkoholu, po czym wmasowuję w nie lawendowe mleczko – chcę zakończyć rytuał tak, jak go zacząłem. Daję szczeniakowi ostatni przysmak. Fakt, że przyjmuje jedzenie, oznacza, że jego umysł nie jest zestresowany. Kończę masażem całego ciała psa, wraz z pyskiem, by nauczył się, że kiedy go tam dotykam, wiąże się to z przyjemnymi doznaniami. Na koniec piesek jest zrelaksowany, otwarty – zgodnie z moim zamierzeniem. Biorę go za kark, drugą ręką podtrzymując dla równowagi za spód ciała i delikatnie stawiam z powrotem na ziemi. Pod wpływem swego ciężaru ciało psa pochyla się w moją stronę, a zwierzę nie stara się uciec. Ten fakt przekonuje mnie, że szczenię przeżyło pozytywne doświadczenie.

Mój rytuał higieny z Mr Presidentem powinien służyć za przykład na to, że można w przyjemny sposób pielęgnować szczenię i dbać o jego zdrowie. Stosując tę metodę, przygotujecie psa na przyszłe wizyty u specjalistów, odegracie znaczącą rolę w utrzymaniu jego dobrego zdrowia oraz higieny, a także umocnicie więź między wami poprzez budowanie wzajemnego zaufania.

ROZDZIAŁ 6

BUDOWANIE WIĘZI, KOMUNIKACJA, WARUNKOWANIE

JAK WASZ PIES SIĘ UCZY

*Przeciąganie – wojna
między Juniorem a Mr Presidentem*

Pewnego razu mama wiewiórka spędziła ze swoim dzieckiem cały dzień na chodniku przed kampusem Uniwersytetu Kalifornijskiego w Los Angeles, wielokrotnie próbując nauczyć małą wiewióreczkę wskakiwania na ponadmetrowy murek i zeskakiwania z niego. Próby okazały się bezowocne. Podobne ćwiczenia w życiowym procesie uczenia się są codziennym wydarzeniem w świecie zwierząt, ale ten konkretny incydent został sfilmowany przez zafascynowanego nim studenta uniwersytetu, który umieścił potem nagranie na portalu YouTube i uzyskał niesamowity wynik 500 000 wyświetleń. Kiedy obejrzałem ten krótki filmik, ucieszyłem się, że widziało go tak wielu ludzi. Moim zdaniem to proste amatorskie wideo dokładnie ilustruje to, na co chciałbym zwrócić uwagę moich czytelników: jak przebiega naturalny proces uczenia się u zwierząt, w jaki sposób możemy go wspomóc i jak nie utrudniać.

W nagraniu mama wiewiórka pokazuje swemu dziecku, jak wskoczyć na murek – uczy poprzez pokazanie na własnym przykładzie. Matka wydaje się mieć dużo cierpliwości, gdyż demonstruje swe zgrabne ruchy wiele razy. Dziecko w końcu nabiera odwagi i samo kilkakrotnie próbuje ją naśladować, ale za każdym razem udaje mu się doskoczyć tylko do połowy wysokości murku, po czym spada. W tym momencie zatroskani studenci Uniwersytetu Kalifornijskiego oglądający rozgrywający się przed ich oczami dramat postanawiają wkroczyć do akcji. Przy murku, na który próbuje wspiąć się mała wiewióreczka, kładą plecak. Na początku zwierzątko ucieka przed nowym przedmiotem, ale po kilku minutach wraca i odkrywa, że plecak może posłużyć mu jako drabina. Mała wiewiórka wspina się po plecaku, ale nie sięga on wystarczająco wysoko, by mogła dostać się na szczyt murku. Inny student przynosi na miejsce zdarzenia parę dużych, związanych ze sobą worków z piaskiem, które razem są wyższe niż plecak. Zwierzątko znów ucieka. Tym razem matka przyprowadza je z powrotem pod murek. Wskakuje na niego i czeka nad workami z piaskiem na swoje dziecko. Następnie, zachęcając je spokojem i własną energią, obserwuje, jak malec wspina się po jednym z worków, sili na ostatni heroiczny skok i w końcu wdrapuje na tę ogromną dla niego betonową ścianę.

Po obejrzeniu nagrania pomyślałem sobie: A jeśli byłaby to suka ze swoim szczenięciem? Nie mam absolutnie żadnych wątpliwości, że ci sami zaniepokojeni studenci po prostu podnieśliby szczeniaka i postawili na trawie nad murkiem. Być może nawet staraliby się pocieszyć psiaka, głaszcząc go i „gruchając" do niego. Potem wróciliby do swoich zajęć zadowoleni, że „uratowali" bezradne zwierzę, zaś szczenię straciłoby w ten sposób okazję do nauczenia się umiejętności, która pewnego dnia mogłaby ocalić mu życie. Prawda jest taka, że w większości sytuacji zwierzęta – nawet młode – nie są bezradne. Są sprytne, zaradne i dążą do przetrwania. To, co ludzie interpretują jako „uratowanie" szczenięcia, może w rzeczywistości oznaczać zaburzenie jego naturalnego procesu uczenia się, rozwijania i poznawania nowego środowiska. W opisanym nagraniu małej wiewiórki nie spotkał ten los, gdyż jest ona zwierzęciem dzikim. Studenci zupełnie inaczej zachowali się wobec wiewiórki, niż gdyby na jej miejscu znalazł się udomowiony mały piesek czy kotek. Okazało się, że ich podejście do wiewiórki było odpowiednie! Pomogli zwierzęciu, ale nie poprzez wyręczenie go, lecz działanie na zasadzie współpracy: pokazanie sposobu rozwiązania problemu. Na tym właśnie polega partnerska współpraca człowieka i zwierzęcia – dokładnie tak powinniśmy podchodzić najpierw do tworzenia więzi ze szczenięciem, potem komunikowania się z nim, a w końcu warunkowania go, czyli trenowania.

BUDOWANIE WIĘZI
Więź przede wszystkim

Moją początkową ambicją życiową było zostać najlepszym treserem psów na świecie i rzeczywiście w swoim życiu tresowałem psy, by wykonywały różne sztuczki, polecenia i pracowały jako psy obronne. Jednak wkrótce po przyjeździe do Stanów Zjednoczonych zauważyłem, że tradycyjna „tresura" – czyli nauka reagowania na komendy: „siad", „zostań", „chodź", „do nogi" i inne – nie była dobrym rozwiązaniem problemu istnienia dużej liczby niezrównoważonych psów. Czego potrzebowały te psy? By ich właściciele przestali je uczłowieczać, by zaczęli pełnić funkcję przywódców w ich życiu i zaspokajali ich podstawowe potrzeby – potrzeby zwierzęcia, psa i rasy – w takiej kolejności. Ale – jak już wiecie – matka szczenięcia zaczyna „tresurę" od pierwszych dni jego życia. Nie trenuje swego potomstwa wysokim, piskliwym, nadmiernie podekscytowanym głosem, nie rzuca poleceń, nie przekupuje smakołykami. Robi to cicho, używając własnej energii – o wiele potężniejszego narzędzia komunikacji.

„Kiedy rodzą się u mnie szczenięta, uczą się od momentu przyjścia na świat. Uczą się od swojej matki, rodzeństwa i ode mnie, kiedy się nimi zajmuję" – mówi mój przyjaciel Martin Deeley, prezes International Association of Canine Professionals, a także szanowany hodowca i treser psów myśliwskich.

Kiedy wybieramy szczeniaka, od pierwszej chwili uczy się on od swego nowego właściciela. Wyprawa samochodem do domu jest lekcją. Spotkanie z rodziną właściciela jest lekcją. Psy uczą się przez 24 godziny na dobę. Nawet jeśli każemy im się uspokoić i nic nie robić – uczą się cierpliwości. Wszystko, co robimy ze szczenięciem od momentu przywiezienia go do domu, jest dla niego doświadczeniem edukacyjnym. Zaczynamy więc „trening z psem" już w chwili spotkania ze zwierzęciem po raz pierwszy i powinniśmy wcześniej sami nauczyć się, jak się zachowywać i jak ustanowić dobre nawyki, zanim przywieziemy do domu szczeniaka.

Psia mama uczy swoje potomstwo także przez budowanie więzi. Łączy ją ze szczeniętami prawdziwy związek, wyrażany poprzez bezustanne spokojnie asertywne przywództwo. Dlatego właśnie radzę wszystkim właścicielom szczeniąt zastanowić się nad „więzią", a potem „komunikacją", zanim przejdą do „treningu", nazywanego też przeze mnie „warunkowaniem". Nauczcie się porozumiewać ze swoim psem w taki sposób, w jaki komunikuje się on z innymi psami – za pomocą energii, mowy ciała i kontaktu wzrokowego – dopiero potem możecie wymagać, by zwierzę przyswoiło zawiłości składni ludzkiego języka. Dla psa wasza komunikacja nabierze wtedy większego znaczenia i osiągniecie prawdziwą więź. Jest ona językiem energii, podstawą związku na całe życie między wami a waszym pupilem. Najpierw więc zbudujcie więź, potem przejdźcie do warunkowania.

PRZEPIS CESARA NA ZASPOKAJANIE POTRZEB PSA

Każdy szczeniak oraz dorosły pies potrzebują:
1. Ćwiczeń – w formie minimum dwóch prawidłowo odbywanych spacerów z przywódcą stada, dwa razy dziennie;
2. Dyscypliny – wyraźnie wyznaczonych i ciągle egzekwowanych zasad, granic i ograniczeń;
3. Uczuć – w formie fizycznych pieszczot, pochwał, smakołyków i czasu przeznaczanego na zabawę.

Zapamiętajcie! Chociaż decydujecie się na adopcję szczeniaka, by dać mu miłość, prawda jest taka, że szczenięta do zachowania równowagi potrzebują o wiele więcej. Dobry przywódca stada wyraża miłość poprzez zaspokajanie potrzeb psa w trzech wyżej wymienionych dziedzinach – we wskazanej kolejności! Ten przepis na spełnionego psa należy realizować przez całe jego życie.

NAUKA CHODZENIA NA SMYCZY

Jeśli chodzi o budowanie więzi ze szczeniakiem, macie po swojej stronie Matkę Naturę, gdyż od urodzenia do ukończenia ośmiu miesięcy życia szczenię jest zaprogramowane na podążanie za swoim przywódcą. Kiedy matka znika z pola widzenia, wy stajecie się domyślnym przywódcą stada dla swego szczeniaka i jeżeli będziecie postępować z nim z tą samą spokojnie asertywną energią, do jakiej był przyzwyczajany od urodzenia, zwierzę automatycznie pójdzie za wami, kiedy się oddalicie – zupełnie jakby łączyła was niewidzialna smycz.

Gdy jednak jesteście ze szczenięciem w miejscu publicznym, w świecie ludzi, niewidzialna smycz to za mało. Psa otacza zbyt wiele czynników rozpraszających i niebezpieczeństw. Kiedy zwierzę osiągnie wiek dojrzewania, będzie chciało wszędzie wejść, wszystko powąchać. Powinniście jak najwcześniej nauczyć swego szczeniaka chodzenia na smyczy w taki sposób, by była ona dla niego ledwie zauważalna i wywoływała w nim same pozytywne skojarzenia. Jeśli nauka chodzenia na smyczy jest przeprowadzona prawidłowo, wzmacnia relację między człowiekiem a jego psem. Staje się fizycznym połączeniem, przez które energia właściciela jest przekazywana psu i odwrotnie.

Wielu dobrych hodowców zaczyna trening ze smyczą, zanim odda szczenięta do adopcji. Brooke Walker nauczyła Angela chodzić na smyczy, gdy miał osiem tygodni, tj. zanim trafił do mojego domu. Brooke rozpoczyna cały ten proces od nałożenia szczenięciu papierowej obroży na szyję mniej więcej w momencie, kiedy piesek uczy się chodzić. Na początku robi to dla celów identyfikacyjnych – dlatego właśnie podczas mego pierwszego spotkania z Angelem był on „Panem Zielonym", jego brat – „Panem Niebieskim", zaś siostra – „Panną Różową". „Ponieważ moje szczenięta rzadko wychodzą z domu przed ukończeniem trzech miesięcy – mówi Brooke – zazwyczaj zaczynam przyzwyczajać je do smyczy, gdy mają mniej więcej osiem lub dziewięć tygodni. Tylko przez pięć minut, dwa razy dziennie. Biorę je na małe, krótkie smycze i podtykam im pod nos psi smakołyk, zachęcając je, by zrobiły kilka kroków do przodu. Lubię porównywać to do nauki pływania: gdy uczymy dzieci, oddalamy się od nich, by musiały do nas podpłynąć".

Metoda treningu chodzenia na smyczy Brooke zgadza się z moją filozofią odgrywania roli partnera – nie zaś dyktatora – w procesie uczenia psów. Polecam przyczepić psu smycz i pozwolić mu na ciąganie jej przez chwilę za sobą podczas zabawy – oczywiście należy wciąż nadzorować poczynania pupila – by zwierzę przyzwyczajało się do nienaturalnego dla niego odczucia posiadania jakiegoś przedmiotu uwiązanego wokół szyi, jednocześnie doświadczając radości i wolności podczas zabawy. Pamiętajcie, że my, ludzie, jesteśmy przyzwyczajeni do codziennego nakładania na swoje ciało różnych przedmiotów: ubrań, butów i biżuterii, ale dla psa smycz, szelki, buty czy sweter są całkowicie obce. Warunkowanie to proces sprawiania, by to, co nienaturalne, wydawało się naturalne. Treserzy pracujący z dzikimi lub egzotycznymi zwierzętami, na przykład dużymi kotami, które biorą udział w magicznych sztuczkach, zawsze zaczynają przyzwyczajanie tych zwierząt do smyczy i obroży jak najwcześniej. Im wcześniej przyzwyczaimy szczenię do smyczy, tym bardziej naturalna będzie mu się ona wydawać.

Jeśli chodzi o samą smycz, jestem zwolennikiem jak najprostszych rozwiązań. Wszystkie szczenięta, jakie wychowałem podczas pisania tej książki, przyzwyczajałem do mojej nylonowej smyczy za 35 centów: robiłem z niej pętlę, wsuwałem ją psu przez łeb i trzymałem wysoko na karku, kontrolując go za jej pomocą. Jestem także fanem „smyczy pokazowych" – cienkich smyczy z naturalnej skóry, z pętlą na końcu. Takie smycze stosuje się podczas wystaw psów. Są krótkie, lekkie i pozwalają na maksimum kontroli przy minimalnym naprężeniu. Jeżeli chcecie przyzwyczaić swoje szczenię do obroży uzdowej typu Halti lub Gentle Leader, powinniście zacząć to robić między czwartym a szóstym miesiącem jego życia.

Nigdy nie używajcie kolczatek ani innych zaawansowanych narzędzi do tresury wobec psa poniżej szóstego miesiąca życia, lecz jeśli macie szczenię silnej rasy, które wkraczając w okres dojrzewania, wciąż zdradza oznaki nadmiernego podekscytowania lub wykonuje gwałtowne ruchy, radzę skonsultować się ze specjalistą. Pomoże on wam zdecydować, jakie narzędzie będzie odpowiednie do poradzenia sobie z tym problemem. Jeśli zapobiegniecie problemom behawioralnym teraz, w okresie szczenięcym, mam nadzieję, że zgracie się ze swoim psem tak, by nie było potrzeby stosowania w przyszłości zaawansowanych środków ani dodatkowej pomocy. Jeśli jednak potrzebujecie pomocy, poproście o nią, zanim problemy waszego pupila wymkną się spod kontroli.

Zawsze pamiętajcie, że to nie samo narzędzie, lecz energia płynąca ze stosowania go naprawdę się liczy! Wasza energia przechodzi przez smycz prosto do psa, więc jeżeli nie jesteście przekonani do akcesoriów treningowych, jakich używacie, wasz pies wyczuje to – i na pewno odpowiednio zareaguje.

Kolejnym istotnym szczegółem dotyczącym przyzwyczajania do smyczy jest to, by zawsze pozwalać szczeniakowi podchodzić do niej, nigdy zaś nie wkładać mu jej na siłę. Przez pierwszych kilka razy będziecie musieli uzbroić się w cierpliwość. Uformujcie ze smyczy pętlę, która będzie półtora raza większa od głowy waszego pupila. Następnie pokażcie mu ją i pozwólcie obwąchać. Możecie pokropić ją organicznym zapachem lub umieścić po drugiej stronie pętli psi smakołyk. Pozwólcie, by szczeniak zbadał smycz i przyzwyczaił się do niej. Delikatnie dotknijcie nią czoła i nosa zwierzęcia. Kiedy szczenię będzie zrelaksowane i zaciekawione nowym przedmiotem, skuście je przysmakiem trzymanym po drugiej stronie pętli – zwierzę ma przełożyć przez nią głowę, by dostać smakołyk. Następnie lekko zaciśnijcie pętlę. Jeśli szczenię pozostanie spokojne, nagrodźcie je pieszczotą, pochwałą lub kolejnym smacznym kąskiem. Spacer na smyczy jest wspaniałą przygodą dla psa i stanowi najlepszą nagrodę, dostarczając jednocześnie pozytywnego skojarzenia ze smyczą. To właśnie dlatego tak wielu właścicieli psów opowiada, że ich pupile cieszą się już na sam widok swego pana sięgającego po smycz – tak silne jest skojarzenie tego przedmiotu z miło spędzonym czasem, jaki symbolizuje.

Po kilkakrotnym powtórzeniu tego rytuału możliwe, że wasze szczenię samo będzie wkładało głowę przez pętlę trzymanej przed nim smyczy. Jeżeli wasz piesek ma na szyi obrożę i chcecie po prostu podpiąć do niej smycz, nigdy nie ganiajcie za nim, kiedy przyjdzie pora na spacer. Powtarzam jeszcze raz: poczekajcie, aż zwierzę samo do was przyjdzie. Stosując sprawdzoną zasadę „nos, oczy, uszy", zajmijcie nos psiaka ciekawym zapachem, poczekajcie, aż będzie stał lub siedział nieruchomo i dopiero wtedy przypnijcie smycz do obroży. Bądźcie przy tym spokojni i nie odzywajcie się – przypomnijcie sobie, że matka szczeniąt zawsze jest wobec nich spokojna i pewna siebie. Pamiętajcie też, by wysyłać psu pozytywną energię. Spacer ze szczenięciem powinien być jednym z najradośniejszych doświadczeń w waszym życiu!

Szczenięta potrafią skupiać uwagę przez bardzo krótki czas, więc kiedy są bardzo małe, nie trzymajcie ich długo na smyczy – na początku wystarczy pięć do 10 minut – postarajcie się, by czas ten wypełniony był zabawą, miłymi niespodziankami i nagrodami. Kiedy krótkie sesje zaczną przebiegać gładko, stopniowo je wydłużajcie. W ten sposób sprawicie, że wasz szczeniak za każdym razem będzie chciał więcej. Naprawdę zapragnie kolejnych doświadczeń ze smyczą, gdyż będą mu się kojarzyły z przygodą, ćwiczeniami, pochwałami i – co najważniejsze – z budowaniem więzi z wami, czyli swoim przywódcą stada.

NAUKA WYCHODZENIA NA SPACER

1. Zawsze zaczynajcie spacer ze spokojnie asertywną energią.
2. Nie biegajcie za szczenięciem z gadżetem, którego chcecie użyć, czy będzie to prosta, tania smycz, jakiej ja używam, szelki, czy też obroża uzdowa. Dla szczeniaka akcesoria te stanowią przedłużenie waszej energii, więc powinny wzbudzać przyjemne (ale nie nadmiernie stymulujące!) skojarzenia. Pozwólcie, by to pies podszedł do was, nie na odwrót.
3. Przed pierwszą wspólną przechadzką ze szczenięciem poczekajcie na nie przy wyjściu z pomieszczenia, z którego wyruszacie – schroniska dla zwierząt, waszego samochodu, czy też domu. Sprawdźcie, czy psiak znajduje się w spokojnie posłusznym stanie oczekiwania i dopiero wtedy wyjdźcie jako pierwsi. Dajcie znać szczeniakowi, by poszedł za wami. W umyśle psa funkcjonuje przekonanie, że kto pierwszy wyruszy, ten będzie przewodził wyprawie. W waszym interesie leży, byście to wy byli tu przewodnikiem.
4. Trzymajcie smycz luźno, naturalnie, w sposób, w jaki nosicie torebkę lub walizkę. Unieście głowę, wyprostujcie się, kierując ramiona do tyłu. Jeżeli szczenię zacznie ciągnąć smycz w swoją stronę, lekko przyciągnijcie ją do siebie i natychmiast po tym, jak pies wróci do was, zwolnijcie naprężenie smyczy. Postarajcie się, by zawsze zwisała luźno. Szczenię powinno iść za wami lub przy nodze, nie zaś ciągnąć was na bok lub wy-

rywać się do przodu. Jeśli czworonóg nie zrozumie tej zasady od razu, użyjcie jakiegoś przedmiotu – na przykład laski czy parasola – by zagradzać nim drogę psu, aż nauczy się chodzić prawidłowo. Delikatnie wysuńcie przedmiot przed szczeniaka, pokazując mu w ten sposób granicę, którą wkrótce będzie wyczuwał bez używania dodatkowych akcesoriów.

5. Jeżeli wasz szczeniak zacznie wędrować dookoła, odwracać od was uwagę lub ociągać się, użyjcie gryzaka naturalnego, innego psiego przysmaku lub zabawki zapachowej, by zainteresować jego nos. Gdy uwaga psa zostanie z powrotem skierowana na właściwy kierunek marszu, kontynuujcie spacer.

6. Jeśli szczenię będzie poruszone jakimś zamieszaniem lub widokiem innego psa po drugiej stronie ulicy, nie jest to znak, że wy też macie się tym zainteresować! Skupcie się na spacerze i – najważniejsze – zachowajcie spokojnie asertywną energię. Kontynuujcie spacer. Poprzez lekkie pociągnięcie smyczy do siebie zakomunikujecie waszemu pupilowi: „Nie rozpraszaj się, idź dalej". Jeśli to konieczne, odwróćcie psa tyłem do źródła zamieszania zwracającego jego uwagę i nawiążcie z nim kontakt wzrokowy. Poczekajcie, aż usiądzie i uspokoi się, po czym idźcie dalej.

7. Gdy pomyślnie odbyliście już 10-, 15- lub 20-minutowy spacer ze szczeniakiem, dajcie mu nieco wolności, by pobiegał swobodnie na smyczy (uwaga: tylko w przypadku, gdy jesteście w bezpiecznym miejscu i/lub wasz szczeniak miał już trzy serie szczepień), powęszył lub załatwił swoje potrzeby fizjologiczne. To jego nagroda. Po kilku minutach kontynuujcie właściwy spacer.

8. Po dotarciu do celu lub powrocie do domu powtórzcie procedurę opisaną w punkcie 3. Pierwsi wejdźcie do obiektu, potem zaproście do niego szczenię. Pamiętajcie, że w rozumieniu psa ten, kto pierwszy przechodzi przez drzwi, jest panem danego miejsca! Zanim pociągniecie za smycz, sprawdźcie, czy psiak znajduje się w spokojnie posłusznym stanie.

Jeżeli pragniecie głębokiej więzi ze swoim psem na całe życie, poprawne wyprowadzanie go na spacer będzie najważniejszą umiejętnością, jaką musicie opanować. Trzymajcie się podstawowych zasad – zawsze pierwsi wychodźcie z domu i pierwsi do niego wchodźcie. Pies zawsze powinien iść za wami lub obok was – nigdy nie pozwalajcie szczenięciu wyrywać się do przodu ani iść „zygzakiem", czyli przechodzić z jednej strony na drugą. Pozwólcie, by smycz luźno zwisała i wyobraźcie sobie, że niesiecie torebkę lub walizkę. Patrzcie przed siebie, nie na szczeniaka. Większość konwencjonalnych szkół tresowania psów uczy, by prowadzić pupila po swojej lewej stronie, ale z mego doświadczenia wynika, że można nauczyć go chodzić również z prawej strony i prowadzać, z której strony chcemy. Najważniejsze, by szedł obok nas lub za nami, nigdy przed. Jeżeli macie problem z przystosowaniem swego szczenięcia do chodzenia na smyczy, wybierzcie jedną stronę i trzymajcie się jej, dopóki pies nie nauczy się chodzić jak należy.

Właściciele, którym pomagałem, nigdy nie mogli nadziwić się zmianom w zachowaniu trudnych psów, gdy te nauczyły się poprawnie spacerować. W przypadku dorosłych osobników zalecam spacer trwający przynajmniej 35 minut, dwa razy dziennie, by spożytkować nagromadzoną energię i ustanowić podstawowy rytuał nawiązywania więzi, która będzie wzmacniana przez wspólne spacerowanie. Nałożenie odpowiedniego plecaka dorosłemu psu pomoże zintensyfikować wysiłek. Jest to również dobre rozwiązanie, gdy nie mamy czasu na dłuższy spacer. Szczenięta z krótkimi łapkami i jeszcze krótszą koncentracją uwagi nie powinny spacerować długo – na początku wystarczy choćby 10 minut jednorazowo. Mimo to powinniśmy uczyć je opisanych powyżej zasad. Pamiętajcie, by zacząć prawidłowe wyprowadzanie psa na codzienne spacery, gdy tylko ten trafi do waszego domu. Powinien chodzić obok was. Ważne są tu zasady i rytuał. W ten sposób tworzycie w umyśle swego pupila przekonanie, że jest to określona przez was rutyna i że za jej poprawne wypełnianie otrzyma jedzenie i wodę.

ODPORNOŚĆ A SPACER

System odpornościowy szczenięcia nie jest prawidłowo rozwinięty, dopóki zwierzę nie otrzyma trzech serii szczepień, tj. do ukończenia mniej więcej 16 tygodni, dlatego też wielu właścicieli uważa, że nie muszą wyprowadzać szczeniaka na spacery, zanim nie skończy on czwartego miesiąca życia lub nawet później. Niektórzy ludzie tak bardzo obawiają się parwowirozy i innych chorób, że chcą chronić szczenię przez pierwsze miesiące jego pobytu w domu, zamykając je w nim. Nigdy nie podważyłbym opinii weterynarza dotyczącej zdrowia psa, jednak rozwój psychologiczny szczenięcia jest bardzo ważnym czynnikiem jego szeroko rozumianego zdrowia. Z czysto behawioralnego punktu widzenia trzymanie szczeniaka w domu i ograniczanie jego aktywności fizycznej może doprowadzić do nieszczęścia. Wyobraźcie sobie, że macie dziecko i zamykacie je w domu, aż będzie nastolatkiem. Jak myślicie, na jakiego człowieka wyrosłoby dziecko wychowywane w taki sposób? Prawdopodobnie nie wiedziałoby, jak poradzić sobie poza domem, byłoby bojaźliwe i aspołeczne, lub wręcz przeciwnie – tłumiona energia jego frustracji mogłaby wybuchnąć, a samo dziecko stać się uosobieniem siły zniszczenia w momencie wyjścia na wolność. Nadmiernie chronione szczenię może reagować podobnie, jeśli spędzi w zamknięciu całą swoją młodość.

Istnieje wiele innych sposobów na uchronienie szczenięcia przed chorobami przy jednoczesnym zapewnieniu mu warunków do fizycznego oraz psychicznego rozwoju. Spróbujcie poćwiczyć wyprowadzanie na spacer na swoim tarasie, podwórku lub podjeździe – na ograniczonym, czystym terenie poza waszym domem (Chris Komives użył wybielacza wymieszanego z wodą w stosunku 1:10, by zdezynfekować niedużą część chodnika w pobliżu domów w sąsiedztwie, gdzie uczył Elizę poprawnie spacerować) lub nawet ostatecznie na bieżni wewnątrz domu (możecie biec na bieżni obok swego szczeniaka, stymulując w ten sposób rytuał migracji bez smyczy). Pływanie obok szczenięcia w basenie – zwłaszcza gdy macie psa wodnego – da podobny efekt. Kształtując rytuał nawiązywana więzi oraz nawyk aktywności fizycznej, użyjcie wyobraźni, ale zachowajcie też ostrożność. Diana Foster opowiada:

> Zawsze poświęcamy wiele uwagi spacerom i ćwiczeniom. Owczarki niemieckie są silnymi psami, mają mnóstwo energii i potrzebują treningów wytrzymałościowych. Przejdźcie się po parkingu lub wzdłuż ruchliwej ulicy, gdzie jeździ dużo samochodów, autobusów i jest dość głośno – rzadko zobaczycie tam inne psy niż owczarki. Unikajcie obszarów z klinikami weterynaryjnymi lub sklepami zoologicznymi. Oczywiście nie musicie stale prowadzić psa po chodniku i nie pozwalać mu węszyć. Nie po to wychodzi na spacer. Wyprowadzacie go, by nauczył się zasad spacerowania oraz by trenować go do swobodnego chodzenia na smyczy. Pamiętajcie jednak, żeby wyprowadzać swoje szczenię w znanym środowisku. W naszej grupie szczeniaków każdy ma skrupulatnie realizowany program szczepień. Nie pozwalam chorym zwierzętom wchodzić na moją posesję. Jeśli pies ma luźny stolec, kaszel i dziwne spojrzenie, nie pozwalam wprowadzać go na moje podwórko. Radzę właścicielom, by zachowując zasady ostrożności, koniecznie wyprowadzali szczeniaka na dwór!

PROBLEMY PODCZAS SPACERU

Wyprowadzanie szczenięcia różni się od spacerowania z dorosłym psem. Szczeniak o wiele szybciej ulega rozkojarzeniu. Wychodząc z nim, trzeba się nieraz zatrzymać, „zresetować" jego uwagę i zacząć od początku, zanim zwierzę wejdzie w tryb rozpraszania się. Używanie zabawki zapachowej, gryzaka naturalnego lub psiego przysmaku do odwrócenia „uwagi" psiego nosa jest świetnym sposobem na odzyskanie kontroli nad szwendającym się szczeniakiem i sprawienie, by do nas wrócił. Szczenię ma także wrodzone poczucie limitu odległości, na jaką może oddalić się od domu.

Ostatnio moja żona, synowie i ja mieliśmy okazję opiekować się suczką z nowo narodzonymi szczeniętami rasy chihuahua. Z zafascynowaniem obserwowaliśmy miesięczne pieski oraz ich różne reakcje na otaczający je świat. Dwa z nich nie opuszczały legowiska, które przygotowaliśmy dla ich rodzinki, jeden szczeniak z tego samego miotu od razu wyskoczył z posłania i badał otoczenie w odległości ponad metra od legowiska. Każde z tych trojga szczeniąt zachowywało się „normalnie". Każde z nich w wieku trzech lub czterech miesięcy będzie inaczej reagowało na spacer z człowiekiem. Gdy szczenięta wyrosną na trzymiesięczne psy, pozwolę „badaczowi" oddalić się ze mną pół przecznicy od domu. Pozostałe dwa szczeniaki mogą nie chcieć odchodzić dalej niż trzy–cztery metry od podjazdu.

Jako właściciele, musicie być wrażliwi na ograniczenia waszego szczenięcia. Z pewnością powinniście stawiać mu wyzwania, ale nie należy zmuszać go do zachowań niezgodnych z tym, co podpowiada mu instynkt. Zamiast tego – lepiej dodać kilka metrów do codziennych spacerów i stopniowo zwiększać dystans. Nie zmuszajcie jednak małego szczeniaczka do chodzenia w nowe miejsca, jeśli jego ciało mówi wam, że zwierzę nie ma na to ochoty. Zwolnijcie i pozwólcie mu doświadczać wszystkiego w jego własnym tempie. Jeżeli wciąż będziecie ignorować i blokować instynkty psa, nigdy nie zdołacie wzbudzić jego zaufania niezbędnego do zbudowania prawdziwej więzi między wami. Pamiętajcie też, że to między innymi za świetnie rozwinięte zmysły – pięć podstawowych oraz ten słynny szósty – tak cenimy psy.

ANGEL I CIEMNY ZAUŁEK

Kiedy Melissa zabrała do swego domu Angela na próbny nocleg, wraz z mężem wyprowadzili go kilka razy na spacer. Angel zawsze był bardzo odważny – penetrował żywopłoty i obwąchiwał skrzynki na listy przed kilkoma domami w najbliższym sąsiedztwie, zanim jego kolega, Mr President, w ogóle ośmielił się wyjść poza nasz podjazd. Sznaucerek dotarł też dalej niż inne szczenięta, gdy pozwoliliśmy im na samodzielne wędrówki w nowym Centrum Psychologii Psa. Jak się można było spodziewać, kiedy Melissa i jej mąż pierwszy raz wyprowadzili Angela na spacer wzdłuż ruchliwej alei Ventura Boulevard o zmierzchu, był on zadowolony i grzeczny, bez żadnych problemów przeszedł przez ruchliwą, głośną ulicę na drugą stronę, po czym pokonał tam i z powrotem jedną z długich kalifornijskich przecznic.

Później tamtego wieczoru Melissa zabrała Angela na podwórko, by załatwił swoje potrzeby, a następnie poszła z nim na krótki spacer do oświetlonego latarniami parku niedaleko ich bloku. Miała nadzieję zmęczyć go przed snem. Przez kilka minut biegał radośnie truchtem obok niej, ale gdy zorientował się, że przed nimi kończą się uliczne latarnie i panuje całkowita ciemność, zatrzymał się i za nic nie chciał ruszyć dalej. „Na początku potraktowałam sytuację tak, jakby to dorosły pies się zatrzymał, i po prostu szłam dalej – mówi Melissa – ale Angel nie miał zamiaru się ruszyć. Kiedy chciałam zmusić go, ciągnąc za smycz, stał się jeszcze bardziej uparty. Próbowałam przekonać go naturalnym gryzakiem, co wcześniej skutkowało, ale zapach smakołyku tym razem nie zainteresował szczeniaka. Zasygnalizowałam mu, żeby usiadł, i próbowałam nawiązać z nim kontakt wzrokowy, ale wciąż patrzył z niepokojem w stronę ciemnego zaułka. Zastanawiałam się, jak wybrnąć z tej sytuacji... Co zrobiłby Cesar?"

Melissa postanowiła uszanować instynkty Angela. Zawróciła i skierowała się z powrotem w stronę swojego domu – co było poprawną reakcją z jej strony. Mały sznaucer nie bał się ciemności – w Centrum Psychologii Psa wychodził na podwórko w środku nocy z resztą stada. Problemem było to, że tym razem był prowadzony przez człowieka – który może i potrafi pisać o psach, ale nie jest tak jak one doświadczony w podążaniu za instynktem. Przy tej okazji człowiek towarzyszący Angelowi nie postrzegał nowej sytuacji w taki sposób, w jaki widziałby ją zrównoważony pies. Melissa parła do przodu, nie poświęcając ani chwili na obwąchanie całkiem nowego, niezbadanego terytorium ani nie dała na to czasu Angelowi. Szczeniak nie miał okazji zbadać nosem ani oczami wyłaniającej się przed nim ciemności, więc się zatrzymał. To jest właśnie robienie użytku z dobrych instynktów. Nawet Daddy mógłby w ten sposób zareagować, choć jako dorosły pies nauczył się, że zazwyczaj może zaufać człowiekowi, który go prowadzi. Gdyby Melissa chciała iść dalej, musiałaby dać Angelowi trochę czasu na zbadanie terenu – posuwanie się drobnymi krokami do przodu i węszenie co chwila. Przejście kilku metrów mogłoby zająć im pół godziny, gdyż Angel kierował się głosem wrodzonego rozsądku i wolał zachować ostrożność, czego przecież oczekujemy od swoich psów. Jeżeli budujemy prawdziwą więź z naszymi szczeniętami i współpracujemy z nimi na zasadach partnerskich, gdy badają nowe dla nich rzeczy (na przykład dziwne, nowe miejsca czy tajemnicze ścieżki), sami nabywamy ich najbardziej wartościowych instynktów i nie tracimy cennego zaufania naszych pupili.

SPACER I ENERGIA

W mojej poprzedniej książce oraz programie telewizyjnym wciąż podkreślałem rangę wyprowadzania psa na spacer, zwłaszcza energii właściciela podczas spaceru. Jeśli chcecie, by wasz szczeniak za wami szedł, musicie przez cały czas emanować spokojnie asertywną energią. Może wam się to wydawać zbyteczne, ale nie bez powodu to powtarzam – wciąż stykam się z ludźmi, którzy nie mając ochoty na spacery, obwiniają psy za to, że nie potrafią poprawnie spacerować, przytaczając usprawiedliwienia w stylu: „Po prostu nienawidzi chodzić na smyczy" lub „Zawsze wyrywa się do przodu". Naprawdę nie spotkałem jeszcze psa w jakimkolwiek wieku, który nie byłby w stanie nauczyć się poprawnego wychodzenia na spacer!

Cenne miesiące okresu szczenięcego otwierają wam wiele możliwości na ukształtowanie odpowiednich nawyków tak, by spacery zmieniły się w końcu w najbardziej radosne doświadczenie, jakie można sobie wyobrazić, by budowały więź między zwierzęciem a jego właścicielem. Jeśli postaracie się i odpowiednio zaprogramu-

CICHY TRENING: ANGEL UCZY SIĘ KOMENDY „SIAD"

Cesar skupia na sobie uwagę Angela, by nauczyć go komendy „siad"

Ziewanie często oznacza, że umysł szczeniaka przetwarza informacje albo że jest sfrustrowany

Cesar nagradza Angela za poprawne zachowanie lub wypełnienie polecenia

Cesar okazuje Angelowi uczucie za dobrze wykonane zadanie

BAWIĆ SIĘ JAK PIES

Wszystkie psy uwielbiają biegać, wszystkie też kochają za czymś gonić. Jedna z moich ulubionych zabaw polega na wydobyciu ze szczenięcia natury psa. Na końcu długiego drążka przywiązuję sznurek, a do niego przymocowuję miękkie, wypchane zwierzątko-zabawkę.

Angel goni za zabawką

Angel spogląda na Cesara w oczekiwaniu na polecenie

Mr President czai się na zabawkę

Mr President bada zabawkę

Mr President z zabawką

PRAWIDŁOWY SPOSÓB PODNOSZENIA PSA ZA KARK

Cesar sięga po Angela

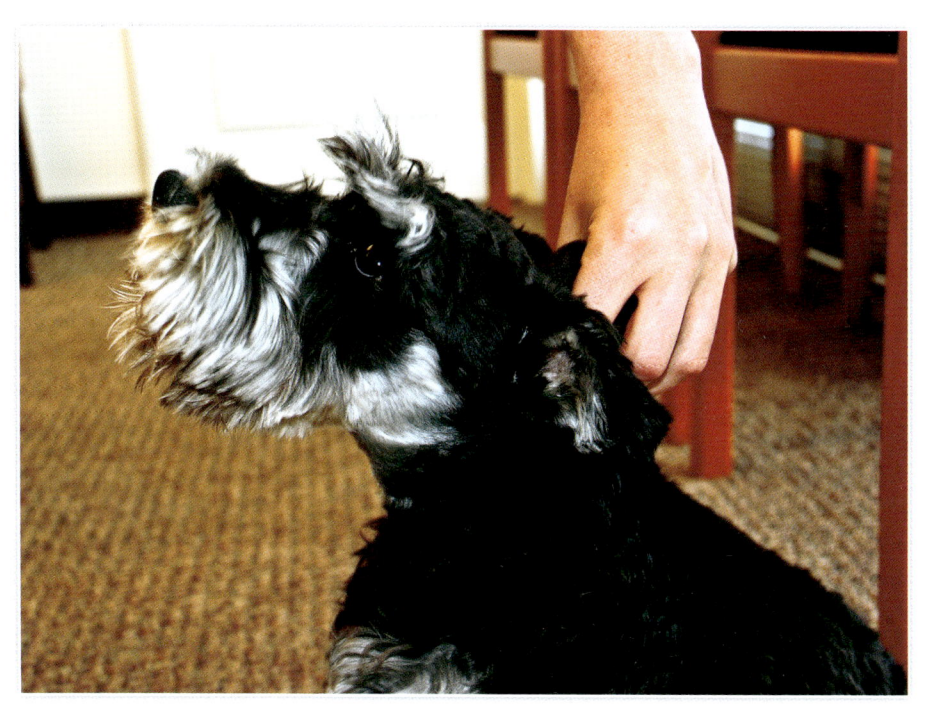

Cesar łapie Angela za kark

Cesar podnosi Angela jedną ręką, a drugą podtrzymuje go od spodu

jecie psa, nawet jeśli potrwa to do buntowniczego okresu jego dojrzewania, wasz pupil stanie się wspaniałym towarzyszem spacerów. Jeśli w okresie dojrzewania zdarzy się, że pies będzie chciał się zatrzymać podczas spaceru, zawsze będziecie mieć sposoby, za pomocą których przekonacie go, by posłusznie szedł dalej. Poza tym każdy udany spacer zbliży was – przywódcę i członka stada – do siebie. Mój bliski, niemalże duchowy związek z Daddym przypisuję tysiącom udanych spacerów. Musicie jednak poświęcić psu czas już teraz.

BLIZZARD UCZY SIĘ SPACEROWAĆ

Dwa lata po przeprowadzce mojej rodziny do nowego domu w dolinie Santa Clarita zaprzyjaźniliśmy się z naszymi sąsiadami – Adrianą i Terrym Barnesami oraz ich dziećmi – jedenastoletnim Christianem i czternastoletnią Sabriną. Jednak tuż po naszym przyjeździe Adriana nie była zachwycona mieszkaniem w sąsiedztwie zaklinacza psów. Bała się dużych osobników, zwłaszcza pitbulli. Widok mnie i Daddy'ego na spacerze mroził jej krew w żyłach. Moja czarująca żona Ilusion potrafi jednak wszystkich sobie zjednać: sąsiadka zaczęła pracować z nami, gdy planowaliśmy otwarcie nowego Centrum Psychologii Psa na wcześniej zakupionej przez nas pobliskiej działce. Adriana coraz częściej przebywała w naszym domu, w pobliżu naszych psów. Daddy potrafi sprawić, że każdy zmienia zdanie na temat pitbulli. „Zobaczyłam coś w jego oczach – powiedziała mi pewnego razu – jakby głęboką więź. Wiedziałam wtedy, że mogę mu zaufać". Dla Adriany wiele się zmieniło: teraz ona i Terry pomagają nam prowadzić nowe Centrum Psychologii Psa w dolinie Santa Clarita. Terry był zachwycony, gdyż lubi psy, a jego dzieci desperacko pragnęły mieć jednego w domu. Pozwoliłem im adoptować Molly – łagodnego jamnika o niskim poziomie energii, którego uratowałem w mieście Ensenada. Życie z Molly układało im się wspaniale. Dzieciaki, zwłaszcza Christian, zaczęły namawiać rodziców na nowego szczeniaka.

Kilka lat wcześniej, gdy ich dzieci były jeszcze bardzo małe, Barnesowie mieli niemiłe doświadczenie z udziałem młodego labradora. „Szczeniak był naprawdę dziki – opowiada Adriana – wciąż za nami chodził. Jak dla mnie był zbyt nieokiełznany. Zostawialiśmy go na zewnątrz i właściwie przestaliśmy wychodzić z domu. Zwierzak dosłownie pożarł wszystko na naszej posesji. Teraz, patrząc wstecz i mając wiedzę, którą przekazał mi Cesar, wiem, że to zachowanie można było skorygować. Za bardzo ignorowaliśmy szczenię, nie wyprowadzaliśmy go i nie zapewnialiśmy mu aktywności ruchowej. Nie daliśmy mu możliwości osiągnięcia stanu równowagi. Myślałam, że jest agresywny, a on był po prostu znudzony".

Czułem, że moi sąsiedzi zasłużyli na drugą szansę, więc kiedy Blizzard (żółty labrador, którego uratowaliśmy w czasie powstawania tej książki) skończył cztery miesiące, przedstawiłem go Adrianie. Często spotykamy się z jej rodziną, więc Blizzard korzysta na tym podwójnie – wiedzie wygodne życie psa rodzinnego, ale też ma okazję przebywać i bawić się ze stadem w moim domu oraz w naszym centrum. Adriana, jej mąż i dzieci szybko się uczą; wszyscy wkrótce przyswoili sobie umiejętności bycia przywódcą stada dzięki wyzwaniom zapewnianym przez takiego psa jak Blizzard. Dynamika rodziny Barnesów stanowi świetny przykład na to, jak różne rodzaje energii wpływają na tego samego psa.

JEDNO SZCZENIĘ, WIELU WŁAŚCICIELI

Czternastoletnia Sabrina podczas treningu z psem jest jego zaklinaczem. Opanowana, pewna siebie, emanuje spokojnie asertywną energią – co jest imponujące, jak na nastolatkę. Jej brat, Christian, to jednak bardziej zamknięty w sobie, cichy chłopak i kiedy Blizzard zawitał do nich po raz pierwszy, Christian był mniej pewny siebie wobec szczenięcia. Blizzard od razu wyczuł wahanie chłopca. Sabrina mogła bez żadnych problemów wyprowadzać psiaka, ale gdy robił to Christian, energiczny labrador ciągnął go do przodu lub na boki za smycz.

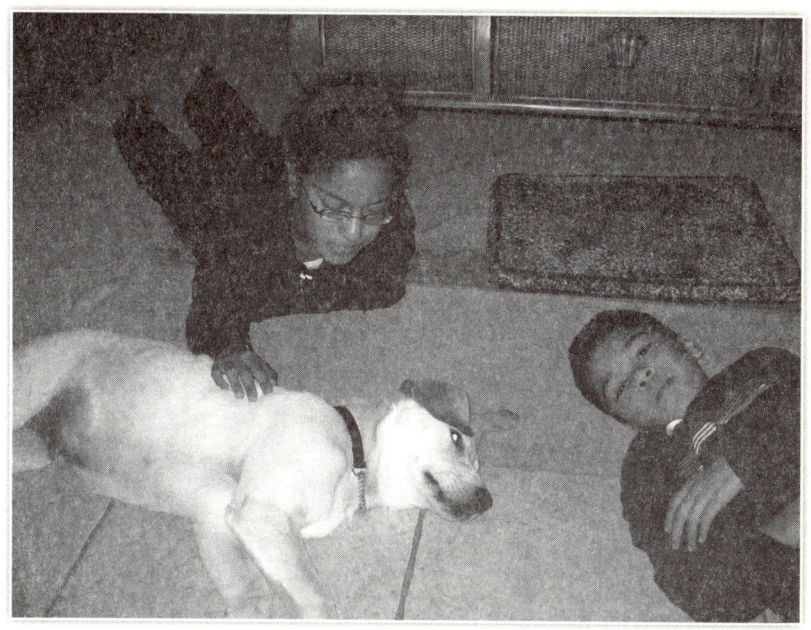

Blizzard z Sabriną i Christianem

„Cesar uważa, że Christian i Blizzard mają taki sam rodzaj energii – mówi ojciec dzieci, Terry. – A skoro ich energia jest jednakowa, pies nie będzie słuchał Christiana. Przede wszystkim dlatego, że mój syn jest cichy i nieśmiały. Tak uważam. Sabrina przyciągnie Blizzarda, gdy ten zacznie się opierać i ciągnąć za smycz, ale Christian raczej krzyknie: »Stój! Przestań!«. Będzie wykrzykiwał do psa całe zdania. Za dużo słów. Cesar powtarza: »Psy nie mówią po angielsku, nie znają ludzkiego języka«. I ma rację".

Pomimo niższego poziomu energii, Christian stawał się nerwowy i spięty, gdy trenował z Blizzardem. „To tylko szczeniak – mówi Sabrina ze znawstwem – stara się wyczuć, za kim iść. Jest jak dziecko. Z Christianem tworzą jakby parę szczeniaków: obaj są hiperaktywni i nie ma między nimi równowagi".

„Moim zdaniem to dlatego, że nie cierpię, kiedy smycz jest naprężona – przyznaje Christian. – Kiedy Blizzard wychodzi przede mnie, zaczyna ciągnąć smycz. Cesar uczył mnie, bym był spokojny i odpuścił sobie nerwy do momentu, aż szczeniak znów znajdzie się przy moim boku". Gdy tylko zauważyłem ten problem, zacząłem pracować nad Christianem i jego sposobem wyprowadzania Blizzarda, gdyż dla szczeniaka każdy człowiek w domu musi być przywódcą stada. Kiedy nie było mnie w pobliżu i nie mogłem pomóc, wkraczała do akcji Sabrina. W przeciągu kilku miesięcy zauważyła znaczne postępy w technikach stosowanych przez brata. „Myślę, że przyzwyczaił się do wyprowadzania Blizzarda. Daje psu więcej okazji do ćwiczeń i o wiele częściej się z nim bawi. Sądzę, że teraz naprawdę zaczyna powstawać między nimi więź. Dostrzegam ich wzajemne zaufanie" – mówi Sabrina.

Zaufanie i szacunek są dwoma najważniejszymi elementami idealnego związku człowieka i psa. Codzienne doskonalenie technik spaceru z waszym szczenięciem jest najlepszym sposobem na zbudowanie między wami więzi na całe życie.

BUDOWANIE WIĘZI POPRZEZ ZABAWĘ

Podczas spaceru budujecie regularną, zorganizowaną więź ze szczeniakiem, zabawa za to niesie wiele różnorodnych możliwości zapewnienia mu nowych wyzwań oraz sprawia, że życie pupila staje się bogatsze, a więź między wami – głębsza. Szczenięta zaczynają bawić się praktycznie od momentu, gdy opanują umiejętność chodzenia, ale nawet ich pierwsze niezdarne próby zabawy przebiegają w ramach pewnych naturalnych zasad, granic i ograniczeń. Zabawy w dominowanie, jakie małe pieski odgrywają ze swoim rodzeństwem, są jednocześnie pierwszymi lekcjami społecznych ograniczeń i psiej etykiety. Bawienie się ze szczenięciem powinno być też częścią waszego programu budowania relacji z podopiecznym, ale pamiętajcie, by iść za przykładem Matki Natury i nie pozwolić, by zabawa równała się anarchii. Wielu właścicieli uważa, że „bawić się" oznacza pozwolić szczeniakowi się wyszaleć. Dla edukacji zwierzęcia i waszego zdrowia psychicznego lepiej jednak będzie, jeśli zamiast pozwalać psu na wszystko, zapewnicie mu ćwiczenia stymulujące zarówno jego umysł, jak i ciało. Pomyślcie tylko – wolimy wysłać nasze dzieci na treningi piłki nożnej, która ma określone zasady, regulacje i uczy dyscypliny, niż pozwolić na swobodną zabawę i nagromadzenie się naturalnej energii naszych pociech, co może doprowadzić je do niszczenia sprzętów w domu. Obie formy aktywności można nazwać „zabawą", tyle że jedna jest produktywna, a druga destruktywna.

Pies bawi się na dwa sposoby: jeden – jako pies, drugi – jako przedstawiciel danej rasy. Nauczenie się odróżniania od siebie tych sposobów jest kluczem do udanych zabaw z waszym pupilem i zapewnienia mu pozytywnego doświadczenia edukacyjnego, w przeciwieństwie do niekontrolowanych ekscesów, które mogą rozwijać w waszym szczenięciu pewne, zależne od rasy, niechciane cechy.

BAWIĆ SIĘ JAK PIES

Wszystkie psy uwielbiają biegać, wszystkie kochają gonić za różnymi obiektami (chociaż nie każda rasa instynktownie wie, jak się w odpowiednim momencie wycofać, każdego psa można tego nauczyć) i wszystkie umieją tropić za pomocą węchu. Jest taka jedna prosta zabawa, jaką stosuję wobec moich szczeniąt, gdy chcę obudzić drzemiącego w nich „psa", jednocześnie mając pod kontrolą cechy charakterystyczne dla danej rasy. Przywiązuję sznurek do długiego kija. Na końcu sznurka przymocowuję miękkie zwierzątko-maskotkę – moim ulubionym jest pluszowa kaczka. Następnie zaczynam wymachiwać sznurkiem przed oczami szczeniaka i obracając się dookoła, prowadzić sznurek po okręgu. Większość ludzi ma tendencję do gwałtownego poruszania kijkiem, co wprowadza szczenię w stan podniecenia. Ja natomiast manewruję kijkiem powoli, zatrzymując go co chwila i znów wprawiając w ruch. Stymuluję w ten sposób u szczenięcia zarówno instynkt zabawy, jak i łowiecki. Im szybciej zwierzę się porusza podczas zabawy, tym więcej zużywa energii. Im wolniej przebiega zabawa, tym więcej wymaga energii umysłowej i stanowi dla szczenięcia większe wyzwanie, gdyż uruchomienie instynktu łowieckiego wymaga silnej koncentracji. To świetna zabawa, podczas której możecie pozwolić szczeniakowi ciągnąć za sobą krótką smycz. W ten sposób smycz, kaczka i wy kontrolujecie zabawę, która nie przeradza się w nadmierne podekscytowanie ani chaos. Całe ćwiczenie jest wyzwaniem wymagającym koncentracji i pozwalającym na dojście do głosu naturze zwierzęcia oraz psa.

Bawiąc się w podobny sposób ze swoim szczeniakiem, wyzwalacie w nim naturę zwierzęcia-psa, możecie też zacząć dostrzegać cechy związane z konkretną rasą uwidaczniane przez uruchamianie instynktu zabawy oraz łowieckiego. Kiedy moje szczeniaki miały trzy, a potem cztery miesiące, zacząłem regularnie urządzać tę grę z Angelem – sznaucerem miniaturowym i Mr Presidentem – buldogiem angielskim. Jako psy oba bawiły się bardzo podobnie. Oba tropiły zabawkę i goniły ją – jak na psa przystało.

Jednak cechy ich rasy dały znać o sobie w momencie, gdy czworonogi złapały zabawkę. Angel zaprezentował idealną pozę psa wystawowego, a potem cały zapas swojej energii włożył we wskoczenie na kaczkę. Siłował się z nią przez chwilę, po czym delikatnie ją puścił i skierował swą uwagę gdzie indziej. Mr President był spokojniejszy niż Angel podczas fazy tropienia, ale kiedy już złapał kaczkę, szarpał ją dopóty, dopóki nie zainterweniowałem i nie odebrałem mu jej. W takim momencie muszę dopilnować, by bawił się jak każdy pies, nie jak typowy buldog. Jeśli zacznie zachowywać się jak buldog, będzie bawił się bez żadnych ograniczeń. Z pewnością spróbuje „zabić" zdobycz. O wiele trudniej będzie mu ją odebrać, gdy przede wszystkim dojdzie do głosu zachowanie typowe dla jego silnej rasy. Jeżeli Mr President – nawet jako czteromiesięczne szczenię – całkowicie wszedłby w „buldoży" stan, nawet jedzenie nie byłoby w stanie rozproszyć jego uwagi na tyle, by zaniechał rozerwania zabawki na strzępy. Jeśli zaś zabawa szczeniaka rozgrywać się będzie na poziomie zwierzęcia-psa, zawsze możecie oderwać psa od niej, odwołując się do jego nosa.

NOS DO ZABAWY

Wszystkie psy od urodzenia poznają świat najpierw za pomocą nosa, potem oczu, a na końcu uszu. Zapewnianie wyzwań dla nosa waszego szczeniaka jest wspaniałym sposobem na wyzwolenie jego natury zwierzęcia-psa – nawet jeśli mamy do czynienia z psem o krótkim pysku, takim jak buldog czy mops. Z powodu kształtu pyska rasy te nie są tak wyczulone na otaczające je zapachy jak pozostałe, więc często mogą uzależnić swe interakcje ze światem przede wszystkim od wzroku. To z kolei może powodować problemy. Społecznie zachowanie takich psów może być postrzegane przez inne osobniki jako „wyzywające". Może to prowadzić do problemów behawioralnych, jeśli dany pies jest sfrustrowany. Na przykład buldogi mają obsesję na punkcie szybko poruszających się przedmiotów, jak choćby deskorolki czy rowery.

Wychowując Mr Presidenta, by zachowywał się bardziej jak pies niż buldog, obrałem za cel zachęcenie go, by zawsze w pierwszej kolejności używał swego nosa. Chciałem to osiągnąć poprzez zabawę w chowanie jego jedzenia. Wykorzystując barierki, pudełka i różnego rodzaju kontenery, skonstruowałem w garażu tor przeszkód. Następnie kilka miejsc na tym torze nasmarowałem karmą, by wydzielały jej zapach. Pożywienie ukryłem w miejscu, które uznałem za najtrudniejszą do znalezienia kryjówkę. Mr President ma nieposkromiony apetyt, więc taka zabawa jest wspaniałym sposobem zachęcenia go do polegania na swoim nosie bardziej niż na oczach. Takie ćwiczenie wykonuję ze wszystkimi moimi szczeniętami – w przypadku Angela jest to również metoda na wydobycie z niego natury sznaucera – ale dla Mr Presidenta oznacza to długą drogę do uwolnienia się od nierzadko destruktywnych wpływów genów jego rasy.

TOR PRZESZKÓD

Tor przeszkód jest kolejnym świetnym sposobem odwołania się do natury zwierzęcej oraz psiej waszego szczeniaka. Nie musicie wydawać fortuny na drogie sprzęty i zabawki – użyjcie wyobraźni. Puste pudełko, stara opona, stołek dziecięcy – możecie użyć wszystkiego, by stymulować swego psa intelektualnie i ćwiczyć jego zwinność. Zacznijcie od zastosowania zapachu karmy jako przynęty – na koniec treningu jedzenie powinno stanowić nagrodę po pomyślnym pokonaniu przeszkód.

Chris Komives, wiedząc, że adoptował teriera o wysokim poziomie energii i umyśle wymagającym ciągłych wyzwań, zbudował własny tor przeszkód dla swojej suczki rasy wheaten terrier – Elizy. „Eliza ma silny pociąg do zabawy. Przygotowałem dla niej na naszym podwórku skocznie, tunele oraz inne stymulujące przeszkody. Ma piłki, frisbee, zabawki na sznurku i inne; są one jej nagrodami za pokonanie toru przeszkód. Wieczorem po powrocie ze spaceru, ale jeszcze przed kolacją ćwiczę z nią przez jakieś 10–15 minut. W weekendy lub dni wolne pracuję popołudniami nad jej sprawnością fizyczną, ale znów ograniczam treningi do 10–15 minut". Chris zwraca uwagę na kolejną kwestię, o której właściciele psów powinni pamiętać, przygotowując stymulujące umysłowo zabawy lub sesje treningowe dla swoich szczeniąt: „Eliza ma z natury tendencję do popadania w obsesję i myślę, że nieraz miała dość treningu, zanim ja się zmęczyłem. Musiałem uważać, żeby jej nie przeciążać". W przypadku szczeniąt zawsze najlepiej jest bawić się krótko i wesoło – przypomnijcie sobie stare motto show-biznesu: „Sprawcie, by publiczność chciała więcej".

KSZTAŁCENIE CECH TYPOWYCH DLA DANEJ RASY

Kiedy natura zwierzęcia oraz psa w waszym szczenięciu zostanie wykształcona poprzez spacery i określone rodzaje zorganizowanej zabawy, możecie przedstawić swemu pupilowi szeroki zakres aktywności przeznaczonych dla jego konkretnej rasy. Zaspokajanie potrzeb każdej strony psiej natury: zwierzęcia, psa, wreszcie rasy, doprowadzi do otwarcia całkiem nowego kanału komunikacji między wami a waszym szczenięciem – głębszej więzi i bardziej osobistej relacji.

Blizzard – pies aportujący

Labradory retrievery to psy myśliwskie – rasa stworzona przez ludzi, by odnajdywały lub przynosiły drobną zwierzynę zabitą podczas polowania. Labradory mają „miękkie pyski", co oznacza, że potrafią delikatnie nieść swoją zdobycz w zębach tak, by jej nie uszkodzić ani nie okaleczyć. Dzięki tej cesze są też idealnymi towarzyszami zabawy dla dzieci, ale należy pamiętać, że właściciele muszą pielęgnować miękki pysk labradora już w okresie szczenięcym. „Blizzard lubi bawić się w podgryzanie z Christianem – poinformował mnie Terry. – Sabrina sięgnęłaby do jego szyi i uszczypnęłaby go, ale z Christianem pies wie, że może sobie pozwolić na więcej". Moim kolejnym zadaniem jest pomóc tej rodzinie nauczyć Christiana, jak być silniejszym przywódcą dla Blizzarda, gdy ten zaczyna zbyt ochoczo używać zębów.

Jeśli chodzi o aportowanie, wszystkie potrzebne cechy zapisane są w genach labradorów. Jednak to, co wrodzone, nie zawsze przychodzi w sposób naturalny – jak przekonał się John Grogan. Opowiada o tym w książce *Marley i ja*:

> Był mistrzem w pogoni za łupem. Nie całkiem natomiast pojął tę część zadania, która polega na oddaniu zdobyczy. Na ogół prezentował postawę: Jeśli naprawdę tak strasznie chcesz mieć ten patyk z powrotem, sam sobie wskocz po niego do wody. (...) ...złożył patyk u moich stóp. (...) Schyliłem się, żeby podnieść patyk, ale Marley tylko na to czekał. Zanurkował, porwał go i pognał przez plażę w szalonych ósemkach. Zawrócił, niemal na mnie wpadł, zachęcając, żebym ruszył za nim w pościg. Zrobiłem kilka wypadów, ale było jasne, że ma nade mną przewagę szybkości i zwinności.
> – Miałeś być labradorem aportującym – zawołałem – a nie uciekającym!

John próbował rozwiązać ten problem, kusząc Marleya następnym patykiem, w myśl teorii mówiącej, że pies zwykle bardziej pragnie tego, co ma inny pies (lub człowiek), niż tego co on sam ma teraz w pysku. Po wyczerpującym dniu prób i błędów John i jego krnąbrny labrador poczynili jednak pewne postępy, ale jego opis wydarzeń zwraca uwagę na dwie kwestie: po pierwsze, Marley nie szanował Johna; po drugie, John pod żadnym względem nie był przywódcą stada. Marley traktował go jak rodzeństwo – drażnił się z nim i przymilał do niego – ale członek stada nie bawi się z przywódcą w zabawę „wara od patyka". Owszem, Marley ufał Johnowi i była między nimi więź, ale John nie wzbudzał szacunku psa na tyle, by móc wychować szybko rosnącego szczeniaka na takiego labradora, jaki drzemał w genach.

Mam dobrą wiadomość dla wszystkich przyszłych właścicieli psów takich jak Marley: istnieje prostszy, bardziej bezpośredni sposób na wykształcenie u labradora lub jakiejkolwiek innej rasy umiejętności aportowania niż frustrująca zabawa w „moje jest lepsze niż twoje". Wszystko sprowadza się do idei bycia przywódcą stada oraz kontrolowania zabawy poprzez waszą więź ze szczeniakiem. Gdy tylko Blizzard przyjechał ze mną do domu, zabrałem go na wzgórza przy Centrum Psychologii Psa w Santa Clarita i zacząłem odwoływać się do jego genów psa aportującego. Kluczem – sekretnym czynnikiem pominiętym przez Johna Grogana – jest kontakt wzrokowy. Biorę piłkę, zwracając tym samym uwagę Blizzarda, ponieważ gdy dany obiekt jest w ruchu, szczeniakowi wydaje się on „żywy". Następnie trzymam ją i czekam, aż pies usiądzie, przyjmie postawę aktywnie posłuszną i spojrzy mi w oczy, czekając na mój sygnał. Dopiero kiedy jest całkowicie zaangażowany, patrzy na mnie i czeka, rzucam piłkę. Nie należy rzucać jej, gdy zwierzak jest zbyt podniecony ani gdy fiksuje na punkcie samej piłki. Rzucając mu ją w tym momencie, możemy zasiać ziarno obsesji. Blizzard ma bawić się ze mną, nie z piłką. Nie kontynuuję zabawy, jeśli nie odnosi mi piłki, ale kiedy po nawiązaniu ze mną kontaktu wzrokowego uświadamia sobie, że jest to zabawa według moich zasad, naturalnie pragnie przynosić mi piłkę z powrotem i bawić się dalej. Ta gra – jak każda z moich zabaw z psami – ma wyraźny początek, o którym to ja decyduję, oraz wyraźny koniec, również zależny ode mnie. Komunikuję zwierzęciu koniec zabawy poprzez odczekanie, aż przestanie podskakiwać dookoła w podnieceniu i usiądzie, uspokoi się, czekając na kolejny mój rzut. To ćwiczenie jest połączeniem komunikacji, kształtowania więzi i warunkowania w celu zaspokojenia wszystkich potrzeb wynikających z natury naszego psa. Piękne jest to, że takie zachowanie jest już wpisane w DNA retrievera. Mój szczeniak po prostu potrzebuje, bym wydobył z niego te cechy.

Nie musicie mieć labradora czy psa innej sportowej rasy, by z powodzeniem wypróbować tę zabawę ze swoim szczenięciem. Osobnik każdej rasy jest w stanie opanować to ćwiczenie odwołujące się do jego psiej natury, pod warunkiem, że zadbamy o przywództwo, kontakt wzrokowy i odpowiednią liczbę powtórzeń. Wychowałem Juniora na znakomitego retrievera, czyli psa aportującego – cóż to była dla mnie za radość widzieć, jak jego muskularne ciało podąża za piłką, jak źdźbła trawy i kurz unoszą się w powietrzu, gdy pędzi na tle brązowych wzgórz Kalifornii. Pitbulle nie mają aportowania zapisanego w genach, ale Junior zawsze przynosi mi piłkę z powrotem. Aportowanie stało się dla niego uprzejmą formą okazywania szacunku wobec „przełożonych" – nieproszony przynosi zabawki Daddy'emu, mnie oraz innym ludziom, którym chce zrobić przyjemność. Angel, sznaucer, także świetnie aportuje. Stosując metodę kontaktu wzrokowego, niezawodnie goni za piłką, a potem ją przynosi. Nawet Mr President za pomocą dyscypliny, licznych powtórzeń i przykładu innych członków swego stada nauczył się aportować. Dla urodzonych retrieverów nagrodę stanowi poprawne wykonanie zadania. Inne rasy mogą potrzebować nagród, pochwał, pieszczot lub smakołyków. Bez względu na to, jakiej rasy jest wasz pies – nie zaniedbujcie tej prostej zabawy w przynoszenie piłki, gdyż pomaga ona zbudować i wzmocnić waszą więź ze szczenięciem.

> **BEHAWIORALNE NAGRODY ORAZ CZYNNIKI ZACHĘCAJĄCE:**
>
> - Pochwały, akceptacja, uśmiech, śmiech;
> - Głaskanie, masaż oraz inne formy fizycznego okazywania uczuć;
> - Ulubiona zabawka lub gra;
> - Psie przysmaki lub specjalne dania;
> - Koniec korekcji (np. poluzowanie smyczy);
> - Radość z samej zabawy, czynności;
> - Milczące uznanie przywódcy stada.

Blizzard – pies wodny

Jeżeli macie dostęp do basenu lub mieszkacie blisko jakiegoś zbiornika wodnego, dysponujecie wspaniałym terenem do rzucania wyzwań swemu szczeniakowi, pożytkowania jego energii i zapewnienia mu aktywności fizycznej, której tak potrzebuje. Labradory, pudle, nowofundlandy, psy rasy Chesapeake Bay retriever, wyżły niemieckie krótkowłose, spaniele bretońskie i portugalskie psy wodne, takie jak Bo – pies rodziny Obamów – wszystkie są psami myśliwskimi i aportującymi, które kontakt z wodą mają zapisany w genach, ale właściwie każdy pies przywyknie do wody, jeśli go trochę zachęcimy. Pływanie jest formą aktywności, którą polecam także, by wzmocnić układ odpornościowy szczenięcia w pierwszych pięciu miesiącach jego życia. W chlorowanej wodzie psiak nie ma szans zarazić się parwowirusem. Pływanie jest wspaniałym sposobem na budowanie więzi ze zwierzęciem oraz zapewnienie mu możliwości ruchu. Pamiętajcie jednak, by przez cały czas pilnować malucha i ogrodzić wasz basen, żeby zapobiec potencjalnym, zagrażającym życiu wypadkom.

Jak pies uczy się pływać? Oczywiście, stylem na pieska! Wejdźcie do wody przed szczeniakiem i pozwólcie mu popatrzeć, jak sami dobrze bawicie się w wodzie. Jego ciekawość uruchomi się sama...

może właściwie sam za wami wejść, bez dodatkowej zachęty. Jeżeli tak się nie stanie, wprowadźcie go do wody na smyczy lub weźcie ze sobą do wody psi przysmak i pozwólcie, by pies przyszedł do was wiedziony jego zapachem. Kiedy zwierzę znajdzie się w wodzie, może się przestraszyć, ale wam nie wolno panikować. Zamiast tego, mocno przytrzymajcie jego ciało, pozwalając, by łapy psa weszły w naturalny rytm wiosłowania. Poprzesuwajcie psa w wodzie przez chwilę, by przyzwyczaił się do bycia w niej. Kiedy poczujecie, że już się nie boi, można zabrać go kilka metrów dalej w stronę środka basenu i pozwolić mu samodzielnie przypłynąć do brzegu.

„Ale Blizzard boi się wody! Nie zechce chodzić na basen" – poskarżył mi się Christian krótko po tym, jak jego rodzina zabrała szczeniaka do siebie, gdy ten miał jakieś cztery miesiące. Chłopiec martwił się, co było zrozumiałe. W końcu jedną z zalet labradorów jest to, że psy tej rasy od początku świetnie pływały i aportowały w wodzie. Chociaż Christian i jego siostra Sabrina byli przywiązani do Molly – swego starszego, uratowanego jamnika, którego ich rodzina również adoptowała ode mnie – bardzo chcieli mieć żywiołowego, skorego do zabawy psa, który pluskałby się z nimi w basenie za domem. Zapewniłem Christiana, że niewielki brak pewności Blizzarda w wodzie nie świadczy o tym, że mają „wadliwego" labradora. Tak jak widać było u Marleya podczas jego pierwszych, niezdarnych prób aportowania – skłonność Blizzarda do przebywania w wodzie leży w jego genach, jest wrodzona. Psy potrzebują tylko przewodnictwa, by uaktywnić naturalne predyspozycje.

Postanowiłem zacząć przyzwyczajać Blizzarda do mojego własnego basenu na tyłach domu, gdy szczeniak miał mniej więcej pięć miesięcy. Kręciliśmy wtedy odcinek *Zaklinacza Psów*, w którym pracowałem w wodzie z mieszańcem labradora i mastifa imieniem Joe. Wszystkie nasze psy zamieniłem w psy wodne. Tego dnia Junior, Angel, Mr President, Jack Russel terier imieniem Jack, buldog francuski Hardy i przebywający u nas gościnnie buldog Chuckie – wszystkie przyłączyły się do zabawy. Pitbull, dwa teriery i trzy buldogi pływały ze mną w basenie, zupełnie jakby urodziły się w wodzie. Jeden pies wciąż stał jednak na brzegu, trzymając się z daleka od wody. Głowę trzymał nisko i emanował nerwową energią – był to jedyny pies wodny z całej gromadki – Blizzard.

Wziąłem Blizzarda na nylonową smycz, by mieć nad nim nieco więcej kontroli i zacząłem prowadzić go, na początku kusząc jedzeniem. Kiedy dotarliśmy do basenu, w którym pluskała się i bawiła reszta stada, przestał współpracować. Z doświadczenia wiedziałem, że dawanie jedzenia szczeniakowi, który nie spełnia poleceń, skutkuje odmową współpracy z jego strony, a każda odmowa osłabia zaufanie między mną a nim – pies uważa wtedy, że to ja nie rozumiem jego.

Porzuciwszy strategię z jedzeniem, sam powoli wszedłem do wody i kilka razy próbowałem nakłonić go, by podszedł trochę bliżej. Kiedy był już przy krawędzi, wziąłem go na ręce. Czułem, jak jego ciało drętwieje, więc nie wrzucałem go od razu do wody. Potrzymałem go przez jakieś 30 sekund, aż poczułem, że uspokaja się, a potem zastosowałem strategię „partnerstwa" – postawiłem tylne łapy Blizzarda na schodkach do basenu, gdzie woda była płytka. Pozwoliłem mu przez chwilę opierać się o mnie przednimi łapami, a gdy przyzwyczajał się do wody, delikatnie go puściłem. Nie wiedział, co zrobić z przednimi łapami, więc w końcu usiadł na stopniach schodzących do basenu. Był zdziwiony faktem, że znajduje się w wodzie, ale z jego mowy ciała odczytałem, że nie jest tak źle. Najwyraźniej to nie sama woda go tak przerażała – po prostu przejście z suchego lądu do wody wywoływało w nim niepokój.

Siedziałem z Blizzardem w milczeniu przez trzy minuty, by przywykł do nowej sytuacji, a potem wszedłem dalej, do nieco głębszej wody, ciągnąc lekko za smycz. Gdy jego ciało posunęło się naprzód, przytrzymałem go od spodu tak, by mógł ruszać wszystkimi czterema łapami. Dałem mu chwilę na zorientowanie się, jak poruszać łapami, by płynąć do przodu. Następnie powoli go puściłem. Blizzard nie opierał się już o moje ręce, ale sam płynął w stronę krawędzi basenu. Wyprowadziłem go z wody, pozwoliłem mu odpocząć, po czym wróciłem do wody i zachęciłem go do podpłynięcia do mnie. Powtórzy-

Blizzard odkrywający uroki basenu

liśmy tę procedurę kilkakrotnie i za każdym razem labrador czuł się coraz lepiej w wodzie, a jego ruchy były coraz pewniejsze.

Następnie ćwiczyłem wprowadzanie go z suchego brzegu bezpośrednio do wody. Udało mu się wykonać zadanie bez wahania, jak to miało miejsce na początku. Świetnie się spisał, więc do ćwiczenia włączyłem zabawkę do aportowania. Blizzard instynktownie wiedział, co robić: podpływał do mnie z powrotem z zabawką w pysku. Po tym poznałem, że jego geny zaczynają brać górę nad wcześniejszym strachem przed nieznanym. Następnie rzuciłem zabawkę daleko na środek basenu, Blizzard zaś popłynął po nią podekscytowany. Licznymi pochwałami zachęciłem go do aportowania. Pod koniec sesji sam już wchodził do wody i wychodził z niej, aportując zabawkę. Powtarzaliśmy to ćwiczenie ponad 10 razy i po upływie prawie 30 minut Blizzard przeszedł przemianę z bojącego się wody labradora w psa wodnego, zgodnie z wrodzonymi predyspozycjami.

Nos sznaucera

Jako dobry przywódca stada, chcę pielęgnować i doskonalić szczególne umiejętności jego członków, poczynając od okresu szczenięcego. Nazwa sznaucerów miniaturowych pochodzi od niemieckiego słowa *Schnauze*, oznaczającego „pysk". Rasa ta została wyhodowana w celu polowania na szczury oraz inne szkodniki lęgnące się w stodołach; dość powiedzieć, że psy te mają świetnie rozwinięty węch. Kiedy Angel miał zaledwie dwa-trzy miesiące, zacząłem przeprowadzać z nim w garażu ćwiczenia doskonalące węch, korzystając z technik podobnych do tych, jakie stosowałem do stymulowania nosa Mr Presidenta, ale nieco bardziej złożonych. Chowałem jego jedzenie wewnątrz różnych obiektów, na przykład kartonowych pudełek, i czekałem, aż znajdzie pożywienie oraz sposób na wydobycie go z ukrycia. Budowanie więzi i komunikacja ze mną były częścią ćwiczenia: gdy Angel znalazł kryjówkę, szukał mnie, by pokazać, że mu się udało i bym mu pomógł. Chcę uaktywnić tę część jego genów, która odpowiada za powiadamianie mnie, przywódcy stada, za każdym razem, gdy znajdzie poszukiwany przez siebie obiekt (w przeciwieństwie do niego Mr President po prostu dorwałby się do zdobyczy). W tym przypadku nic nie mówię – milczenie jest moją formą polecenia; tym samym daję znać Angelowi, że chcę, by sam rozwiązał problem. Kiedy w końcu udaje mu się rozgryźć, jak dostać się do jedzenia, jest ono jego nagrodą, ale nagradzam go też dodatkowo od siebie.

Gdy Angel miał cztery miesiące, zacząłem przyzwyczajać go do trudniejszych wyzwań – wywęszenia i rozpoznania obiektów, które nie pachniały jedzeniem. Wpadłem na pomysł takiego ćwiczenia po obejrzeniu programu dokumentalnego o psach tresowanych do wykrywania raka za pomocą węchu. Postanowiłem wykorzystać nawyk Angela do znajdowania niedopałków papierosów w parku i innych miejscach, do których go zabierałem. Chciałem iść za ciosem i wykorzystać umiejętność, jaką już posiadał, by nauczyć go rozpoznawać konkretne zapachy i informować mnie o tym.

Angel i słoiczki po gotowych daniach dla niemowląt

Umyłem sześć słoiczków po daniach dla niemowląt, ustawiłem je do góry dnem w rzędzie tak, by były oddalone od siebie o mniej więcej pięć centymetrów. Pod jednym z nich umieściłem niedopałek papierosa. Następnie przyprowadziłem Angela i się zatrzymałem. Po chwili zobaczyłem, że poruszał pyskiem, węsząc i wyciągając szyję w kierunku słoiczków. Za pierwszym razem okazało się, że sześć słoiczków to za dużo – pies był przytłoczony i rozkojarzony, więc zmniejszyłem ich liczbę do czterech. Obserwowałem, jak Angel obwąchuje wszystkie po kolei, po czym zatrzymuje się przy tym z niedopałkiem i trąca go nosem. Powtórzyliśmy ćwiczenie trzy razy, aż Angel spojrzał na mnie po odnalezieniu niedopałka, jakby chciał zapytać: „Co dostanę za znalezienie go?". Nagrodziłem szczeniaka dłuższą chwilą pieszczot. Zrozumiał moje przesłanie i pewnie pomyślał: Hej, znalezienie tej rzeczy zajęło mi tylko chwilę, a tu tyle czułości w nagrodę! Zaraz po pieszczotach wrócił do słoiczków, trącił ten z ukrytym niedopałkiem papierosa i znów na mnie spojrzał.

W przypadku każdego czteromiesięcznego szczenięcia ćwiczenie tego typu wykonywane przez ponad 10 minut wydłuży okres koncentracji uwagi. Jeśli będę kontynuował z Angelem podobne wyzwania, kto wie, może pewnego dnia pies zostanie wynajęty przez władze miasta Los Angeles do sprzątania niedopałków papierosów z plaży w Malibu! Ćwicząc węch Angela, odwołuję się jednocześnie do jego psiej natury oraz doskonalę jego cechy typowe dla terierów.

ZWALCZANIE CECH TYPOWYCH DLA DANEJ RASY

Niekiedy chcemy uzyskać efekt odwrotny do pielęgnowania cech typowych dla danej rasy. W przypadku niektórych ras, takich jak buldogi, rottweilery, pitbulle oraz inne silne rasy, nie chcemy wzmacniać cech, dla uzyskania których zmodyfikowano te zwierzęta genetycznie. Na przykład z pewnością nie chcecie, by wasz słodki szczeniaczek rzucał się na niedźwiedzie, byki lub walczył z innymi psami na śmierć i życie, jednak musicie być świadomi jego potrzeb wynikających z przynależności do danej rasy i znaleźć kreatywne sposoby na zaspokajanie ich.

Junior jest pitbullem, ale jego energia została skanalizowana w kierunku różnych produktywnych form aktywności – typowo „psich", takich jak bieganie, aportowanie, pływanie (uwielbia pływać bardziej niż jakikolwiek znany mi pies wodny!). Teraz, podobnie jak Daddy, lubi pomagać mi przy rehabilitacji niezrównoważonych psów za pomocą swej spokojnie asertywnej energii. Zacząłem kształtować tego ciemnoszarego pitbulla, gdy był jeszcze szczeniakiem. Przywoziłem go na zdjęcia do *Zaklinacza Psów*, gdy miał trzy, a potem cztery miesiące, by pokazać mu, że nie reagujemy na psy agresywne, niespokojne czy nadmiernie pobudzone, co dla Juniora – oraz każdego innego psa – jest bardzo trudne i nienaturalne: psy, kiedy spotkają na swej drodze niezrównoważonego osobnika, mają skłonność do fizycznego korygowania jego zachowania, a jeśli to nie pomoże – atakują go. Ignorowanie takich osobników wymaga od Juniora wiele energii psychicznej i koncentracji, ale jeśli mu się to udaje, czuję się spełniony.

KOMUNIKACJA
Uczenie komendy „zostaw"

Jedną z waszych najważniejszych ról jako przywódcy stada jest ustanowienie granic i zakomunikowanie ich szczeniakowi. Dla mnie komunikacja to przede wszystkim zamiar, potem energia, następnie mowa ciała i na końcu dźwięk. Martin Deeley podziela moje zdanie: „W życiu psa najważniejszym zadaniem jest nauczyć się ograniczeń i granic oraz rozróżniania, co jest akceptowalne, a co nie. Bez znajomości ustnych poleceń pies może nie zawsze będzie wiedział, czego dokładnie od niego oczekujecie, ale szybko nauczy się rozumieć wasze czynności i mowę ciała, jeśli będziecie postępować konsekwentnie i jeżeli zorientuje się, że jest przez właściciela nagradzany za zachowanie akceptowalne".

Odkąd Mr President w wieku dwóch miesięcy przybył do naszego domu, spoglądał zazdrośnie na Juniora i Blizzarda, kiedy bawiły się swoimi pluszowymi i ciąganymi na sznurkach zabawkami. O wiele bardziej niż jego „brata" – Angela – natura buldoga ciągnęła Mr Presidenta do zaciekłych, opartych na rywalizacji zabaw. Kiedy Mr President miał cztery miesiące, pozwoliłem mu dołączać do bawiących się „dużych piesków", abym mógł zaobserwować i ukierunkować jego reakcje. Wybrałem zabawkę, pluszową wiewiórkę o waniliowym zapachu, i rzuciłem ją psom tak, by to Mr President pierwszy ją złapał. Nawet w wieku czterech miesięcy włączyła się w nim bojowa natura buldoga. Poderwał się, skulił niczym rozgrywający szykujący się do wykopu i z impetem rzucił się na zabawkę. Potem zaczął przechadzać się dookoła ze zdobyczą w pysku, zerkając na starsze psy, które za nim podążały i – w gruncie rzeczy – prowokując je.

Dla wielu właścicieli taki malutki buldog próbujący grać twardziela przed wielkim pitbullem i wysokim labradorem mógłby wyglądać bardzo słodko, a nawet być może stać się gwiazdą domowego wideo. Istnieje jednak niebezpieczeństwo, że jeżeli pozwolicie, by taki typ zachowania dominował za bardzo lub za często, będziecie tym samym kształcić najgorszą stronę natury buldogów – upór, który niejednokrotnie jest powodem wzywania mnie do rehabilitacji psów. To dlatego ważne jest, by wcześnie zacząć stawiać granice i sprawować nadzór, co zaprogramuje wasze szczenię tak, by zachowało umiar w zabawie i by nie wymykała się ona spod kontroli. Jeżeli usłyszycie niskie warczenie lub zobaczycie, że pies dominuje nad zabawką całym swoim ciałem czy też szarpie ją, jakby chciał „zabić", czas na waszą interwencję.

Kiedy Mr President wprowadzał się w taki stan, podchodziłem powoli i kucałem obok niego. Zazwyczaj kładł wtedy podbródek na zabawce i intensywnie się we mnie wpatrywał. Rzucał mi wyzwanie, jak nakazywała mu jego natura buldoga. Gdybym miał ze sobą jedzenie, zawsze mógłbym zainteresować nim jego nos, przekierować jego uwagę i odsunąć go tym samym od zabawki, ale tak naprawdę chciałem móc powiedzieć mu – za pomocą mojej asertywnej energii i skupionego, stanowczego kontaktu wzrokowego – że to czas, by natychmiast oddał mi zabawkę. W taki sposób pies o wyższym statusie zdobywa pożądany przedmiot od innego psa w stadzie – nie przekupuje go jedzeniem, a już na pewno nie krzyczy: „Zostaw to, zostaw to, zostaw!", jak rozwścieczony właściciel. Pies po prostu „żąda" danej rzeczy za pomocą spojrzenia i energii.

Taka sytuacja miała miejsce, gdy bawiłem się z Mr Presidentem, Blizzardem i Juniorem w garażu. Nasz gość z programu, pitbull Memphis, który wcześniej był agresywny w stosunku do innych psów, włączył się do zabawy w jej trakcie i tak właśnie zrobił – zakomunikował młodszym kolegom, by zostawili zabawkę, bo on miał ochotę się nią pobawić. Przekazał im wiadomość poprzez spojrzenie, mowę ciała i energię, a kiedy podszedł do nich, szczeniaki bez wahania oddały mu zabawkę. Wiem, że niektórzy ludzie nie lubią używać słowa

„dominacja" do opisywania tego typu zachowania, gdyż wyrazy „dominacja" i „posłuszeństwo" wciąż budzą w nich negatywne skojarzenia. Nazwijcie to jak chcecie. Chodzi o to, że opisana strategia stosowana jest powszechnie przez wszystkie gatunki zwierząt żyjących w społecznościach w przyrodzie po to, aby większość konfliktów była zażegnywana bez walk lub przelewu krwi. Istnieje naturalna hierarchia i osobniki o silniejszej energii na drodze milczących negocjacji są w stanie ustanowić zasady, granice i ograniczenia dla tych o niższym poziomie energii. Jeśli inny pies nie zgadza się z tymi zasadami lub ich nie przestrzega, silniejszy po prostu wymusza stosowanie się do nich – najpierw poprzez korektę, a w ostateczności walcząc ze słabszym. W stadzie zrównoważonych psów zdarza się to bardzo rzadko.

Ucząc Mr Presidenta oddawania mi zabawek, chcę, by poddał się dokładnie w taki sposób, w jaki Junior i Blizzard okazali posłuszeństwo wobec Memphisa – by zostawił zabawkę i oddalił się od niej. Mógłbym spróbować wyrwać mu zabawkę; mógłbym odwrócić jego uwagę jedzeniem i ukradkiem zabrać ją w momencie, gdy nie patrzyłby, ale to zniweczyłoby mój plan użycia zabawy jako sposobu zbudowania więzi oraz komunikowania się z moim szczeniakiem. Nie chcę go oszukiwać ani drażnić; zawsze powinien wiedzieć, że komunikuję się z nim jasno i wyraźnie, tak, jak robiłby to inny pies. Dlatego też w trakcie tych ćwiczeń spokojnie czekałem... minutę lub dwie... aż zdał sobie sprawę, że absolutnie nie mam zamiaru zrezygnować. Wtedy sam oddawał mi zabawkę i się oddalał.

Niektórzy ludzie dodaliby do takiego ćwiczenia jakąś komendę, na przykład „zostaw", „daj" lub też dźwięk „tssst", którego ja używam. Chcemy po prostu oznajmić: „Nie zgadzam się na to, co właśnie robisz". Zapamiętajcie jednak, że nie należy powtarzać w kółko tej komendy, kiedy szczenię wciąż próbuje zrozumieć, czego od niego oczekujemy – może skojarzyć sobie te dźwięki z przyzwoleniem na zatrzymanie zabawki. Zamiast tego, wypowiedzcie komendę tylko w momencie, gdy szczeniak puści zabawkę, a następnie nagrodźcie go pochwałą, pieszczotami lub smakołykiem. Pies może wystawiać waszą stanowczość na próbę, ale jeżeli będziecie regularnie wykonywać to ćwiczenie, w końcu zrozumie, że to wy sprawujecie kontrolę nad wszystkimi rzeczami, jakie znajdują się w domu. Zabawki na podłodze niekoniecznie oznaczają, że pies może się nimi bawić. Takie wyznaczanie zasad jest jednocześnie sposobem na zapobieżenie wychowaniu psa chwytającego i niszczącego przedmioty, których nie wolno mu tknąć. Jeśli Mr President okazuje tyle determinacji na tak wczesnym etapie rozwoju, wyobraźcie sobie tylko, jak to się nasili, gdy osiągnie wiek dojrzewania i zacznie naginać ustanowione przez człowieka granice! Z buldogami i innymi silnymi rasami powinniście wcześnie rozpocząć i regularnie stosować takie oraz inne ćwiczenia wzmacniające waszą rolę jako właściciela. Musicie też uzbroić się w cierpliwość. Moja stanowczość wobec humorów psa teraz, gdy jest jeszcze szczenięciem, pozwoli mi uniknąć walki o władzę, gdy zwierzę dorośnie i będzie w stanie wyrządzić znacznie poważniejsze szkody. Właśnie w taki sposób wychowałem Daddy'ego i Juniora na uprzejme, pełne szacunku psy, które przypadkiem są pitbullami.

Wydawanie polecenia „zostaw" bez używania słów: idea posiadania własnej przestrzeni

1. Wyznaczanie własnej przestrzeni oznacza „objęcie w posiadanie" tego, co chcecie kontrolować, przy użyciu ciała, umysłu i energii. Powinniście stworzyć niewidzialny krąg wokół własnej osoby oraz miejsc lub rzeczy, które do was przynależą – ma to być przestrzeń, do której szczenię nie może wejść bez pozwolenia.
2. Kiedy chcecie wyznaczyć swoją przestrzeń, stanowczo ustalcie niewidoczną linię wokół miejsca lub obiektu, do którego wasze szczenię nie ma prawa się zbliżać. Powiedzcie: „to jest moja sofa" bądź też „to jest moja piłka". Będzie to wasza werbalna rozmowa z samym sobą oraz psychologiczna konwersacja za pomocą energii z waszym szczenięciem.
3. Nigdy nie odsuwajcie ręki ani żadnych przedmiotów od szczeniaka, nigdy też nie odciągajcie go od danego miejsca, osoby

lub obiektu. Kiedy odsuwacie coś od psa, zrozumie to jako zaproszenie do zabawy albo rywalizacji o tę rzecz. Takie zachowanie rozbudzi instynkt łowiecki szczeniaka i zwiększy poziom jego podekscytowania. Raczej podejdźcie do zwierzaka spokojnie, ale zdecydowanie, nawiążcie z nim kontakt wzrokowy i poczekajcie, aż psiak usiądzie lub się uspokoi.

4. By zmusić szczenię do oddania wam jakiegoś przedmiotu, musicie najpierw wyrazić to życzenie w swoim umyśle oraz za pomocą energii. Nie wahajcie się. Wyraźnie zaakcentujcie swoje intencje. Nie negocjujcie ze szczeniakiem, nie proście go o nic werbalnie ani w myślach. Nie powtarzajcie komendy „zostaw", gdyby zwierzę nie zrozumiało jej za pierwszym razem. Wcześniej czy później powinno bez większych problemów oddać wam rzecz, która zgodnie z jego wiedzą należy do was.

Zabawa w przeciąganie

Przeciąganie jest zabawą, którą uwielbiają wszystkie szczenięta, więc czy może być w niej coś szkodliwego? Osobiście nigdy nie bawię się w nią z moimi psami. Nieważne, czy mam do czynienia z chihuahuą czy mastiffem, nie chcę, by jakikolwiek pies próbował swoich sił w rywalizacji ze mną, chociaż wiem, że za każdym razem wygram te zawody. Jeżeli macie buldoga lub psa innej silnej rasy, zdecydowanie odradzam tę zabawę, nawet jeśli wasz szczeniak wygląda słodko, kiedy próbuje wyrwać wam z rąk waszą ulubioną skarpetkę. Psy uwielbiają takie zabawy, ale często wywołują one w zwierzętach instynkt drapieżnika doprowadzający do obsesyjnych zachowań, które trudno w przyszłości okiełznać. Możecie rzecz jasna z łatwością wygrać ze szczeniakiem zabawę w przeciąganie, ale zanim pies osiągnie wiek sześciu miesięcy, dotrze do niego, że może was kontrolować za każdym razem, gdy to on wygrywa. Takie przekonanie wywoła u szczenięcia dominujące i obsesyjne zachowania, co utrudni wychowanie spokojnie posłusznego psa, jakiego chcielibyście mieć.

Nie dopuśćcie nigdy do sytuacji, w której pies uważa, że „posiada" coś, co należy do was. W świecie waszego szczeniaka to wy wszystko posiadacie i możecie udzielić mu pozwolenia na bawienie się określonymi rzeczami. Jeśli wasz pies trzyma w zębach przedmiot, który chcecie mu zabrać, musi wiedzieć, że powinien oddać go w chwili, gdy o niego poprosicie. Takie prawo powinniście ustanowić już na wczesnym etapie rozwoju psa, by ten przestrzegał go przez całe życie.

W swoim naturalnym stadzie szczenięta jednak często bawią się w przeciąganie z rodzeństwem. Jeżeli macie więcej niż jednego psa, nadzorowane zabawy tego typu między szczeniętami zaspokoją ich potrzebę uprawiania tego sportu, ale nie utrwalą złych nawyków, które mogłyby dać o sobie znać w przyszłości. Psy kochają wyzwania, a rywalizacja zawsze stanowi wyzwanie. Każdy, kto spędził trochę czasu z grupą psów (lub wśród przedszkolaków), wie, że niezależnie od tego, ile zabawek jest na podłodze, wszystkie psy (lub dzieci) będą zainteresowane tą jedną, która jest w posiadaniu innego członka grupy.

Gdy Blizzard, labrador, miał pięć, sześć, a nawet siedem miesięcy, pozwoliłem mu bawić się pod moim nadzorem w przeciąganie z Juniorem – dla ich wspólnej korzyści. Blizzard skorzystał na zabawie w tym sensie, że mógł ciekawie spędzić czas, poczuć dreszczyk emocji towarzyszący rywalizacji, poćwiczyć swój umysł oraz refleks, poczuć w pysku „smak" zabawki na sznurku i nauczyć się „przegrywać z honorem" – jak to się mówi w świecie ludzi. Dla Juniora korzyścią było nauczenie się, w jaki sposób bawić się łagodnie jak labrador, nie zaś zawzięcie jak pitbull – chociaż półtoraroczny Junior już wtedy zachowywał się bardziej jak „pies" niż stereotypowy „pitbull". Junior zyskał też mądrość płynącą z uczenia zasad, granic i ograniczeń młodszego członka stada. Zawsze interweniuję podczas zabaw w przeciąganie między psami. Wszystkie wiedzą, że w momencie, gdy się pojawię, należy oddać mi zabawkę. W ten sposób zawsze mam możliwość zakończenia lub rozpoczęcia zabawy w ułamku sekundy, jeśli uznam to za konieczność.

WARUNKOWANIE
Trening i komendy

Kształtujemy u szczeniąt umiejętności budowania więzi i komunikowania się poprzez poprawne wyprowadzanie na spacery, ustanawianie granic i zabawę. W ten sposób kładziemy też solidne fundamenty pod coś, co nazywam warunkowaniem lub treningiem psa. W tej książce skupiam się bardziej na ogólnej psychologicznej równowadze szczeniaków, sposobach zapobiegania problemom w przyszłości oraz wpajaniu psom zasad, granic i ograniczeń. Nie uczę tego, co zrobić, by pies rozumiał takie słowa jak „chodź", „do nogi", „siad" czy „zostań". Wychowałem wszystkie moje psy za pomocą energii, mowy ciała, dotyku i bardzo prostych dźwięków – w takiej kolejności. Jedną z zalet stosowanej przeze mnie filozofii „im mniej dźwięków, tym lepiej" jest to, że automatycznie ogranicza ona nadmierne podekscytowanie psa. Wielu ludzi myli „podniecenie" psa z jego „szczęściem", ale prawda jest taka, że jeżeli szczenię jest hiperaktywne i zbyt pobudzone, znacznie trudniej mu będzie przyswoić wszystko, czego będziecie próbowali je nauczyć. Dlatego też zbyt emocjonalna pochwała trenera: „Dobry piesek, jaki dobry piesek!" może być mniej skuteczna niż aprobata i wzmocnienie uczucia szczęścia bez użycia słów. Kolejną zaletą zachowania ciszy jest fakt, że komunikuję się z moimi psami w sposób o wiele bardziej zbliżony do tego, w jaki porozumiewają się one między sobą. Zawsze jestem w stanie rozpoznać wysyłane przez nie subtelne sygnały i reaguję, mówiąc im językiem ciała i energii: „rozumiem" i „wyrażam zgodę" lub „nie zgadzam się". Kiedy uczłowieczamy nasze psy, często nie zauważamy ważnych sygnałów, jakie zwierzęta wysyłają nam w każdej minucie, dzień po dniu. Przez cały czas próbują się z nami komunikować, ale aż nazbyt często po prostu ich nie słuchamy. Gdy pies czuje, że go nie słuchamy, nie będzie też słuchał nas. Zauważając wszystkie drobne, pozornie nieistotne gesty skierowane w naszą stronę i reagując na nie, otwieramy drzwi nieskończonych możliwości – możliwości nawiązania naprawdę osobistej relacji z naszym psem.

Niektórym ludziom wystarcza, by ich szczenię reagowało na kilka poleceń, a przynajmniej na pewne określone dźwięki. W końcu nasz pies nie zawsze na nas patrzy. W miarę rozwoju może znajdować się coraz dalej od nas, na drugim końcu podwórka lub parku dla psów. Nie może wyczuć naszej energii ani odczytać mowy ciała, gdy nie ma nas w pobliżu, musimy więc użyć dźwięków, by zakomunikować zwierzęciu, czego od niego oczekujemy. Lubię zaczynać od dwóch prostych dźwięków: pierwszego – przy okazji psich zachowań, które akceptuję (stosuję wtedy cmokanie), a drugiego – w celu przekazania, że dane zachowanie psa mi się nie podoba (mój charakterystyczny dźwięk „tssst"). Później dodaję imię psa, co ma oznaczać, że ma do mnie przyjść. Niektórzy ludzie klaszczą lub gwiżdżą, gdy chcą wezwać do siebie zwierzę. Inni wolą używać ludzkiego języka.

Martin Deeley, treser z Florydy, tłumaczy:

> *Dla psów słowa są hałasem. Słowa mogą oznaczać dla nich coś innego, niż naprawdę znaczą. Jeżeli postanowicie nauczyć swego psa, by siadał na komendę „choinka", wtedy słowo „choinka" staje się bodźcem dla psa oznaczającym, że ma usiąść. Wyrazy, których używamy wobec psów, muszą być łatwe do wymówienia i musimy używać ich konsekwentnie do określonego rodzaju wymaganego zachowania. Lepiej jest też używać jednego słowa, ewentualnie dwóch, zamiast całego zdania, gdyż pies często słyszy tylko ostatni wyraz. Dlatego, jeśli chcemy zwrócić na siebie jego uwagę, wymawiamy jego imię, na przykład „Ben". Sekundę później mówimy „siad". Nie mówcie „siad, Ben". Jeżeli imię pupila będzie ostatnim wyrazem w poleceniu, pies usłyszy tylko to – swoje imię, które tak naprawdę nic nie znaczy.*

Jak wcześnie należy rozpocząć pracę nad warunkowaniem szczeniaka do rozumienia poleceń? Państwo Groganowie otrzymali niekoniecznie słuszne rady od swoich znajomych, którzy widzieli, jak mały, ale rosnący z każdym dniem labrador Marley ciągnął ich oboje za sobą po chodniku wzdłuż kanału Intercoastal Waterway na Florydzie. „Nasi przyjaciele, doświadczeni właściciele psów, radzili, żeby się nie spieszyć z narzucaniem mu rygorów posłuszeństwa. »Za wcześnie – mówił któryś. – Cieszcie się nim, póki jest szczeniakiem. Wkrótce będzie po wszystkim i wtedy na serio weźmiecie się do tresury«".

Jeśli doszliście do tego momentu niniejszej książki, z pewnością domyślacie się, jak nielogiczne jest powyższe stwierdzenie. Wyobrażacie sobie, że ktoś powie o sześcioletnim czy nawet dziesięcioletnim dziecku: „Niech się cieszy dzieciństwem, nauczycie go czytać i pisać później, jak będzie nastolatkiem"? Okres szczenięcy – trwający od narodzin do ukończenia ośmiu miesięcy – jest najbardziej intensywnym etapem rozwoju w życiu waszego psa, zarówno od strony fizycznej, jak i psychicznej. Między 8. a 16. tygodniem życia mózg psa rozwija się najszybciej. Wyniki wielu badań nad zachowaniem oraz analiz EEG dowodzą, że ośmiotygodniowe szczenięta wykazują zdolność uczenia się na poziomie dorosłego psa. Jednak w miarę dojrzewania szczeniąt – czyli przed ukończeniem przez nie mniej więcej 16 tygodni* – łatwość, z jaką przyswajają informacje, w sposób widoczny zaczyna się zmniejszać. Dlatego im wcześniej zaczniecie warunkować swojego pupila, by przestrzegał ograniczeń, podejmował nowe wyzwania w formie zabaw i zadań do wykonania oraz reagował na wasze sygnały lub polecenia werbalne, tym bardziej pomagacie mu rozwinąć jego najwyższy potencjał intelektualny.

„Trening nie oznacza represjonowania – twierdzi mój kolega po fachu, weteran wśród hollywoodzkich treserów psów, Clint Rowe. – Trening to rozwijanie i kształtowanie świadomości zwierzęcia oraz dostępu do jego mózgu. Uważam, że trening rozwija w zwierzętach samoświadomość, ponieważ aby chętnie się uczyć, muszą być świadome swoich myśli i skojarzeń oraz skupić się na tej świadomości. Najważniejszą kwestią związaną z tresurą jest konsekwencja i dążenie do określonego celu. Jeżeli nie widzicie celu w swoim treningu z psem, zwierzę również go nie zobaczy".

---

* Clint Rowe *Critical Periods in Canine Development*, http://www.wrimclubamerica.org/yourwein/development1.html.

Jeżeli najpierw nawiążecie więź ze swoim szczenięciem, będzie ono potem odruchowo chciało was zadowolić. Martin Deeley wymienia zadowolenie z sesji treningowej jako najważniejszy czynnik motywujący szczenię:

> *Musicie zapewnić psu dobrą zabawę, pomóc mu w wypełnieniu tego, czego od niego wymagacie, i nagrodzić go uśmiechem lub zadowoloną miną. Szczenię nie przychodzi na świat z potrzebą zostania przywódcą. Poszukuje przywództwa i przewodnictwa, potrzebuje łagodnej, ale jednocześnie stanowczej osoby, która pokaże mu, jak wykonywać zadania i nagrodzi go przyjemnym dotykiem, uśmiechem i przyjęciem do swego stada. Szczenię nawet oczekuje reprymendy – stanowczej, ale nie ostrej – z której również wyniesie naukę. Motywacja do wykonania określonej czynności lub do określonego zachowania nie zawsze wynika z obietnicy nagrody, ale może także zrodzić się z pragnienia uniknięcia niebezpieczeństwa, konfliktu czy innej sytuacji niebędącej nagrodą.*

Nawet nauczenie się własnych ograniczeń daje szczeniakowi satysfakcję, gdyż jest on zaprogramowany na przestrzeganie zasad wpisanych w strukturę społeczną. Spokojne życie w dzikim stadzie psowatych zależy od tego, czy wszyscy jego członkowie nauczyli się i przestrzegają ograniczeń oraz granic obowiązujących w grupie. Szczęśliwe szczenię to takie, które doskonale wie, jakie zachowania zapewnią mu aprobatę reszty stada.

CICHY TRENING
Angel uczy się komendy „leżeć"

Już błękitna krew Angela – jego rodowód jako potomka czempionów wśród psów wystawowych – zapewniła mu genetyczny start w procesie kształtowania posłuszeństwa. Sznaucery miniaturowe są często uważane za jedną z najlepiej poddających się tresurze ras. Polecenia „siad" nauczyłem Angela za pomocą gestu wykonywanego jednym palcem, prawie natychmiast po tym, jak przywiozłem go do domu. Siadanie jest automatyczną reakcją szczenięcia na sytuację, w której nie wie, co zrobić, więc już po kilku dniach konsekwentnego nagradzania go (dawania najpierw psiego przysmaku, potem po prostu chwalenia), gdy prawidłowo reagował na mój uniesiony palec, zrozumiał, o co mi chodzi. Dokładnie w ten sam sposób nauczyłem komendy „siad" Daddy'ego, Juniora i wszystkie inne psy, które wychowałem. Przed ukończeniem czwartego miesiąca życia Melissa zabrała go do siebie na noc. Angel udowodnił, że świetnie opanował to zachowanie – Melissa mogła bez problemu wyegzekwować, by usiadł, za każdym razem, gdy unosiła palec. W ten sposób ustaliła też granice przestrzeni, jaką mógł zajmować. To kolejna zaleta wczesnego rozpoczęcia „cichego" uczenia poleceń – inni ludzie, którzy być może będą w przyszłości opiekować się waszym psem, mogą z łatwością nauczyć się określonych gestów.

Komenda „leżeć" jest trudniejsza do opanowania dla szczeniąt, ponieważ siedzenie lub leżenie jest dla nich nienaturalne, kiedy nie są zmęczone. Gdy Angel miał nieco mniej niż cztery miesiące, przywiozłem go do Centrum Psychologii Psa, by zacząć uczyć go siadać i kłaść się na komendę. Gest, którego znaczenia miał się nauczyć, polegał na uniesieniu przeze mnie palca oraz opuszczeniu go, co oznaczało, że pies ma wykonać podobny ruch swoim ciałem.

Moimi jedynymi narzędziami na potrzeby treningu były psie przysmaki i trzy długie, składane stoliki, ustawione jeden za drugim. Ustawianie „wybiegu" ze stołów jest doskonałym sposobem na pracę ze szczenięciem, gdyż można utrzymać kontakt wzrokowy z maluchem bez konieczności schylania się lub nadwerężania kręgosłupa. To zmusza też szczeniaka, by wciąż był skupiony na was, ponieważ tylko wy możecie postawić go z powrotem na ziemi – nie mógłby po prostu zeskoczyć ze stołu, gdyby poczuł się znudzony lub rozkojarzony. Ważne, byście przy wprowadzaniu szczeniaka na stół stosowali zasady pracy zespołowej – zbudujcie mu rampę lub stopnie i zwabcie go na stół za pomocą zapachu lub smakołyku (trzymanego w zamkniętej dłoni, by zwierzę nie chwyciło kąska, a jedynie wąchało go lub lizało) albo – jak ja postąpiłem z Angelem – podnieście go za kark i postawcie na stół tylko jego przednie łapy, by mógł sam się domyślić, jak umieścić tam wszystkie kończyny. W ten sposób szczeniak jest aktywnym i chętnym uczestnikiem ćwiczenia.

Przed rozpoczęciem sesji wybrałem jedną krawędź stołu i zwabiłem tam Angela za pomocą przysmaku. Pozwoliłem mu powąchać smakołyk, ale nie zabrać go ode mnie, a następnie przykucnąłem, trzymając kąsek tuż pod blatem. Nawiązałem z psem kontakt wzrokowy i powoli kiwnąłem palcem z góry na dół. Odczekałem, aż zrozumie gest. Mogłem pchnąć tył jego ciała w dół i wymusić pozycję leżącą, a potem dać mu nagrodę, by pokazać, czego oczekuję. Jest to metoda „szybkościowa", którą stosują niektóre placówki tresujące psy, by uzyskać „natychmiastowe" wyniki. Nie twierdzę, że ta metoda jest nieskuteczna. Jednak moim zdaniem, jeżeli pies sam odkryje daną strategię, odciśnie się ona głębiej w jego umyśle i lepiej ją zapamięta. Podniesie się także jego samoocena, gdyż dam mu w ten sposób zadanie, a on samodzielnie znajdzie rozwiązanie, dzięki czemu w przyszłości będzie chętniej próbował stawić czoło innym zadaniom, jakie mu wyznaczę.

Po raz kolejny nawiązałem z nim kontakt wzrokowy i dałem mu do zrozumienia, że ma obserwować moją rękę, którą (za pomocą odpowiednich gestów) pokazałem mu, że ma się położyć. Usiadł i ziewnął – jak już wspomniałem, ziewanie jest często sygnałem, że szczenię jest sfrustrowane, wyczerpane psychicznie lub skupione na rozwiązywaniu jakiegoś problemu. Pozwoliłem mu polizać moją dłoń, ale nie dałem smakołyku. Nie odzywałem się, byłem cierpliwy. W końcu nadszedł moment, kiedy Angela olśniło – położył się i dopiero wtedy dostał psi przysmak. Wydawało mi się, że trwało to całą wieczność, ale kiedy spojrzałem na zegarek, okazało się, że minęły nieco ponad cztery minuty, zanim pojął, o co mi chodzi!

Następnie przeszedłem do drugiego końca stołu, gdzie powtórzyłem tę samą procedurę. Tym razem położył się – a tym samym zasłużył na smakołyk – już po 40 sekundach! Postanowiłem iść za ciosem i wykonać z nim to ćwiczenie po raz trzeci, ale mniej więcej po minucie był już rozkojarzony i powędrował ku przeciwległej krawędzi stołu. To typowe dla szczeniąt – 10 minut skupienia na tresurze to dla nich bardzo dużo. „Na początku – mówi Clint Rowe – sesje treningowe powinny trwać od jednej do pięciu minut. Umysł szczeniąt się męczy. Zwierzęta muszą potem odpocząć. W moim trzydziestoletnim doświadczeniu w tresowaniu psów zaobserwowałem... nie mam potwierdzonych danych na ten temat, ale jestem o tym przekonany, że podczas odpoczynku rosną połączenia komórek nerwowych, powstają też nowe". Zorientowałem się, że Angel jest mentalnie wyczerpany, gdyż częściej ziewał. Tamtego dnia chciał mi powiedzieć: „Na tym etapie mogę powtórzyć to zachowanie dwa razy". Wywnioskowałem, że mogę z nim powtórzyć to ćwiczenie dwukrotnie jutro, a potem dodać jeszcze jedno powtórzenie kolejnego dnia i tak dalej, ale w tamtym momencie nie mogłem pozwolić, by zakończył sesję niepowodzeniem, gdyż porażka zostałaby w jego pamięci. Musimy przezwyciężyć własną niecierpliwość i zawsze poczekać, aż nasze szczeniaki zakończą ćwiczenie sukcesem.

By pozwolić Angelowi ładnie zakończyć sesję, cmoknąłem na niego – dźwięk ten od razu przywołał go do mojej krawędzi stołu. Kiedy podszedł, nagrodziłem go smakołykiem za poprawną reakcję na moje wezwanie. Potem jeszcze raz przećwiczyliśmy komendę „leżeć". Angel usiadł przede mną, ziewając i wzdychając na początku – był wtedy zmęczony i znudzony. Ale dokładnie minutę i 10 sekund później wypełnił polecenie. Nie tylko nagrodziłem go smacznym kąskiem, ale okazałem mu też dużo uczucia. Ten maluch na to zasłużył!

Tamta sesja treningowa, choć krótka i przyjemna, okazała się też bardzo ważna. Stworzyliśmy podstawy ruchu ciała do komendy „leżeć", a ponadto przypomnieliśmy polecenia, które Angel już znał – gdy poruszam palcem do przodu, oznacza to „siad", gdy kieruję palec w bok – „idź za mną", cmoknięcie zaś oznacza „podejdź". To jakby cztery lekcje skumulowane w jednej 10-minutowej sesji. Jeżeli szczenię po zakończonym ćwiczeniu zerwie się do biegu, oznacza to, że zadania były zbyt wyczerpujące. Wiedziałem, że nasza sesja była udana i nie przeciążyłem Angela, ponieważ szczeniak poszedł za mną, gdy zdjąłem go ze stołu. Stoły będą mu się teraz przyjemnie kojarzyć. Pomyśli: To miejsce, w którym muszę się skupić, gdy spędzam czas ze swoim człowiekiem. Tam też mam wyznaczane różne zadania, no i dostaję smaczne psie przekąski.

METODY TRENINGU PSA

Ustanawianie ograniczeń dla szczenięcia często wymaga jakiejś formy korekcji jego zachowania – wyrażanej za pomocą energii, dźwięków, mowy ciała lub dotyku. Trenowanie, czy też warunkowanie wymaga z kolei ciągłych powtórzeń i urozmaicania wykonywanych przez psa ćwiczeń, by były one dla zwierzęcia przyjemne. Clint Rowe uczył już różne zwierzęta: psy, mieszańce pochodzące od wilków, a nawet niedźwiedzie, by wykonywały najróżniejsze kontrolowane gesty wymagane w filmach. Clint stosował szeroki zakres rozmaitych narzędzi treningowych w zależności od gatunku zwierzęcia. Jego „uczniem" był m.in. ośmiotygodniowy dalmatyńczyk imieniem Wilshire, który został adoptowany przez straż pożarną w Los Angeles. Psiak miał opanować kombinację poleceń „stój, padnij, turlaj się". Clint zaczął od nagradzania psa smakołykami, ale używał też klikera po każdym poprawnie wykonanym przez Wilshire'a zadaniu. Po jakimś czasie przysmaki nie były już potrzebne – dźwięk klikera stał się sam w sobie nagrodą. „Kliker jest dla psa tylko sygnałem, który oznacza, że ćwiczenie zostało wykonane prawidłowo i za chwilę będzie nagroda. Słowo »dobrze« działa na tej samej zasadzie. Dla osiągnięcia podobnego efektu można też nic nie mówić ani nie sygnalizować. Pamiętajcie, psy są w stanie z mistrzowską precyzją odczytywać wasz język ciała, wiedzą więc, kiedy jesteście zadowoleni. Po jakimś czasie umysł psa jest nastawiony na nagrodę i poprawne zachowanie staje się w rozumieniu zwierzęcia jej częścią".

Istnieje wiele różnych metod tresowania psów, więc zachęcam do zasięgnięcia informacji w tej dziedzinie, dokonania własnych osądów i – przede wszystkim – poznania swego szczeniaka. Tytuły kilku świetnych książek na temat tresury szczeniąt umieściłem w załączniku na końcu książki. „Najlepsze wyniki osiąga się wówczas, gdy dobry trener korzysta z odpowiednich narzędzi, by uzyskać odpowiednie zachowanie psa, z którym właśnie pracuje – tłumaczy Martin Deeley. – Narzędzia i metody mogą być różne, ale cel jest zawsze ten sam: by pies dobrze się zachowywał, chętnie reagował na polecenia i rozumiał ograniczenia oraz granice w codziennym życiu. Narzędzia mogą być różne, zależy to od psa, tresera, sytuacji, właściciela, rodzaju zadania do nauczenia i jego złożoności – więc najlepszą metodą będzie taka, która okaże się skuteczna".

12 ZASAD SKUTECZNEGO WARUNKOWANIA

1. Pamiętajcie, że wszystko, co mówicie i robicie w pobliżu szczenięcia, zalicza się do „treningu".
2. Zacznijcie kształtować pożądane zachowania waszego psa, gdy tylko przywieziecie go do domu.
3. Zastanówcie się, czego oczekujecie od szczeniaka – niech to będzie wasz jasno określony cel, którego powinniście się trzymać.
4. Bądźcie konsekwentni w wydawaniu poleceń, dawaniu sygnałów i korzystaniu z mowy ciała.
5. Dbajcie o to, by sesje treningowe były krótkie i przyjemne dla psa oraz nauczcie się rozpoznawać, kiedy „uczeń" ma już dość.
6. Sprawcie, by wasz pupil chciał więcej!
7. Nauczcie się cierpliwości i czekania – szczenię nie nauczy się niczego od sfrustrowanego przywódcy.
8. Bądźcie „partnerem" szczeniaka w jego procesie uczenia się; w miarę możliwości pozwalajcie, by sam domyślił się, co ma robić.

9. Uważajcie, by nie narażać psa na zbyt dużą liczbę bodźców: nie wydawajcie entuzjastycznych okrzyków ani nie przesadzajcie z przysmakami, gdyż szczenię może w tym zamieszaniu stracić zainteresowanie umiejętnością, jakiej ma się nauczyć.
10. Znajdźcie formę nagradzania, która będzie najlepsza dla waszego pupila.
11. Postarajcie się, by sesja treningowa zawsze była zakończona sukcesem zwierzaka.
12. Podczas ćwiczeń zadbajcie o dobrą zabawę dla siebie i swego psa!

ROZDZIAŁ 7

Przyjazny szczeniak

DOBRE STOSUNKI Z PSAMI I LUDŹMI

*Mr President i Cesar z personelem
Highland Park Animal Hospital*

Parę dni temu odwiedziłem niewielki sklepik zoologiczny, chcąc kupić tam kilka naturalnych gryzaków dla moich szczeniąt. Ze zdziwieniem zobaczyłem, że odbywają się tam zajęcia uspołeczniające dla szczeniaków. Na miejscu było kilkanaście osób, każda z nich z własnym psem. Wśród nich były: syberyjski husky, chihuahua, lhasa apso, golden retriever, Jack Russel terier i kilka innych ras, których dziś już nie pamiętam. Właściciele zebrali się w kręgu, wewnątrz którego szalały szczeniaki. Nie było żadnych reguł. Psy były w różnym wieku, charakteryzowały się różnym poziomem energii i zupełnie odmiennym poziomem interakcji społecznych. Mówiąc krótko – chaos. Widziałem, jak chihuahua (w takiej sytuacji winny zawsze musi być chihuahua) zdominował całą grupę i zaatakował psa rasy husky. Zabawa przerodziła się w prawdziwą bitwę. Instruktor zaczął krzyczeć na psy podniesionym, irytującym głosem: „Nie, nie, nie! Tego tu nie robimy!". Gdy właściciel chihuahuy odciągnął w końcu swojego pupila, nauczyciel powiedział: „A teraz wszyscy dajmy swoim psom ciastko". Chciałem krzyknąć: „Za co?! Za co chcecie je nagradzać?".

Na szczęście przypomniałem sobie, że byłem w sklepie jako klient, a nie jako zaklinacz psów. Ugryzłem się w język, zapłaciłem za zakupy i wróciłem do samochodu. Wziąłem głęboki oddech. To, co zobaczyłem, dało mi wiele do myślenia. Moim zdaniem tego typu spotkania powinny mieć na celu poprawę zachowania szczeniąt, wykształcanie energii spokojnie posłusznej i naukę pożądanych zachowań społecznych. Moje wymarzone zajęcia dla szczeniaków odzwierciedlałyby edukację, jaką maluchy otrzymują w naturalnym stadzie. Obecne byłyby na nich: mądry, sędziwy pies, taki jak Daddy, opiekuńcza matka, a także dorosły pies o wyższym poziomie energii, podobny choćby do Juniora. Dorosłe psy, zrównoważone i doświadczone, mogłyby pokazywać szczeniakom granice i stanowić dobry wzór do naśladowania. Na zajęcia uczęszczałoby kilka szczeniaków, a wszystko odbywałoby się pod kontrolą co najmniej jednego doświadczonego człowieka. Właśnie takie zajęcia chciałbym organizować w moim nowym Centrum Psychologii Psa. Byłyby to warsztaty, na których szczeniaki mogłyby uczyć się zachowań społecznych w towarzystwie rówieśników, ale także starszych, mądrzejszych psów oraz odpowiedzialnych ludzi funkcjonujących jako „przywódcy stada".

Psy należą do najbardziej uspołecznionych gatunków zwierząt. To jedna z cech, które czynią je podobnymi do ludzi i jeden z powodów, dla których nasze dwa gatunki bardzo zżyły się ze sobą przez ostatnie kilkadziesiąt tysięcy lat. Być może nauczyliście swojego szczeniaka właściwego reagowania na komendy „siad", „zostań", „do nogi", „waruj" lub udało wam się skłonić psa do przyniesienia gazety, kapci albo szczeknięcia na „dobranoc" tuż po wyłączeniu światła, ale jeśli wasz pupil nie potrafi nawiązać odpowiednich stosunków z innymi ludźmi i psami, nie można nazwać go zrównoważonym szczeniakiem. Jeśli pies nie jest zrównoważony, nie wyrośnie na czworonoga, któremu dane będzie doświadczyć wszystkich uroków prawdziwego życia.

PRZEDSTAWIANIE SZCZENIAKOM LUDZI

Uspołecznianie szczeniaka powinno rozpocząć się od chwili, gdy po raz pierwszy zawita on do waszego domu. Wszyscy członkowie rodziny, w tym także dzieci, muszą nauczyć się, w jaki sposób witać się ze szczenięciem i jak okazywać mu energię spokojnie asertywną. Nawet najmłodszym członkom waszej rodziny musicie wyjaśnić, że szczeniak to nie zabawka, lecz żywa istota i – by pomóc mu się zaaklimatyzować w nowym środowisku – będziecie musieli powstrzymać się od przytłaczania go swoją miłością i podekscytowaniem – uczuciami, które przynajmniej na początku bywają bardzo intensywne. Każda osoba w domu, od najmłodszego dziecka do najstarszego seniora, musi poznać i stosować zasadę „żadnego dotyku, żadnych rozmów, żadnego kontaktu wzrokowego". Gdy szczeniak pojawia się w domu, dzieci nie mogą go obskakiwać, nieustannie głaskać i bawić się z nim. Zamiast tego powinny spokojnie dać mu się obwąchać i pozwolić przywódcy waszego rodzinnego stada zabrać malucha w bezpieczne, wyznaczone dla niego miejsce.

„Szczeniak musi skojarzyć wasz dom ze spokojem, a nie podekscytowaniem. Zmiana środowiska i podróż samochodem mogą spowodować, że maluch będzie się źle czuł i będzie zestresowany – wyjaśnia Diana Foster. – Na tym etapie szczeniak nie musi być głaskany. Powinien mieć zapewniony spokój, dzięki któremu przystosuje się do zmian w swoim własnym tempie. Będzie u was mieszkał przez wiele lat, a gdy już przyzwyczai się do nowego środowiska, wytworzy z wami więź i zaakceptuje was jako przywódców stada, nadarzy się mnóstwo okazji do głaskania i wspólnych zabaw. Proces ten wymaga cierpliwości i nie należy go sztucznie przyspieszać". Mimo to, nawet po 30 latach doświadczenia w hodowli spokojnych i ułożonych owczarków niemieckich, Diana wciąż spotyka klientów, którzy nie mogą pogodzić się z tego typu radami.

> *Dzieci płaczą, gdy o tym wspominam. „Pani jest zła. Nie możemy bawić się ze szczeniakiem". Pewien mężczyzna powiedział mi prosto w twarz: „Oszaleliście! Jeżeli wydaje się wam, że powiem ośmioletniej dziewczynce, by nie dotykała psa, to chyba powariowaliście! Sądziłem, że dostanę tu dobrze ułożonego psa. Nie wiedziałem, że będzie z tym tyle roboty". Ludzie nie dbają o to, co najlepsze dla szczeniaka. Właśnie dlatego schroniska są przepełnione. Najpierw wychowuje się psa, który nad sobą nie panuje, a potem wygania się go z domu.*

Małemu dziecku niełatwo powstrzymać się od zabawy z nowym pupilem i dlatego należy wyjaśnić rodzicom, że powinni obserwować swoje pociechy. Szczeniaki, które trafiają do nowych domów, są dość nieśmiałe i nie do końca świadome swojego otoczenia. Dzieci zbyt agresywnie obskakujące lękliwego szczeniaka mogą go wystraszyć, a gdy tego typu sytuacje będą się powtarzać, wychowacie psa nieśmiałego i strachliwego lub w najgorszym wypadku przyczynicie się do agresji napędzanej strachem. Taki pies może prędzej czy później ugryźć, a w rezultacie zostanie obwiniony o agresję. Z drugiej strony – aktywny i przyjacielski szczeniak może zachęcać dzieci do zabawy, w trakcie której jego podniecenie osiągnie wysoki poziom i trudno go będzie okiełznać, gdy zwierzę dorośnie. „Naszym największym problemem są dzieci, które siłują się ze swoim pupilem, drapią go i gryzą, wskutek czego pies staje się zbyt agresywny – twierdzi Diana. – Najważniejsze jest zapobieganie. W przypadku dzieci jest to obecnie bardzo trudne, bo coraz częściej są one rozpieszczane przez rodziców. Dorośli pozwalają im na wszystko. Pies dorasta, zaczyna wymykać się spod kontroli i wyrządza dzieciom krzywdę. W rezultacie rodzina już go nie chce, bo nie jest słodki i zabawny. Stanowi zagrożenie".

RADY DOTYCZĄCE DZIECI I SZCZENIAKÓW

- Nie pokazujcie szczeniaka podekscytowanym dzieciom. Od początku uczcie swoje pociechy okazywania energii spokojnie asertywnej.
- Nauczcie dzieci poprawnie witać się z psem, korzystając z zasady „brak dotyku, brak rozmów i zero kontaktu wzrokowego", dopóki pupil nie zasygnalizuje, że chce dalszej interakcji.
- Gdy zawita do was szczeniak, upewnijcie się, że przez pierwsze dni jego pobytu w waszym domu dzieci nie będą się zbytnio angażować i nauczą się podchodzić do psa spokojnie i w ciszy.
- Opowiedzcie dzieciom o przywództwie i pokażcie, w jaki sposób blokować podniecenie psa, gdy ten zacznie być zbyt agresywny. W przypadku szczeniaka to pocieszny widok, ale gdy pies dorośnie, może stanowić zagrożenie.
- Nigdy nie pozwólcie, by dziecko drażniło szczeniaka.
- Nie pozwalajcie na zbyt agresywne zabawy, takie jak siłowanie się z psem, odpychanie go i gryzienie. Zachęcajcie dzieci, by nauczyły się prawidłowo prowadzić psa na smyczy i uczestniczyć w zabawach, na przykład w aportowaniu, pływaniu i ćwiczeniach agility (sprawnościowych).
- Nauczcie dzieci, że wszystkie zabawy ze szczeniakiem muszą mieć wyraźny początek i koniec.

SPOTKANIE Z NIEMOWLAKIEM

Najlepszą strategią przygotowującą szczeniaka na spotkanie z niemowlęciem jest przyzwyczajanie go do zapachu dziecka za pomocą ręcznika lub koszulki. Następnie zabierzcie szczenię na spacer, trzymając je tuż obok lub za sobą, jednocześnie prowadząc wózek. Jak zwykle spacer to najlepszy sposób na wytworzenie więzi z psem. Często jednak okoliczności sprawiają, że dziecko i pies spotykają się twarzą w twarz. Nauka poprawnego zapoznawania szczeniaka z niemowlęciem to ważny krok na drodze do uspołecznienia psa i nauczenia go szacunku do wszystkich dzieci.

By zademonstrować, w jaki sposób zapoznać szczenię z niemowlakiem lub bardzo małym dzieckiem, poprosiłem producenta *Zaklinacza Psów* Todda Hendersona, by „wypożyczył mi" swoją żonę Lindsey, technika weterynaryjnego i bardzo doświadczoną właścicielkę psów, oraz ich trzymiesięcznego synka Huntera. Zarówno dziecko, jak i szczenię posiadają pewną cudowną wspólną cechę, a mianowicie oboje nie mają żadnych wrodzonych problemów psychologicznych. Naszym zadaniem jest sprawić, by maluchy zżyły się ze sobą i dzieliły tę samą mentalność.

Na początku naszego ćwiczenia Lindsey usiadła na podłodze w pokoju gościnnym mojego domu, trzymając na kolanach Huntera. Dziecko właśnie zjadło i było w pogodnym nastroju spokojnej uległości. Do tej uroczej pary dołączył pięciomiesięczny Mr President, który od początku charakteryzował się zupełnie odmienną energią – był typowym natarczywym buldogiem. Na początku bardzo podekscytowała go obecność dziecka, więc natychmiast do niego podbiegł, postawił łapy na nodze Lindsey i zaczął lizać Huntera po twarzy. Niektórzy rodzice mogliby pomyśleć, że to urocze – ale Lindsey znała się na rzeczy, wiedziała, że tego typu podejście jest niekorzystne zarówno dla psa, jak i dziecka. Stanowczo trącając Mr Presidenta, Lindsey zmusiła go do odsunięcia się, tworząc niewidzialną granicę wokół Huntera. Gdy szczeniak się odsunął, stracił zaufanie do dziecka – zaczął warczeć i szczekać z podekscytowania. Interpretując jego zachowanie, można wywnioskować, że Mr President wyrażał brak pewności siebie i zaufania, a także strach przed dzieckiem. Było ono dla niego nowym zapachem – czymś, czego nie potrafił pojąć. Jego szczekanie było też oznaką wzmożonej uwagi – w naszym domu rzadko goszczą dzieci, Mr President zawiadamiał więc swoje stado, że „w domu jest coś nowego". Moim zadaniem było pomóc szczeniakowi w pozbyciu się niepewności, ponieważ mogła ona przerodzić się w agresję wobec tego dziecka, a nawet wszystkich pozostałych dzieci.

Często otrzymuję listy i e-maile opisujące wzięte z życia sytuacje podobne do naszego małego eksperymentu z Lindsey i Hunterem. Ludzie piszą: „Mój szczeniak zaczął szczekać na dziecko. Co mam robić?". Gdy dochodzi do takich zdarzeń, ludzie reagują bardzo emocjonalnie. Mają do psa żal, wytwarzając tym samym negatywną energię. W takiej sytuacji właściciel powinien zachowywać się całkowicie neutralnie i postarać się pojąć rozumowanie psa.

Podczas naszego ćwiczenia natychmiast zareagowałem na warczenie i szczekanie za pomocą spokojnie asertywnego dźwięku „tssst". Dałem Mr Presidentowi do zrozumienia, że nie zgadzam się z jego podejściem. W rezultacie odwrócił się od Huntera, ale był już odprężony. Nastąpił postęp – przejście od ataku (agresywna konfrontacja i warczenie) do ucieczki (oddalenie się od dziecka) i w końcu do unikania (przebywanie blisko dziecka przy jednoczesnym ignorowaniu go). Na końcu uzyskałem reakcję, o którą mi chodziło – uległość. Mr President położył się i rozciągnął tuż przed dzieckiem. Wciąż jednak utrzymywałem niewidzialną granicę pomiędzy nim a Hunterem. To bardzo ważna lekcja dla szczeniaka. Wszystkie psy muszą zaakceptować istnienie „tarczy szacunku", która otacza wszystkie ludzkie dzieci.

Następnie dałem Lindsey do potrzymania kawałek kurczaka. Mr President nigdy nie gardził takimi kąskami. Zjedzenie ulubionego przysmaku tuż poza ochronną tarczą dziecka pozwoliło mu zmienić nastawienie i nabyć pozytywnych skojarzeń związanych z dzieckiem.

W podobnych sytuacjach powinniśmy kontrolować nie tylko nastawienie czworonoga. Hunter był spokojny i odprężony od początku eksperymentu. W domu dziecka są trzy psy, więc spotkanie z Mr Presidentem nie było dla niego zupełnie nowym doświadczeniem. W przyszłości chłopiec będzie naśladował zachowanie i energię Lindsey, która przez cały czas była zupełnie spokojna i odprężona. Dopóki nie zmienimy nastawienia dziecka, zawsze możemy wpłynąć na zachowanie szczeniaka. Natomiast jeśli popadniemy w panikę lub będziemy zachowy-

Angel z szacunkiem obwąchuje małego Huntera

wać się nerwowo, dziecko szybko podchwyci tę energię i również odpowie strachem. Nigdy nie pokazujcie psu zaniepokojonego dziecka ani zdenerwowanej i zmartwionej matki. Przyprowadzajcie psa do dziecka tylko wtedy, gdy jest on spokojny i uległy, kiedy nie jest zmęczony, drażliwy lub nadmiernie podekscytowany. Na zachowanie psa można wpłynąć o wiele prościej niż na zachowanie człowieka i jeszcze raz podkreślam, że czteromiesięczny szczeniak rośnie o wiele szybciej niż trzymiesięczne dziecko.

W ramach ostatniego etapu ćwiczenia zabrałem Mr Presidenta i przyprowadziłem na jego miejsce Angela, który jest w tym samym wieku, co jego „brat" i tak jak buldogowi, brakuje mu doświadczenia w kontaktach z dziećmi. Reakcja Angela była wręcz idealna. Gdy po raz pierwszy zetknął się z Hunterem, najpierw spojrzał badawczo w moją stronę. Potem ciekawość wzięła nad nim górę, więc podszedł do Lindsey i Huntera, by ich obwąchać. Gdy za bardzo się zbliżył,

Lindsey delikatnie go zablokowała, a szczeniak natychmiast zrozumiał o co jej chodzi i odsunął się, ale starał się nadrobić stracony dystans, wyciągając szyję. Wąchał delikatnie, z szacunkiem i bardzo grzecznie. Gdy skończył, zrobił krok do tyłu i dał matce z dzieckiem więcej przestrzeni. Jego pełną uwagi, lecz odprężoną reakcję nagrodziłem głaskaniem i uczuciem. Angel natychmiast wyczuł łagodną energię Huntera, więc w troskliwy i pełen szacunku sposób odwdzięczył się takim samym nastawieniem.

POZNAWANIE NOWYCH LUDZI

Odkąd Junior skończył trzy miesiące, zabierałem go wraz z Daddym na plan programu telewizyjnego *Zaklinacz Psów*. Chciałem, by Junior poszedł w ślady Daddy'ego i podobnie jak on czuł się dobrze w towarzystwie najróżniejszych psów i ludzi. Podczas najbardziej kluczowych miesięcy Junior spotkał wiele czworonogów, a wśród nich osobniki agresywne, bojaźliwe, nadmiernie podekscytowane oraz ogarnięte obsesją. Nauczyłem go zachowywać spokój w każdej sytuacji. Co więcej, szczeniak spotkał także ludzi, którzy mieli problemy nie mniejsze niż ich pupile. Na szczęście zawsze byłem przy nim i mogłem nadzorować zarówno jego zachowanie, jak i reakcje osób, które pojawiały się na jego drodze.

Gdy ludzie zbyt mocno ekscytowali się urokiem Juniora i wkraczali w jego przestrzeń, przypominałem im o zasadzie braku dotyku, rozmów i kontaktu wzrokowego – metodzie, którą stosuję zawsze, gdy któryś z moich psów poznaje nową osobę. Jeśli ktoś reagował w typowy sposób, mówiąc: „O mój Boże, czy to pitbull?", pokazywałem, w jaki sposób się odprężyć i emanować lepszą energią. Zanim zrobiliśmy kolejny krok, pozwalałem, by Junior sam obwąchał nowego gościa i dał mi znak, że czuje się przy nim swobodnie. Szczeniaki liczą, że zapewnimy im bezpieczeństwo i wysłuchamy ich, gdy będą starać się przekazać nam, że podczas pierwszego spotkania nowa osoba powinna zachować dystans. Oczywiście Junior zawsze mógł naśladować zachowanie Daddy'ego. Ten pies jest tak pewny siebie, że czuje się swobodnie przy każdym człowieku.

NIEBEZPIECZNIE SŁODKI

Pewnego razu Melissa Jo Peltier, tuż po tym, jak gościła u siebie mojego sznaucera miniaturowego, powiedziała mi: „Z Angelem jest pewien problem: jego urok może stanowić zagrożenie". Melissa i jej mąż zabrali szczeniaka do kawiarni z ogródkiem. Pobyt w tak ruchliwym i pełnym ludzi miejscu był dla Angela nowością. Maluch jednak doskonale sobie poradził – pił wodę z miski schowanej pod stołem i obserwował to, co działo się wokół niego. Był przy tym czujny, ale mimo wszystko odprężony. Problem polegał na tym, iż Angel wyglądał tak słodko, że żaden przechodzień nie potrafił oprzeć się pokusie pogłaskania go.

Nie mogliśmy zjeść w spokoju kolacji, ponieważ ludzie wariowali na jego punkcie. „O mój Boże, czyż to nie jest najsłodszy szczeniaczek na świecie?! Mogę go pogłaskać?". Dorośli zazwyczaj najpierw rozmawiali ze mną. Wtedy maluch miał szansę ich poobserwować, wyczuć ich energię i obwąchać. Jeżeli wyrażałam zgodę i nieznajomi podchodzili do psa łagodnie – Angel akceptował głaskanie, a nawet był zaciekawiony nową sytuacją. Pewien człowiek przyszedł jednak z dwójką dzieci w wieku ośmiu i dziesięciu lat. W czasie, gdy mężczyzna ze mną rozmawiał, dzieciaki po prostu podbiegły do Angela i wyciągnęły do niego ręce. Widziałam, że maluch czuje się przytłoczony, a w jego mowie ciała nastąpiła zmiana – stał się spięty i zaczął się kurczyć. Powiedziałam więc: „Jeszcze trochę się wstydzi, to tylko szczeniak. Chyba na razie wystarczy". Po całym zajściu miałam do siebie żal, bo powinnam to przewidzieć i zawczasu powiedzieć dzieciom, by w ten sposób do nie-

go nie podchodziły. Maluchy wtargnęły w jego przestrzeń. Teraz widzę, że gdyby właściciel tak wrażliwego szczeniaka jak Angel dopuścił do tego typu sytuacji zbyt wiele razy, ignorując przy tym sygnały wysyłane przez swojego pupila, pies mógłby wyrosnąć na zwierzę strachliwe lub nawet agresywne. W przypadku szczeniąt tak słodkich jak Angel faktycznie może to stanowić problem.

ODCZYTUJ ENERGIĘ SWOJEGO PSA

Melissa i jej mąż na własnej skórze przekonali się, że dorośli – tak samo jak dzieci – powinni nauczyć się odczytywać typ energii wysyłanej przez szczeniaka, zanim postanowią zanadto się do niego zbliżyć. John, mąż Melissy, to miły i spokojny, aczkolwiek dobrze zbudowany mężczyzna, który emanuje naturalną energią przywódcy (wynika to z sukcesów, jakie odnosi on jako scenarzysta i reżyser filmów oraz programów telewizyjnych). Angel od razu przywykł do Johna – tak naprawdę zaakceptował go (jako spokojnie asertywnego przywódcę) o wiele szybciej niż Melissę. Gdy jednak oboje wrócili wieczorem do mieszkania, John chciał posiłować się z Angelem, tak jak niegdyś robił to ze swoim, zmarłym już, mieszańcem o imieniu Bob. John usiadł na podłodze, przyjmując psią postawę i zapraszając Angela do zabawy. Szczeniak zesztywniał i zrobił krok do tyłu. Mowa ciała Johna zdradzała chęć do zabawy, ale Angel wyczuwał też jego dominującą męską energię i nie wiedział, czy traktować całą sprawę jako zaproszenie do zabawy, czy jak prawdziwe wyzwanie.

Wyjaśniłem Melissie, że zachowanie Johna, choć wzięło się z dobrych chęci, sprawiło, że mężczyzna przywłaszczył sobie sporo przestrzeni. Jego zaproszenie, zamiast małą falą, okazało się prawdziwym tsunami. Dorosłe psy otaczające Angela (zwłaszcza jego starszy „brat" Junior) nauczyły go, że przywódców stada należy traktować z szacunkiem. Dopóki szczeniak nie zauważy, że został zaakceptowany, powinien trzymać głowę nisko i być uległy. Angel nie znał Johna, więc jego pierwsza reakcja była poprawna i opierała się na wiedzy zdobytej w stadzie – grzeczność oraz szacunek wobec starszych i dominujących osobników. John był trochę przygnębiony faktem, że Angel nie od razu zaakceptował jego zaproszenie do zabawy, a szczeniak natychmiast wyczuł zły nastrój swojego towarzysza, wskutek czego poczuł się jeszcze bardziej niepewnie. Pamiętajcie – szczeniakom zależy wyłącznie na usługiwaniu przywódcom stada! Melissa poinstruowała męża, by ten położył się na plecach i pozwolił, by psiak sam do niego przyszedł. John się zgodził, ale gdy Angel się zbliżył i w końcu zaczął odprężać, mężczyzna wyciągnął rękę i złapał szczeniaka, chcąc rozpocząć zabawę. Angel ponownie się odsunął.

Wytłumaczyłem Melissie, że John usiłował zrobić zbyt wiele i zbyt wcześnie. Powinien poczekać na Angela i pozwolić, by pies położył się na nim i oswoił z sytuacją. Jeżeli John poczekałby właśnie w takiej pozycji, zamiast przechodzić od razu do zabawy (psu wydawało się, że John chciał się na niego rzucić), malec miałby okazję dokładnie wybadać jego zamiary. Angel starał się powiedzieć Johnowi: „Nie chcę ci zrobić krzywdy. Szanuję twoją przestrzeń". Jeżeli szczeniak wyczułby, że John zrozumiał ten przekaz i również szanuje przestrzeń Angela, nie bałby się rozpocząć zabawy.

Jak na ironię, Angel był zawsze skory do zabawy z Melissą – wskakiwał jej na nogę i usiłował pokazać swoją dominację tak uporczywie, że kobieta wciąż musiała się od niego odwracać i okazywać mu swoją dezaprobatę, każąc psu się zrelaksować. Ten rozwój wydarzeń jest typowy dla rodzin, w których mężczyzna jest bardzo męski, a kobieta bardzo kobieca. Szczeniak preferuje zabawy z samicą, co kobieta uważa za oznakę sympatii, ale tak naprawdę pies po prostu traktuje ją bardziej jak rówieśnika niż jak przywódcę stada. Później szczeniak rośnie i bada granice tolerancji, jaką darzy go kobieta, jednocześnie zachowując posłuszeństwo wobec mężczyzny. Ta sama sytuacja ma miejsce w przypadku dzieci. W rodzinie takiej jak Barnesowie role są odwrócone. Blizzard wykorzystuje uległość i słabszą energię jedenastoletniego Christiana, ale zawsze szanuje granice wyznaczane przez czternastoletnią asertywną Sabrinę. Gdyby Melissa i John spędzali więcej czasu z Angelem, rozwiązanie polegałoby na wypośrodkowaniu zachowania obojga małżonków. John powinien być łagodniejszy, zaś Melissa – nieco bardziej asertywna. W ten sposób Angel zacząłby postrzegać ich jako przywódców stada – przestałby tak bardzo obawiać się dominującej postawy Johna i nie potrafiłby w tak prosty sposób zdominować Melissy.

Powiedziałem Melissie: „Angela nie obchodzi to, przy jak wielu książkach o psach mi pomogłaś. On zwraca uwagę wyłącznie na energię, którą dzielisz się z nim w danej chwili".

KONTAKTY Z INNYMI PSAMI

Szczeniaki opisane w niniejszej książce – Angel, Mr President, Blizzard i Junior – miały w życiu dobry start. Były pod opieką osoby, która rozumie psy, oraz wychowały się wśród innych zrównoważonych psów w środowisku bardzo zbliżonym do naturalnego. Angel był najbardziej nieśmiałym szczeniakiem z miotu, ale żyjąc w stadzie, z dnia na dzień nabierał pewności siebie. Stał się na tyle odważny, że niekiedy zachowywał się zarozumiale wobec bardziej dominujących członków stada. Junior lub inny dorosły osobnik, który akurat znajdował się w pobliżu, szybko przywoływał go do porządku, pokazując mu, gdzie jego miejsce. Gdyby Mr President nie wychowywał się wśród psów, mógłby wyrosnąć na nadmiernie pewnego siebie i porywczego buldoga – prowokowałby sprzeczki lub nawet bójki.

Odwiedzające mnie osoby często zauważają, jak bardzo inteligentne są mieszkające ze mną szczeniaki i jak szybko uczą się nowych rzeczy. Tłumaczę im, że to zasługa stada i że wychowałem szczeniaki tak, by nie zakłócać ich naturalnego toku uczenia się, lecz go stymulować. Zbyt wiele psów wychowywanych z dala od innych czworonogów traci swój naturalny zdrowy rozsądek i zatraca pierwotny dar komunikacji. Wyobraźcie sobie, że przeprowadziliście się do innego kraju, którego języka nigdy nie opanowaliście. Potem wracacie do domu i zauważacie, że w znacznym stopniu zapomnieliście waszej mowy ojczystej. Niezależnie od miejsca zamieszkania, czulibyście się nieswojo wśród ludzi. Wychowując szczenięta wśród innych psów, musimy pamiętać, by jak najwcześniej je uspołecznić, by zawsze mogły odczytywać sygnały wysyłane przez inne osobniki z ich gatunku oraz przestrzegać zasad dobrego wychowania obowiązujących w świecie psów.

USPOŁECZNIANIE A ODPORNOŚĆ BIOLOGICZNA

Obawy właścicieli dotyczące odporności organizmu szczeniaka mogą poważnie zahamować rozwój społeczny ich pupila. Niektórzy ludzie ubzdurali sobie, że ich czworonogi nie mogą się spotykać z innymi psami, dopóki nie osiągną szóstego miesiąca życia! Izolowanie szczeniaka podczas kluczowych 16 tygodni jego życia, w czasie gdy jego odporność wciąż się wykształca, ale jego mózg rozwija się bardzo szybko, oznacza ryzyko wychowania szczeniaka nastawionego antyspołecznie. To prawda, że spacery w parku powinny jeszcze poczekać, ale istnieje wiele innych sposobów na wspieranie procesu uspołeczniania psa przy jednoczesnym zapewnieniu mu ochrony przed chorobami.

- Zaproście do domu przyjaciół ze zdrowym, szczepionym, zrównoważonym starszym psem i pozwólcie mu pobawić się z waszym pupilem. Jeśli macie obawy związane z brakiem odporności u waszego szczeniaka, dopilnujcie, by pies przyjaciół miał czyste łapy oraz pysk i nie przyszedł do was prosto z parku.
- Jeśli wasz szczeniak lub pies, który go odwiedził, wydaje się nieśmiały, złapcie swojego pupila za kark i zaprezentujcie go psu, podsuwając go najpierw od strony ogona, tak jak ja przedstawiłem stadu Blizzarda w Centrum Psychologii Psa (patrz *Rozdział 1*). Pozwólcie, by dorosły pies obwąchał szczeniaka i poczuł się swobodnie w jego towarzystwie.
- Zorganizujcie swojemu pupilowi zabawę z innym zdrowym szczeniakiem w podobnym wieku i o tym samym poziomie

odporności biologicznej. Jeśli spotkanie okaże się sukcesem, zaproście do zabawy kolejnego szczeniaka i jednego dorosłego psa. W ten sposób stworzycie we własnym domu lub ogródku własne „ministado". Dorosłe psy będą pełnić funkcję obserwatorów i wzorów do naśladowania dla szczeniąt, ale ważna jest też wasza obecność i spokojnie asertywna energia.

- Zapiszcie szczeniaka na prawdziwe zajęcia dla szczeniąt, takie jak te organizowane przez Dianę Foster. To nie chaotyczne zabawy, lecz prowadzone przez doświadczonych profesjonalistów nadzorowane zajęcia, na które uczęszczają jedynie psy zbadane przez lekarzy weterynarii.

Energia charakteryzująca właściciela i jego reakcja na wydarzenia mające miejsce podczas spotkań uspołeczniających mają ogromny wpływ na relacje psa z innymi osobnikami. Uspołecznianie okazało się pierwszym poważnym problemem, jaki Chris Komives, filmowiec pracujący na planie *Zaklinacza Psów*, napotkał na swojej drodze podczas wychowywania Elizy.

Pierwsze psy, jakie spotkała, to dwa szczeniaki rasy golden retriever, które mój sąsiad sprowadził do domu mniej więcej w tym samym czasie, gdy przygarnąłem Elizę. Nasze psy miały te same szczepienia, więc postanowiliśmy je sobie przedstawić. Na początku Eliza trochę się wahała, więc postanowiłem ją zachęcić. Chciałem, by przezwyciężyła swój strach, przez co pozwoliłem jej zbytnio podekscytować się zabawą. Gdy suczka podrosła, zaczęła dominować i traktować podwórko sąsiadów jako swoje terytorium (tak stanowczo nie zachowywała się nawet w naszym domu!). Sprawy zaszły za daleko. Musiałem zahamować jej terytorialne zapędy i nadzorować dalsze zabawy. Z pomocą sąsiada udało mi się przerywać harce naszych psów i nie wznawiać ich, dopóki psy się nie uspokoiły. Od tej pory nie mieliśmy więcej problemów.

Po ostatniej serii szczepionek zaprosiłem Chrisa z Elizą do naszego centrum, by móc obserwować reakcję suczki na spotkanie ze stadem. Zająłem się tym osobiście. Na początku Eliza była bardzo niespokojna i szybko uciekła w róg wybiegu. Chris chciał interweniować, ale poprosiłem go, by zignorował swoją ulubienicę, gdyż obawiałem się, że przyczyni się do wzbudzenia jej niepewności. W pewnym momencie do Elizy podszedł jeden z psów, obwąchał ją i zaprosił do grupy. Pod koniec dnia Eliza biegała już razem ze stadem i bawiła się z Juniorem.

Pod wpływem sukcesów Elizy następnego dnia Chris zabrał ją do parku: „Niestety, obecne tam psy nie były zbyt zrównoważone i wyczuwając u Elizy słabość, zaczęły ją poganiać. Przestraszona suczka uciekła w stronę pierwszego człowieka, jakiego udało jej się spotkać. Później próbowała zrehabilitować się za ten incydent i stała się o wiele śmielsza w kontaktach z innymi psami". Gdy znów spotkałem Elizę w ośrodku, zobaczyłem, że za bardzo ekscytuje się w towarzystwie innych psów. Chrisowi bardzo zależało na uspołecznieniu Elizy i przezwyciężeniu jej nieśmiałości, jednak niepotrzebnie pozwolił, by inne psy przekazały jej zbyt wiele emocji. Wyjaśniłem Chrisowi, że zanim pozwoli jej bawić się z psami, powinien poczekać, aż się uspokoi. Równoważenie energii psa przed zaproszeniem go do stada sprawiło, że Eliza mogła pokazać swą prawdziwą radosną naturę i przez resztę dnia bez przeszkód bawić się z grupą.

SZCZENIAK W PARKU

To, że wasz szczeniak doskonale integruje się z członkami domowego stada, nie znaczy, że wie, jak nawiązywać znajomości z obcymi psami. Bardzo ważną kwestią jest pokazanie pupilowi, w jaki sposób jego uspołecznienie sprawdza się w przypadku psów spoza jego stada. Tuż po ostatniej serii szczepień zabrałem Angela i Mr Presidenta do parku w Santa Clarita, by móc obserwować, jak poradzą sobie w nowym środowisku. Tym razem postanowiłem zacząć od Angela.

Na trawie wciąż mieniła się rosa, ale wiosenne słońce powitało nas, gdy tylko zbliżyliśmy się do wydzielonego w parku terenu, gdzie psy mogą poruszać się bez smyczy. Na miejscu zastaliśmy zaledwie kilka osób z psami – idealna sytuacja na pierwszą wizytę uspołeczniającą.

Otworzyłem bramę prowadzącą do części parku przeznaczonej dla mniejszych psów. Bardzo się cieszę, że administracja parku wprowadziła tego typu podział. Gdy przyprowadzimy psa w miejsce, w którym bawi się zbyt wiele dużych psów, nasz pupil będzie czuł się onieśmielony. Na tak wczesnym etapie życia naszych podopiecznych zależy nam przecież, by pierwsze wrażenie było jak najlepsze. Gdy po wprowadzeniu Angela za ogrodzenie odpinałem mu smycz, wyczułem, że jego malutkie serce bije bardzo szybko. Czuł się przy mnie bezpieczny, ale zapach innych psów trochę go dezorientował. Bardzo ważną kwestią jest rozpoznawanie mowy ciała naszych szczeniaków – to wskazówki, dzięki którym wiemy, na co powinniśmy uważać.

Równie ważne jest, by po wpuszczeniu psa na wydzielony dla niego obszar parku skontrolować także swoją energię. Jeśli jesteście spięci, macie rozproszoną uwagę lub (tak jak Chris Komives) nadmiernie przejmujecie się kwestią kontroli nad doświadczeniami waszego pupila, natychmiast wyczuje on wasz nastrój i dostosuje się do niego. Zachowajcie spokój i neutralność, starając się przekazać szczeniakowi, że niezależnie od tego, co się stanie, będziecie w stanie podsunąć mu odpowiednie wyjście z sytuacji. Usiadłem na ławce i obserwowałem, jak mój sznaucer miniaturowy przeżywa nowe przygody.

W bramie parku do Angela podbiegły dwa beagle. Zaimponowały mi swoim dobrym wychowaniem i spokojem – były idealnie ułożone. Angel wydawał się zaciekawiony, ale trochę się wahał – obwąchiwał nowych towarzyszy, lecz nie zapraszał ich do zabawy. Szacunek, którym wykazał się w nieznanej sytuacji, utwierdził mnie w przekonaniu, że Angel doskonale rozumie dobre maniery i normy społeczne. Starał się powiedzieć: „Nie mam całkowitej pewności co do tej sytuacji, ale jestem bardzo ciekawy". Idealnie! Mimo to maluch poszedł w boczną część parku, podniósł tylną łapę i zaznaczył terytorium – bardzo dojrzały gest jak na czteromiesięcznego szczeniaka.

Niewielki biały piesek (który wyglądał jak pluszowy pudel) podszedł do Angela, po czym obaj ostrożnie się obwąchali. Biały pies starał się powiedzieć: „Nie mam co do ciebie pewności", na co Angel odpowiedział: „Ani ja do ciebie!". Po pierwszej wymianie powitań Angel zaprosił towarzysza do zabawy, ale biały pies odebrał zaproszenie jako zbyt dominujące i postanowił się odsunąć. Czyżby nadszedł czas na moją interwencję? Okazało się, że mały biały piesek potrafił sam zadbać o siebie. Uciekł, dając Angelowi do zrozumienia: „Nie chcę się z tobą bawić, bo jesteś dla mnie trochę zbyt szorstki". Angel jednak zachował się prawidłowo – nie nalegał i pogodził się z odmową. To przykład wspaniałego poszanowania zasad psiej kurtuazji. Szczeniak wrócił do mnie, szukając wsparcia. Wynagrodziłem go przysmakiem, dając mu do zrozumienia, że gdy ktoś nie chce się z nim bawić, nie należy się tym przejmować, gdyż zawsze można wrócić do właściciela i dostać ulubiony przysmak.

Pierwsza wizyta w parku trwała nie dłużej niż 15 minut. Dla czteromiesięcznego szczeniaka to wystarczająca porcja atrakcji. Opuściliśmy park zadowoleni – Angel pokazał, że jest dobrze wychowany i może wracać tu w poszukiwaniu kolejnych przygód.

Następnie przyszła pora na Mr Presidenta. Gdy tylko przekroczyliśmy zewnętrzną bramę, porywczy mały buldog dopadł ogrodzenia, by spotkać się z komitetem powitalnym w postaci dwóch beagli. Szczeniak postanowił korzystać z oczu zamiast nosa, przez co trochę za bardzo się podekscytował i – jak przystało na buldoga – wysunął do przodu klatkę piersiową. To dobry przykład na to, w jaki sposób budowa i mowa ciała buldoga może przyczynić się do nieumyślnego wysyłania prowokujących sygnałów, nawet gdy sam pies nie stanowi dla nikogo zagrożenia. To nie najlepszy przepis na nawiązywanie komunikacji, więc zrozumiałem, że tym razem będę musiał być nieco bardziej czujny niż w przypadku Angela. Poczekałem, aż Mr President się trochę odpręży, i dopiero wtedy wpuściłem go do parku.

Szczeniak natychmiast popędził do tego samego białego psa, który odprawił z kwitkiem Angela. Mr President położył uszy po sobie, sygnalizując uległość, ale zbliżał się zbyt agresywnie i z brakiem subtelności typowym dla buldoga. Mały biały pies odwrócił się i kłapnął ostrzegawczo – naprawdę nie miał ochoty na zabawę z Mr Presidentem. Byłem dumny z mojego pupila, ponieważ – tak jak Angel – natychmiast zrozumiał przekaz i uszanował decyzję „rozmówcy". Niezrażony, postanowił bliżej przyjrzeć się beaglom. Powitał je w bardzo grzeczny sposób, a one potraktowały go nieco mniej formalnie. Zachowywały się swobodnie i zaprosiły go do zabawy, prawdopodobnie dlatego, że Mr President był od nich młodszy i nie podnosił w ich obecności tylnej łapy, co sugerowało, że będą miały nad nim większą kontrolę. Za chwilę usłyszałem, jak wyją, ale miało to charakter raczej figlarny.

Byłem zadowolony, że Mr President ma okazję tego doświadczyć, ponieważ w domu nie mamy żadnych beagli. Szczeniak nauczył się, że skowyt psa nie musi koniecznie oznaczać czegoś złego – to po prostu sposób, w jaki beagle się porozumiewają. Właśnie dlatego należy zapoznawać psa z jak największą liczbą przedstawicieli różnych ras. Przypomina to przedstawianie dziecku osób różnej narodowości, dzięki czemu staje się ono bardziej tolerancyjne i rozumie, że ludzie wyglądający lub mówiący inaczej niż ono nie stanowią zagrożenia.

Mr President wrócił do mnie po zabawie z beaglami, a ja poczęstowałem go przysmakiem. Nagradzałem zarówno jego głód nowych doświadczeń, jak i posłuszeństwo oraz przywiązanie do mnie. Gdy opuściliśmy park, doszedłem do wniosku, że ten dzień nie mógł wypaść lepiej. Angel i Mr President reprezentują zupełnie odmienne rasy, ale obaj zareagowali na nową sytuację w ten sam sposób – radośnie i aktywnie, choć z uległością.

Marzę o świecie, w którym psy nigdy (nawet przypadkowo) nie ugryzą dzieci, nie wdadzą się w sprzeczki z innymi osobnikami i nie będą sprawcami śmiertelnych wypadków. Uspołeczniajcie wasze psy od najmłodszych lat i pilnujcie, by zachowywały się poprawnie w stosunku do innych zwierząt oraz ludzi. Dzięki temu nie tylko uczynicie wasz wspólny żywot lepszym, ale staniecie się również częścią idei, którą staram się współtworzyć – społeczeństwa przyjaznego psom.

WSKAZÓWKI DOTYCZĄCE ZAPOZNAWANIA PUPILA Z PARKIEM DLA PSÓW

- Zanim dotrzecie na miejsce, upewnijcie się, że szczeniak jest spokojny i uległy. Sugeruję, byście uprzednio zmęczyli go poprzez odpowiednio zorganizowany spacer, a jeśli okaże się to konieczne, także poprzez energiczną zabawę.
- Gdy opuścicie dom, zachowujcie energię spokojnie asertywną. Po drodze nie mówcie do psa wysokim, piskliwym głosem, a zanim wejdziecie do parku, udajcie się na kolejny krótki spacer, by mieć pewność, że pies nie wyskoczy z samochodu pełen energii.
- Zanim wejdziecie na obszar parku, sprawdźcie otoczenie. Jeśli jest tam zbyt wiele dużych psów lub panuje niezrównoważona atmosfera, odłóżcie zabawę na później.
- Jeśli okaże się to konieczne, trzymajcie szczeniaka na smyczy i podchodźcie z nim tylko do psów, które wydają się wam najbardziej zrównoważone.
- Z daleka nadzorujcie zachowanie psa, ale jeśli okaże się, że nie potrafi on poprawnie zinterpretować mowy ciała innych psów lub one nie rozumieją jego, bądźcie gotowi w każdej chwili wkroczyć i zablokować szczeniaka lub przekierować jego energię.
- Nie „ratujcie" szczeniaka z trudnych sytuacji, biorąc go na ręce i zabierając z parku. Wykorzystajcie energię i mowę ciała, by zapobiec eskalacji niechcianych zachowań.
- Pilnujcie swojego własnego poziomu energii. Jeżeli jesteście zmęczeni, zdenerwowani lub zniecierpliwieni, waszemu pupilowi udzieli się wasz nastrój.
- Podczas gdy wasz szczeniak będzie zdobywał nowe doświadczenia, bądźcie dla niego „partnerem", a nie ratownikiem lub sprawcą złego zachowania!

ROZDZIAŁ 8

Szczeniak dobrze ułożony

Śpiący Blizzard

Juliana Weiss-Roessler, kobieta odpowiedzialna za mój internetowy newsletter i blog, przeprowadziła ankietę, w której zapytała internautów o najczęściej powtarzające się i najbardziej frustrujące problemy z ich szczeniakami. Poniżej znajdziecie wyniki ankiety, opracowane na podstawie 1342 najbardziej typowych odpowiedzi, a także moje porady dotyczące wychowania dobrze ułożonego szczeniaka.

TYPOWY PROBLEM NR 1
Wskakiwanie na ludzi (51%)

Gdy szczeniak podbiega i wskakuje na nas, myślimy sobie: Na pewno mnie kocha i bardzo się cieszy, że mnie widzi! Czujemy się wyjątkowi, mając świadomość, że pies wybrał właśnie nas i że jesteśmy kochani. Któż z nas nie lubi patrzeć, jak szczeniaki wesoło podskakują podczas zabawy? Są tak beztroskie i pełne radości. To właśnie ich entuzjazm i umiejętność cieszenia się z drobnych momentów codzienności są powodem, dla którego chcemy, by szczeniaki były częścią naszego życia.

Okazuje się jednak, że 51% ankietowanych ma już dość tego typu nachalnych umizgów. Jeżeli wskakiwanie na ludzi staje się chronicznym problemem w wieku szczenięcym, można spodziewać się, że zachowanie to będzie występować także wtedy, gdy pies dorośnie. „Szczeniak owczarka niemieckiego wskakujący na właściciela to rozkoszny widok, ale dorosły, ważący ponad 50 kilogramów pies może powalić dorosłego człowieka na ziemię i spowodować u niego obrażenia" – mówi hodowca owczarków niemieckich Diana Foster. Wiek szczenięcy to najlepszy czas, by zdusić tego typu zachowanie w zarodku.

Najsilniejszym zmysłem u psa jest węch, a głównym zadaniem naszego pupila w ciągu pierwszych ośmiu miesięcy jego życia jest poznawanie świata, więc potrzeba obwąchania każdego nowo poznanego człowieka jest czymś zupełnie naturalnym. Ludzie wydzielają najsilniejszy zapach z okolic narządów płciowych i z ust. Na pewno każdy z was spotkał się ze źle wychowanym psem, który obwąchiwał wasze krocze, ale tak naprawdę w świecie psów tego typu zachowanie świadczy o dobrych manierach! By dostać się do tych dwóch kluczowych dla psa rejonów, szczeniak musi stanąć na tylnych łapach i oprzeć przednie na osobie, którą bada. Narządy płciowe są zazwyczaj zakryte ubraniami, ale następnym silnym źródłem zapachu są nasze usta. Szczeniaki i małe psy muszą podskakiwać, by zbliżyć się do naszych twarzy i sprawdzić, co tak naprawdę się tam dzieje. Ludziom trudno postrzegać ten gest inaczej niż jako okazywanie czułości. Prawda jest jednak taka, że czasami szczeniak jest po prostu niecierpliwy, a zdążył się już nauczyć, że gdy wskoczy na dorosłego człowieka, ten podniesie go, zbliży do siebie i uspokoi. Wiele osób mówi: „Gdy go podnoszę, od razu się uspokaja". Niestety, to tylko tymczasowe rozwiązanie. Niepożądane zachowanie nie znika, lecz jest tylko chwilowo zablokowane. Biorąc szczeniaka na ręce, gdy jest zniecierpliwiony, nigdy nie nauczycie go, jak ma zachowywać się spokojnie, kiedy stoi jeszcze na własnych łapach.

Jak zawsze uważam, że najlepszym lekarstwem jest zapobieganie. Wskakiwania można uniknąć już od pierwszego dnia poprzez ćwiczenie zasady braku dotyku, rozmowy i kontaktu wzrokowego podczas waszych pierwszych powitań. W ten sposób wysyłacie uspokajające sygnały i pomagacie psu skupić się na doznaniach zapachowych. Nos pomoże mu pozostać na ziemi, podczas gdy oczy i uszy będą reagować w zupełnie odmienny sposób. W przypadku Elizy, Chris i Johanna Komivesowie postanowili zastosować prewencję od pierwszego dnia i wysiłek ten się opłacił. „Nie okazujemy uczuć, gdy na nas wskakuje. Zanim po powrocie z pracy zaczniemy zwracać na nią uwagę, czekamy, aż się uspokoi (lub nawet lepiej – aż uda się na swoje miejsce)".

Kolejny krok to energiczne zajmowanie przestrzeni podczas poruszania się przy psie. Stanowczo zajmujcie pozycję i aktywnie zniechęcajcie psa do wskakiwania na was poprzez spokój i asertywność. Podczas nocy spędzonej u Peltierów, Angel nigdy nie usiłował wskakiwać na Johna, ale gdy był w radosnym nastroju, próbował wejść na nogi Melissy, gdy ta poruszała się po mieszkaniu. Szczeniak od razu był w stanie odróżnić silną energię Johna od łagodnego usposobienia jego żony (mimo że Melissa pracowała ze mną przez prawie sześć lat).

Melissa nie była w stanie zmienić tego, kim jest, ale dysponowała wiedzą, dzięki której mogła przekierować energię Angela i wyeliminować niechciane zachowanie. By oduczyć malucha wskakiwania na ludzi, wystarczyło odwrócić się, spojrzeć mu w oczy i wyciągnąć przed siebie dłoń – to gest, który Angel rozumiał jako „przestań". Następnie Melissa czekała, aż pies wycofa się z jej przestrzeni, usiądzie i się odpręży. Dopiero wtedy wracała do swoich zajęć. Ćwiczenie wymagało kilku powtórek, ale w końcu Melissie udało się powstrzymać psa dokładnie w momencie, w którym zamierzał skoczyć. Ona sama mówiła mi: „Kluczem do sukcesu są cierpliwość i powtórki. Musiałam konsekwentnie blokować jego zachowanie, choć wydawało mi się ono naprawdę urocze".

To właśnie najlepszy sposób na pozbycie się wszelkich niepożądanych zachowań. Musimy pamiętać, by nie skupiać się na naszych własnych potrzebach emocjonalnych i nie ulegać bezgranicznie urokowi szczeniaka. Owszem, być może jest on najsłodszym stworzeniem na czterech łapach, ale to wy jesteście przywódcami stada i musicie przede wszystkim zwracać uwagę na to, czego szczeniak potrzebuje.

TYPOWY PROBLEM NR 2
Gryzienie przedmiotów (38%)

Dla szczeniaka gryzienie odgrywa trzy istotne role.

Po pierwsze, zawsze bada on nowe przedmioty, a skoro nie ma rąk, musi to robić za pomocą pyska. Poznając otoczenie w ten sposób, dowiaduje się „co jest, a co nie jest w porządku". Wiek szczenięcy to czas, w którym wszystkie nowe doznania są przygodą – to naturalne, że pies jest ciekawy i poznaje świat za pomocą nosa i pyska.

Moje Centrum Psychologii Psa to miejsce bogate w rośliny, drzewa i trawę – florę, którą moje stado może badać do woli. Gdy Mr President miał około czterech i pół miesiąca, obserwowałem, jak podąża za swoim idolem Daddym na porośnięte wzgórze położone na terenie posiadłości. Daddy przytykał nos do ziemi i korzystając z kilkunastu lat doświadczenia, ostrożnie obwąchiwał różne rodzaje trawy, szukając odpowiedniego gatunku do gryzienia. Mr President obserwował go z uwagą. Daddy podszedł do jednego rodzaju źdźbeł, obwąchał je, potem poszukał kolejnego, a następnie zaczął gryźć. Mr President zrobił dokładnie to samo – najpierw zbadał nosem jeden typ trawy, po czym powędrował w inne miejsce i zaczął gryźć tylko ten rodzaj

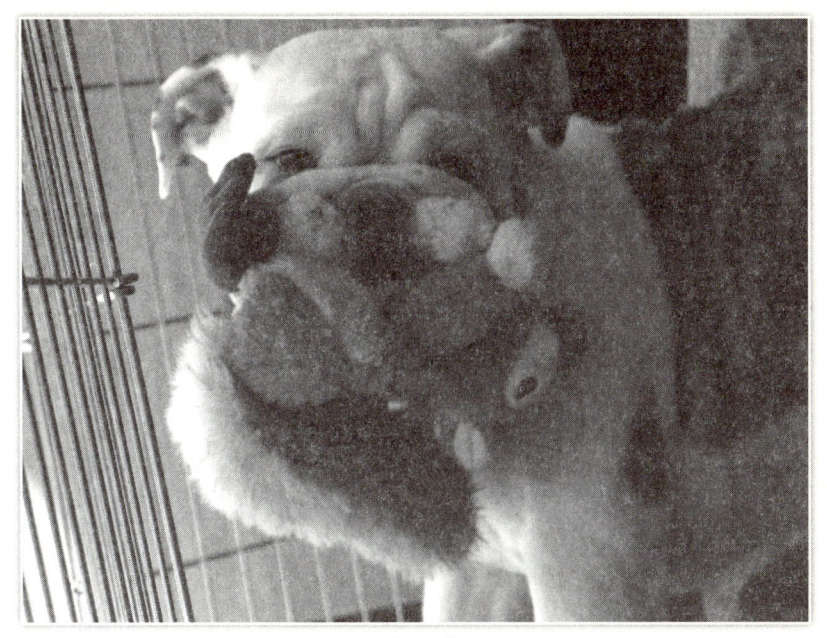

Mr President

źdźbeł, które wybrał starszy kolega. Od wielu lat zajmuję się psami, ale tego typu proste zdarzenia nie przestają mnie zadziwiać i inspirować. Daddy uczył Mr Presidenta, którą trawę można gryźć, a którą należy zostawić w spokoju. Oto prawdziwe zajęcia dla szczeniaków!

Jeżeli wasz szczeniak nie ma wzoru do naśladowania, to wy – jako właściciele – musicie dopilnować, by nie gryzł niczego, co może mu zaszkodzić. W tym celu powinniście odpowiednio zabezpieczyć dom i podwórko, ale pamiętajcie, że szczeniaki potrafią wpakować się w kłopoty nawet wtedy, gdy wydaje wam się, że pomyśleliście o wszystkim. Jeśli szczeniak weźmie do pyska coś, co mogłoby mu zaszkodzić lub jest dla was zbyt cenne, delikatnie dotknijcie jego karku albo zaprezentujcie mu interesujący zapach czy też smakołyk. Dzięki temu przekierujecie jego uwagę i zmusicie go do wypuszczenia przedmiotu z pyska. Osobiście preferuję dotyk, ponieważ tak właśnie zareagowałby inny pies, a poza tym nie chcemy, by nasz pupil skojarzył, że trzymanie w pysku nieodpowiedniego przedmiotu może zaowocować nagrodą.

Z doświadczenia wiem też, że nigdy nie powinniście siłą zabierać psu trzymanych w pysku przedmiotów, lecz sprawić, by sam je wam oddał lub zostawił i odszedł. Najważniejsze są nadzór nad waszym pupilem oraz zapewnienie mu wielu bezpiecznych gryzaków, które będzie mógł swobodnie badać.

Drugi powód, dla którego pies gryzie przedmioty, to nuda lub potrzeba odreagowania stresu. Niektóre rasy psów chętniej niż inne łagodzą napięcie poprzez gryzienie. Jak pamiętacie, właśnie ten problem okazał się słabostką Mr Presidenta. Gryzienie może być dla psa zabiegiem uspokajającym lub sposobem na kontrolowanie ludzi. Wiele czworonogów odkryło, że gdy wezmą do pyska określony przedmiot, człowiek będzie chciał im go zabrać. To mechanizm podobny do sytuacji, gdy szczeniak zaczyna rozumieć, że skacząc, zwraca na siebie uwagę człowieka. W tym przypadku to pies tresuje was, a nie wy jego.

W przypadku szczeniaka w wieku od czterech do sześciu miesięcy gryzienie może być także sposobem na łagodzenie bólu związanego z ząbkowaniem. W takiej sytuacji wymaganie od pupila, by niczego nie gryzł, jest całkowicie nienaturalne. Jedyne wyjście to zaopatrzenie się w różnego rodzaju gryzaki, które pomogą skierować jego uwagę na obiekty właściwe do gryzienia. Osobiście wolę dawać psom gryzaki naturalne (np. wykonane ze ścięgien) lub pluszowe zabawki z ukrytą w nich zawartością niż zabawki gumowe. Przedmioty naturalne i składające się z wielu warstw, które pies musi przegryźć, by dotrzeć do źródła zapachu, bardzo skutecznie absorbują uwagę psa. To właśnie z tego powodu psy zawsze przeczesują wasze szafy i wygrzebują z nich najlepsze pary skórzanych butów – liczy się wyzwanie związane z polowaniem i naturalny materiał, z którego wykonany jest przedmiot. Jestem wielkim fanem naturalnych gryzaków ze ścięgien, ponieważ starczają na długo. Jeden gryzak za siedem dolarów może przetrwać nawet do sześciu miesięcy, czyli przez cały okres szczenięcy. Umieszczanie gryzaka w innym przedmiocie, chowanie go lub zakopywanie to doskonały sposób na wymyślanie psu coraz to nowych wyzwań, dzięki czemu tę samą zabawkę będziecie mogli wykorzystać wielokrotnie.

Zanim zostawiłem Crystal z Mr Presidentem na dwa tygodnie, upewniłem się, że wie ona, iż jest to prawdziwy buldog i co za tym idzie – uwielbia gryźć. Mówiła potem: „Jestem bardzo wdzięczna, że Cesar uprzedził mnie o tym fakcie".

Delikatne dotknięcie karku lub uda psa pozwalało mi zwrócić na siebie uwagę Mr Presidenta. W ten sposób pokazywałam mu, których przedmiotów nie wolno ruszać, po czym oferowałam odpowiedni zastępnik. Największe wyzwanie, jakie napotkałam, to konfrontacja w moim samochodzie. Na początku Mr President bardzo chciał pogryźć lewarek skrzyni biegów, dźwignię hamulca ręcznego, klamki drzwi oraz zatrzask pasów bezpieczeństwa. Musiałam wykorzystać swoją energię, bo przecież nie mogłam utrzymywać z psem kontaktu wzrokowego podczas jazdy. Smakołyki nie odgrywały swojej roli, gdyż odwracały jego uwagę tylko na krótką chwilę i sądzę, że jedynie wzmagały niechciane zachowanie. Jednak kiedy innym razem zaraz po wejściu do auta dałam mu naturalny gryzak, natychmiast zapomniał o gryzieniu elementów wyposażenia mojego samochodu.

Kiedy po przyjściu do domu zobaczycie, że wasz pies niszczy waszą ulubioną torebkę, postarajcie się stłumić wzbierający w was gniew. Weźcie głęboki oddech, pozostańcie spokojni oraz asertywni i pamiętajcie, że w zachowaniu psa nie ma nic osobistego. Nie zabierajcie szczeniaka z dala od przedmiotu ani nie próbujcie siłą mu go odebrać. Spróbujcie spokojnie skorygować zachowanie i przekierować uwagę pupila. W przypadku szczeniąt przekierowywanie za pomocą zapachów działa prawie zawsze. Wykorzystajcie potencjał psiego węchu i zajmijcie go nowym, przeznaczonym specjalnie dla niego przedmiotem, a następnie szybko zabierzcie ten zakazany. Na szczęście dla was, szczeniaki szybko się dekoncentrują, dzięki czemu można skutecznie skłonić je do zaprzestania niepożądanych zachowań.

Pamiętajcie, że psy doskonale rozumieją ideę własności oraz zawłaszczania przedmiotu lub miejsca i stosują ją także w kontaktach między sobą. Chris Komives wykorzystał to, starając się odwieść Elizę od gryzienia, zanim stało się to prawdziwym problemem. „Eliza potrafiła coś zniszczyć tylko wówczas, gdy była naprawdę zaniepokojona. Pogryzła zasilacz do laptopa Johanny, gdy pojechaliśmy na koncert i zostawiliśmy suczkę samą na cały dzień (około 12 godzin). Domyśliliśmy się, że zasilacz pachniał jak Johanna, więc pomagał Elizie złagodzić stres. Następnego dnia wyjąłem stertę kabli i pokazałem jej, że należą do mnie. Wydawało mi się, że gryzienie kabli może świadczyć o niedoborze żelaza, więc zacząłem nagradzać ją kawałkami wątróbki. Od tamtej pory nie tknęła już więcej żadnych przewodów. Kilka razy zdarzyło jej się także pogryźć sznurowadła (buty zostawiła nietknięte). Powtórzyłem wtedy tę samą czynność, co w przypadku przewodów i problem więcej się nie powtórzył".

TYPOWY PROBLEM NR 3
Szczekanie (32%)

Jeśli przejechalibyście koło mojego domu w towarzystwie własnego pupila, prawdopodobnie nie domyślilibyście się, że w środku mieszka zaklinacz psów wraz ze swoim licznym stadem. Kilka ulic dalej mieszka jednak rodzina z jednym psem, którego nieustanne ujadanie słychać nawet u nas.

Dlaczego tak się dzieje? Moje psy znają zasady, granice i ograniczenia, są wciąż aktywne, spełnione i zrównoważone, zaś pies sąsiadów – wręcz przeciwnie.

Musicie wiedzieć, że tysiące lat temu ludzie pierwotni sami zachęcali przodków dzisiejszych psów do szczekania. Ostrzeganie właścicieli o zbliżającym się do obozu czy osady zagrożeniu stanowiło jeden z głównych czynników decydujących o bliskim związaniu się obu naszych gatunków. Mówiąc prościej – szczekanie jest w równym stopniu zasługą psa, co człowieka. Niektórzy właściciele, zwłaszcza mieszkający samotnie lub na terenie położonym z dala od cywilizacji, tresują swoje psy w taki sposób, by te szczekały, gdy tylko w okolicy pojawi się coś niezwykłego lub nieoczekiwanego. Inni wolą, by pies szczekał ostro i donośnie, przeganiając potencjalnych intruzów. Są jednak także ludzie, którzy żyją w większych skupiskach – w blokach lub szeregówkach – tam nieustanne ujadanie czworonoga może skończyć się problemami z właścicielem lokalu lub z sąsiadami.

Kiedy szczekanie psa przekracza dozwolone normy? Wszystko zależy od preferencji właścicieli, ale według mnie, gdy pies szczeknie więcej niż cztery razy, chodzi już o coś więcej niż tylko o zaalarmowanie stada. Obsesyjne ujadanie może stanowić próbę nawiązania dyskusji – pies chce nam powiedzieć: „Nie jestem teraz zadowolony z mojego życia. Nudzę się. Brak mi pewności siebie. Jestem sfrustrowany. Nie zapewniacie mi dość wysiłku fizycznego. Jedyną rozrywką, jaka mi została, jest szczekanie przez następne pół godziny". Pies szczekający przez dłuższy czas lub z byle powodu okazuje w ten sposób lęk lub frustrację.

W moim domu nie pozwalam na więcej niż jedno szczeknięcie. Spośród członków stada najczęściej to chihuahua Coco zawiadamia pozostałych mieszkańców o wszelkich niepokojących ją sygnałach lub zapachach. Gdy ją uciszę, żaden inny pies nie będzie usiłował naśladować jej szczekania. Wszystkie czworonogi jednak będą chciały pokazać mi źródło niepokojącego sygnału i zademonstrować swoją reakcję za pomocą mowy ciała. Różne rasy robią to w różnorodny sposób – podnosząc łapę, wskazując pyskiem, siadając obok newralgicznego miejsca, kładąc się na ziemi, stojąc na baczność lub biegając w tę i z powrotem. Mając 10 różnych psów, otrzymacie 10 różnych rodzajów sygnałów czujności, ale wszystkie osobniki będą okazywać ten sam rodzaj energii. Mimo to wolę, by reakcje na coś niepokojącego nie były wyrażane więcej niż jednym szczeknięciem. Mówię psom: „W porządku, spełniłyście swoje zadanie, resztą zajmie się człowiek". Teraz mogą iść się położyć.

W przypadku nowego szczeniaka sami możecie decydować – dużo szczekania, jeden sygnał lub kompletna cisza i spokój. Musicie jednak zacząć edukację jak najwcześniej. Skoro nauczyliście waszego pupila kojarzenia określonych dźwięków z brakiem aprobaty z waszej strony, konsekwentnie wykorzystujcie to podczas korekt. Jeśli szczekanie stało się zbyt intensywne, możecie energicznie dotknąć psa, by ponownie zwrócił na was uwagę. Nie poprzestawajcie jednak tylko na tym. Wasz szczeniak być może uciszy się na krótką chwilę, by zaraz ponownie zacząć ujadać. Nawet jeśli grzecznie usiadł, jego mózg wciąż jest w stanie podwyższonej gotowości. Bądźcie cierpliwi i zanim wrócicie do swoich zajęć, poczekajcie, aż pies całkowicie się uspokoi. Możecie także nagrodzić szczeniaka okazaniem mu uczuć lub smakołykiem, ale dopiero w momencie, gdy będzie on zupełnie cicho.

Jeżeli pies wciąż szczeka na ten sam przedmiot, osobę lub miejsce, czas odebrać mu do tego prawo. Użyjcie umysłu, mowy ciała i spokojnie asertywnej energii, by stworzyć niewidzialną barierę, której szczeniakowi nie wolno przekroczyć. Ten rodzaj skupionej energii i mowy ciała to wytyczne, których pies od was oczekuje. Pamiętajcie jednak, że w przypadku szczeniaków macie okazję zapobiec niechcianemu szczekaniu, zanim stanie się ono nawykiem lub sposobem na odreagowywanie stresu.

TYPOWY PROBLEM NR 4
Gryzienie (24%) i żucie (19%) podczas zabawy

Gryzienie dla zabawy to coś, co szczeniaki stosują wobec swojego rodzeństwa i uważa się to za zachowanie instynktowne. Jest to sposób na interakcję społeczną i zabawa przygotowująca do życia na łonie natury. W warunkach naturalnych rodzeństwo, matka lub starszy pies w stadzie szybko pokażą szczeniakowi, gdzie leżą granice gryzienia. Junior uwielbia siłować się z Mr Presidentem i Blizzardem, ale gdy maluchy zaczną gryźć za mocno, ich opiekun błyskawicznie zacznie je ignorować. Warto pamiętać, że ugryzienie, które dorastający pitbull uzna za zbyt mocne, w przypadku ludzi byłoby bardzo bolesne, a być może nawet skończyłoby się raną. Żucie, podobnie jak gryzienie przedmiotów, to dla szczeniaka naturalny sposób na badanie świata za pomocą pyska. Ani gryzienie, ani żucie podczas zabawy nie musi koniecznie oznaczać nastawienia agresywnego lub dominującego. Jeżeli jednak zbyt często będziecie pozwalać szczeniakowi na okazywanie dominacji poprzez gryzienie i żucie w trakcie zabaw, to kiedy maluch dorośnie, będzie wykorzystywał te czynności jako narzędzie do kontrolowania was. Diana Foster ostrzega: „Jeżeli pozwolicie szczeniakowi na gryzienie »na niby«, może ono przerodzić się w prawdziwą agresję w momencie, gdy pies dorośnie. Nauczył się przecież, że dzięki swojemu pyskowi i zębom może od was dostać to, czego chce".

Pozwoliłem Blizzardowi, Angelowi i Mr Presidentowi na zbadanie moich dłoni, ale tylko za pomocą pyska. Jakikolwiek nacisk szczęk nie wchodził w grę. Gdy maluchy w naturalny sposób zaczynały zaciskać szczęki i badać granice mojej tolerancji – łagodnie, ale stanowczo łapałem je za kark lub za głowę dłonią ułożoną w „szpon" imitujący pysk innego psa. Następnie utrzymywałem taką pozycję do chwili, w której zobaczyłem, że psy się uspokajają. To naturalne, że szczeniaki chcą sprawdzać naszą cierpliwość, ale równie naturalnie akceptują wyznaczone przez nas granice. Moje zachowanie jest po prostu naśladowaniem tego, co w podobnej sytuacji zrobiłaby psia matka, Junior, Daddy lub nawet inny maluch.

Niezwykle istotne jest jednak wyczucie czasu. Nie wolno wykonywać zbyt wielu korekt, szczypać szczeniaków lub trzymać ich za kark zbyt długo po tym, jak się uspokoją, ponieważ mogą odebrać to jako wyzwanie. Podczas ćwiczeń z waszym szczeniakiem możecie pomóc sobie, zakładając rękawicę. Dzięki temu poczujecie się odprężeni i będziecie wiedzieć, że zawsze macie pełną kontrolę nad waszym pupilem. Jeżeli martwicie się o własną wygodę i bezpieczeństwo, będziecie wyzwalać słabą energię, co wasz szczeniak niezwłocznie wykorzysta! Nie będzie on szanował granic ustanowionych przez osoby słabe lub takie, którym brak pewności siebie. Szczeniaki bazują na instynkcie – jeżeli wyczują u przywódcy stada choćby drobne zawahanie, natychmiast same wkroczą do akcji. Nieustanne emanowanie energią spokojnie asertywną i okazywanie dominującej pewności siebie podczas pierwszych miesięcy życia waszego szczeniaka działa niczym polisa ubezpieczeniowa zapewniająca wam dożywotni szacunek w oczach psa.

Kolejną zaletą rękawicy ochronnej jest możliwość uniknięcia sytuacji, w której odruchowo wyrywamy dłoń z pyska szczeniaka, gdy czujemy, że jego zęby wbijają się zbyt głęboko w naszą skórę. Tego typu zachowanie pobudza instynkty myśliwskie naszego pupila i jedynie potęguje jego podekscytowanie. Zdaniem Diany: „Zbyt długie głaskanie (jednorazowo dłużej niż pięć sekund), zbyt szybkie zabieranie dłoni z psiego pyska i częste podnoszenie jej tuż nad głowę psa (zabawy szczególnie popularne wśród dzieci) to zachowania, które dodatkowo pobudzają go do używania zębów podczas zabawy". Gdy Blizzard zamieszkał z rodziną Barnesów, szybko dostrzegł, że gryzieniem podczas zabaw może podporządkować sobie Christiana. Pies rósł w imponującym tempie i pojawiło się ryzyko, iż może on zrobić chłopcu krzywdę. To czternastoletnia Sabrina nauczyła Christiana, jak zachować spokój i zmusić Blizzarda do uległości, zanim ponownie zaczną się bawić.

TYPOWY PROBLEM NR 5
Kłopoty z załatwianiem potrzeb fizjologicznych (24%)

We wcześniejszych rozdziałach zajmowaliśmy się już tematem tresury toaletowej. Jak pisałem, nauczenie psa odpowiednich nawyków nie jest procesem nadmiernie skomplikowanym, ponieważ natura jest po naszej stronie. Większość problemów z tresurą toaletową zdarza się dlatego, że właściciele nie trzymają się z góry ustalonego harmonogramu, nie odkażają miejsc, w których psu przytrafił się wypadek, i co najważniejsze, zbyt mocno przejmują się zniszczonym meblem lub dywanem. Pies nie rozumie, że zapłaciliście za sofę mnóstwo pieniędzy, ale zrozumie, że jesteście w stanie rozchwiania emocjonalnego i emanujecie silną negatywną energią skierowaną właśnie na niego.

Jeśli chcecie zapobiec takim sytuacjom, nie dajcie psu żadnych szans na przykry wypadek w domu. Dopóki nie będziecie mieć absolutnej pewności co do nawyków toaletowych waszego pupila, a także gdy nie możecie osobiście mieć go na oku, trzymajcie go w wydzielonym i łatwym do sprzątania pomieszczeniu. Jeżeli to konieczne, skorzystajcie z podkładów higienicznych i za każdym razem dokładnie odkażajcie miejsca, w których pies się załatwił. Przygotujcie psa na sukces, a nie na porażkę. Jeśli będziecie trzymać emocje w ryzach, zdziwicie się, jak szybko wszystko zacznie układać się zgodnie z waszym planem.

Słysząc tak wiele skarg i opowieści o koszmarach związanych z tresurą toaletową, dziwię się, że ta sprawa pojawiła się dopiero na piątym miejscu listy najczęściej sygnalizowanych problemów ze szczeniakami. Mam wrażenie, iż Amerykanie bardzo poważnie traktują stan swoich domostw. Skakanie, gryzienie i szczekanie są dla nich nieco męczące, ale nigdy w życiu nie pogodzą się z wizją mieszkania w domu, w którym czuć zapach psiego moczu i kału. Jakoś przeżyją ze śladami ugryzień na rękach i nie przeszkadzają im skargi ze strony sąsiadów, ale plama na drogocennym orientalnym dywanie sprawia, że wpadają w szał. Szczeniak potrafi się zorientować, jak poważnie traktujemy ograniczenia, które mu stawiamy. Jeżeli nie wiecie, jak ustalić psu odpowiednie ograniczenia lub nie jesteście na to gotowi, szczeniak szybko wyczuje waszą niepewność i negatywne zachowania będą trwać nadal.

TYPOWY PROBLEM NR 6
Niereagowanie na wezwania (23%)

Przede wszystkim – musicie zrozumieć, że w świecie waszego szczeniaka nie ma czegoś takiego jak „imię". Tożsamość psa określają jego zapach i energia, a dźwięk nie odgrywa tu żadnej roli. Nadajemy psom imiona wyłącznie dla własnej wygody, a na szczęście dla nas, są to zwierzęta niezwykle łatwo przyswajające skojarzenia. Dzięki temu potrafią w odpowiedni sposób zareagować na szczególną intonację i zbiór sylab, które wypowiadamy, gdy czegoś od nich chcemy. W Instytucie Antropologii Ewolucyjnej imienia Maxa Plancka w Niemczech pies rasy border collie imieniem Rico udowodnił, że potrafi rozpoznać nazwy ponad 200 różnych przedmiotów*. Psy nie potrafią wyciągać wniosków, ale zadziwiają nas swoją zdolnością do kojarzenia. Gdy ktoś jednak mówi: „Mój szczeniak zna już swoje imię", nie jest to taka sama świadomość, o jakiej myślimy w przypadku ludzkiego dziecka – nie ma nic wspólnego z poczuciem własnej tożsamości. Pies rozumie swoje imię w oparciu o sposób, czas i powód jego wypowiadania, a także, co najważniejsze, o energię przekazywaną podczas procesu komunikacji.

Gdy rodzina Obamów nazwała swojego szczeniaka imieniem Bo, często pytano mnie: „Czy takie imię nie będzie dla psa dezorientujące, bo przecież rymuje się z angielskim słowem *no* (nie)?". Odpowiadałem, że być może, ale możliwe też, że dopóki imię Bo będzie wykorzystywane w związku z pozytywnymi bodźcami, takimi jak zabawa, karmienie, spacery czy pochwały oraz okazywanie uczuć, pies nie będzie miał problemu z odróżnieniem swojego imienia od słowa wykorzystywanego podczas negatywnych sytuacji. Pies to nie poeta – nie interesuje go samo słowo, lecz związana z nim energia wypowiedzi. Jest to jeden z powodów, dla których uczę klientów, by unikali zwracania się do zwierzęcia po imieniu podczas korygowania. Ja wołam psy po imieniu, gdy chcę je wezwać, pochwalić lub podczas zabaw i pozytywnie nacechowanych wyzwań oraz ćwiczeń.

Załóżmy, że robicie wszystko dobrze – wykorzystujecie imię psa tylko w pozytywnym kontekście, a on wciąż nie reaguje na zawołania. Nie chodzi tu o to, że nie chce do was przyjść, buntuje się czy kwestionuje wasz autorytet. Głównym powodem, dla którego psy nie reagują na wezwania, jest fakt, iż psi nos odbiera o wiele wyraźniejsze sygnały niż

---

* Instytut Antropologii Ewolucyjnej im. Maxa Plancka, http://www.eva.mpg.de/English/research.htm.

uszy, wskutek czego wasz pupil może być w danym momencie zbyt zafascynowany interesującym zapachem, by usłyszeć wezwanie. Pamiętajcie, że dla szczeniaka wszystko jest nowe i ekscytujące. Nowy zapach może tak bardzo zaaferować malucha, że reagowanie na o wiele mniej interesujące bodźce słuchowe nie będzie go interesować. Jeżeli będziecie uparcie wykrzykiwać imię psa w chwili, gdy ten jest zaabsorbowany zapachem, ryzykujecie, że skojarzy on dźwięk swojego imienia z brakiem uwagi. Pamiętajcie, że pies słyszy przede wszystkim energię, którą wyzwalacie podczas nawoływania. Jeżeli w brzmieniu swojego imienia szczeniak usłyszy przekaz typu „niecierpliwię się, jestem na ciebie zły", uzna, że nie jest to energia dość atrakcyjna, by za nią podążać.

Pies przyswaja informacje w kolejności: nos, oczy, uszy. Wychowując Juniora, Blizzarda, Angela i Mr Presidenta, wzorowałem się na Matce Naturze i na początku starałem używać jak najmniej dźwięków. Zamiast tego stymulowałem ich nosy. Jest to zabieg szczególnie efektywny w przypadku szczeniaków. Jeżeli spaceruję z Angelem, a jego niezwykle wrażliwy nos wyczuje na drodze zapach, który go zdekoncentruje, staram się położyć tuż przed nim gryzak w celu odwrócenia jego uwagi, po czym odchodzę. Zaczynam wołać go po imieniu lub dawać pozytywne sygnały w postaci cmokania dopiero wtedy, gdy maluch już do mnie idzie. W ten sposób zaczyna on kojarzyć imię lub dany dźwięk z czynnością podążania za mną. To właśnie słyszę, gdy podążam za moim panem – skojarzenie jest jasne i nie pozostawia psu żadnych wątpliwości.

Kolejny etap ćwiczenia odbywa się wówczas, gdy pies jest na długiej smyczy. Tym razem wykorzystuję dźwięk oraz naturalny instynkt nakazujący mu podążanie za przywódcą. Pozwólcie, by pies oddalił się od was, po czym przytrzymajcie smycz nogą, by nie mógł iść dalej, odwróćcie się od szczeniaka i zacznijcie oddalać. Gdy tylko maluch zacznie za wami iść, odwróćcie się w jego kierunku i zawołajcie go po imieniu lub użyjcie dźwięku, który ma kojarzyć z wracaniem do was. Gdy tylko do was dobiegnie, nagródźcie go.

Powtarzajcie poniższe ćwiczenie jedynie w naturalnych warunkach, gdy szczeniak za wami podąża: kiedy rano wypuścicie malucha z klatki, gdy chwalicie go podczas tresury toaletowej, gdy wołacie go na karmienie i gdy bierzecie udział w zajęciach, które szczególnie lubi. Energia idąca w parze z zawołaniem powinna być pozytywna i spokojnie asertywna. Im większą uwagę wasz pies przywiązuje do zapachów, tym więcej czasu zajmie mu zrozumienie, że gdy przychodzi pora na podjęcie decyzji, słuch jest ważniejszy niż węch. Cierpliwemu i oddanemu właścicielowi na pewno uda się nauczyć psa tej sztuki. Zanim to nastąpi, miejcie przy sobie coś, co pomoże wam zwrócić na siebie uwagę czworonoga. Może to być naturalny gryzak, silnie pachnący przedmiot lub smakołyk. Jeżeli nauczycie się myśleć jak szczeniak i postrzegać świat przez pryzmat priorytetu „nos, oczy, uszy", wasz pupil w końcu nauczy się myśleć tak jak wy.

TYPOWY PROBLEM 7
Kopanie (21%)

Wszystkie psy to naturalni kopacze. Niektóre rasy, na przykład teriery, charakteryzują się genami, które dodatkowo wzmagają potrzebę kopania. Czynność ta staje się wtedy głównym sposobem na odreagowanie stresu, nudy czy niepokoju. Musimy zapewnić naszym psom okazję do zaspokojenia tej całkowicie naturalnej potrzeby.

Obszar, na którym znajduje się nowe Centrum Psychologii Psa, to okolica obfitująca w dziką przyrodę. Kiedy dwumiesięczny Angel przybył w to miejsce, zaczął przyglądać się mojemu czteroletniemu terierowi odmiany Jack Russel, gdy ten przeczesywał teren posiadłości w poszukiwaniu susłów. DNA Angela zdawało się krzyczeć: „Kopanie! To właśnie do tego zostałem stworzony!", ale pomimo faktu, iż przodkowie Angela wykorzystywani byli do kopania w poszukiwaniu szczurów i innych gryzoni, nie chcę, by polowanie na susły stało się jego hobby. Muszę przekierować jego energię na bezpieczniejsze rozrywki, nadal jednak mając na uwadze jego umysł i geny.

Właśnie w tym celu wydzieliłem specjalny obszar wewnątrz mojego centrum. Wysoki piaszczysty wał pokryty opuszczonymi norami gryzoni stał się oficjalnym „poligonem górniczym" dla psów – miejscem, w którym wykonuję z nimi proste ćwiczenia mające za zadanie zaspokojenie ich potrzeb. Biorę do ręki piłkę tenisową, pozwalam, by psy skupiły na niej swoją uwagę, po czym chowam ją na dnie jednej z wielu opuszczonych nor gryzoni. Cudownie jest patrzeć, jak szczeniaki najróżniejszych ras pokazują swoje ukryte talenty podczas tego prostego ćwiczenia. Junior, silny pitbull, niczym buldożer wpada na wał i wszystkimi czterema łapami zaczyna wyrzucać w powietrze grudy ziemi. Dokopie się do dna nory w mgnieniu oka, ale zrobi to w sposób zupełnie niezdyscyplinowany – w myśl zasady „maksimum emocji i siły, minimum skupienia". Obserwując Mr Presidenta, widzę, dlaczego kopanie dołów i szukanie ukrytych skarbów nie jest domeną buldogów. Maluch zawsze będzie starał się dołączyć do podekscytowanego stada, ale jego płaski pysk i ogromna głowa sprawiają, że może on jedynie niezdarnie grzebać w ziemi, mniej więcej w miejscu, w którym ukryłem przedmiot. Natomiast Angel od pierwszego dnia okazał się mistrzem sztuki kopania. Podczas gdy Junior traci resztki sił, starając się powiększyć dziurę w wale, a Mr President szwęda się w nadziei, że ktoś odda mu schowaną piłkę, Angel po prostu wskakuje w norę niczym wyszkolony nurek w wodę, znika na krótką chwilę i wychodzi na powierzchnię, dumnie trzymając w pysku ukryty przeze mnie skarb.

Za ten wyczyn nagradzam go pochwałami i okazuję mu uczucia. To ważne, by Angel rozumiał, że jestem bardzo dumny z jego niezwykłej umiejętności, cieszę się jego szczęściem i chcę rozwijać jego instynkty, lecz pragnę skierować je w pożądanym przeze mnie kierunku. Maluch uczy się, że szukamy piłek, a nie susłów i kopiemy tylko w miejscach, w których pozwala nam kopać człowiek. To zapobieganie w najlepszej formie; wiem, że Angel nie będzie w przyszłości niszczyć mojej posiadłości, ponieważ zaspokajam jego genetyczne potrzeby w ciekawy i twórczy sposób.

Jeżeli jesteście właścicielami teriera lub psa innej rasy o silnej potrzebie kopania lub macie problemy ze szczeniakiem obsesyjnie rozkopującym ogródek, radzę, by wydzielić mu odpowiedni do jego rozmiarów obszar podwórka. Możecie też ustawić piaskownicę, pod warunkiem, że będzie odpowiednio głęboka. To miejsce, w którym wasz ulubieniec będzie mógł kopać do woli. Zakopcie tam coś interesującego, na przykład naturalny gryzak lub aromatyzowaną zabawkę i pozwólcie psu obwąchać to miejsce. Jeśli nie zacznie kopać, zacznijcie to robić sami. Po chwili pies powinien się podekscytować i przyłączyć do zabawy. Jeżeli nie macie możliwości zapewnienia psu miejsca do głębokich wykopów, zasypujcie obszary, które już rozkopał – dzięki temu wasz pupil otrzyma nowe, ciekawsze wyzwanie. Możecie jednak po prostu dać psu wolną rękę, patrzeć, jak samodzielnie przeżywa przygodę i nagradzać jego wysiłek, gdy przyniesie wam zakopany przedmiot. Po skończonej zabawie zakopcie doły i umyjcie zabawkę – dzięki temu pies będzie ciągle zainteresowany, gdyż będzie miał wrażenie, że rozkopuje teren po raz pierwszy.

Kolejny etap to pokazanie psu, że wyznaczony teren to jedyne miejsce, w którym można kopać. Po zakończeniu pierwszej tego typu zabawy, zabierzcie go do ogrodu lub innego obszaru, w którym nie wolno mu kopać. Ukryjcie jakiś przedmiot w ziemi, ale zablokujcie psa, gdy tylko będzie usiłował się do niego zbliżyć. Skierujcie jego uwagę na siebie i nie pozwólcie, by zaczął skupiać się na węchu i doznaniach słuchowych oraz wzrokowych. Za pomocą mowy ciała odbierzcie mu prawo do kopania na tym obszarze. Następnie wróćcie do wydzielonego placu zabaw i ponownie pozwólcie psu kopać. Powtarzajcie ten rytuał kilka razy w tygodniu, a nawet codziennie, jeśli wasz szczeniak nabrał już nieodpowiednich nawyków. Pies musi jasno zrozumieć zasady, granice i ograniczenia dotyczące kopania.

Jeśli mieszkacie w bloku, udajcie się do parku lub na plażę przyjazną psom. Chcąc zaspokoić „górnicze" potrzeby swoich podopiecznych, hodowca Angela – Brooke Walker – zapewnia swoim sznaucerom miniaturowym kocie zabawki w postaci tuneli-labiryntów wyściełanych miękkim materiałem. Zaspokajając wrodzone potrzeby już od pierwszych dni życia szczeniaka, możemy zapobiec rozwinięciu się praktycznie każdego problemu behawioralnego.

TYPOWY PROBLEM NR 8
Niechęć do spacerów na smyczy (20%)

W całej historii swojego krótkiego życia Angel nigdy nie miał problemu z chodzeniem na smyczy. Zawdzięczam to między innymi jego hodowcy, Brooke Walker. Już od czwartego tygodnia życia nakłada ona swoim małym sznaucerom kolorowe papierowe obroże, a gdy maluchy kończą osiem tygodni, zaczyna przyzwyczajać je do smyczy.

Gdy wyprowadzam moje stadko na plażę, ludzie często podchodzą do mnie i zadają mi wiele pytań, gdyż osoba spacerująca z sześcioma dobrze wychowanymi i kroczącymi w pięknym szyku sznaucerami miniaturowymi to bardzo niecodzienny widok. Pewnego dnia podeszła do mnie kobieta z sześciomiesięcznym sznaucerem, który nie miał pojęcia, jak poruszać się na smyczy. To bardzo przykre. Okazało się, że kobieta kupiła sznaucera w sklepie zoologicznym, co wiele wyjaśnia. Szczeniak kupiony w sklepie w wieku sześciu miesięcy zbyt długo czekał na właściciela i nigdy nie miał okazji, by poznać otaczający go świat. Jeśli chodzi o kwestię chodzenia na smyczy, jest to jedna z pierwszych umiejętności, którą powinien opanować pies. Gdy moje maluchy opuszczają hodowlę, mają już za sobą odpowiedni trening w tej dziedzinie.

Szczeniak trafiający w ręce nowej rodziny może być przygotowany do chodzenia na smyczy, ale nie oznacza to, że rodzina wie, jak ten fakt wykorzystać. Gdy patrzyłem na materiał CNN, na którym szczeniak Obamów ciągnął za sobą Malię po całym podwórku Białego Domu, wiedziałem, że pierwsza rodzina nie opanowała jeszcze sztuki wyprowadzania psa. Kwestię spaceru podjąłem w *Rozdziale 4*. Zwróciłem uwagę, że szczeniak powinien iść z głową podniesioną do góry, tuż przy nodze, nie powodując przy tym napięcia smyczy.

Pies nie powinien was ciągnąć ani kluczyć po całym podwórku, jak miało to miejsce w przypadku Bo. Chodzenie zygzakiem (lub „łowienie much", jak barwnie opisał to jeden z moich klientów) to znak, że pies jest zbyt podekscytowany. Spacer nie powinien kojarzyć się psu z emocjami, lecz z dyscypliną – czymś, co należy zacząć wdrażać już w wieku szczenięcym. W środowisku naturalnym szczeniaki dobrze wiedzą, że muszą podążać za matką w określonym szyku, gdyż w przeciwnym wypadku zgubią się lub zostaną z tyłu. Korzystając z długiej smyczy i chcąc tym samym zapewnić psu swobodę, w rzeczywistości działacie wbrew psiej naturze. Możecie przerywać spacer, by pozwolić psu na eksplorację terenu, a także ustalać ćwiczenia, które polegają na nadzorowanym badaniu waszego podwórka, ale nic nie może zastąpić odpowiednich nawyków spacerowych.

Podczas nauki chodzenia na smyczy możecie się jednak spodziewać paru zachowań typowych dla bardzo młodego szczeniaka. Pamiętajcie, że wszystko, czego maluch doświadcza, jest dla niego nowe. To oczywiste, że będą go rozpraszać rzeczy takie jak trawa, drzewa, inne psy i ludzie. W takich sytuacjach będzie on ciągnąć smycz, tworząc napięcie. Jeżeli będziecie ciągnąć smycz do siebie, stworzycie jeszcze więcej napięcia, a spacer stanie się wydarzeniem stresującym. Upewnijcie się, że smycz założona jest wysoko na szyi szczeniaka. Drugi koniec nościie przy sobie zwyczajnie, niczym walizkę lub torebkę. Gdy wasz szczeniak zobaczy coś ekscytującego i zacznie się oddalać, nie napinajcie smyczy, ale podążajcie dalej w obranym uprzednio kierunku, skupiając się na tym, by piesek wciąż patrzył przed siebie. Za pomocą zapachów, smakołyków lub gryzaków zajmujcie jego nos i skupcie się na tym, by szczenię ciągle podążało za wami. Zaangażowanie nosa to niezawodny sposób na przekierowanie uwagi waszego pupila. Jeżeli szczeniak będzie dalej ciągnął smycz, odwróćcie się, zatrzymajcie, nawiążcie kontakt wzrokowy z psem i patrzcie mu w oczy tak długo, aż usiądzie. Zwolnijcie napięcie smyczy i cierpliwie czekajcie. Gdy pies ponownie skupi się na was i zobaczycie, że jest całkowicie odprężony – kontynuujcie spacer. Być może będziecie musieli powtórzyć to ćwiczenie kilkakrotnie, zanim szczeniak zrozumie, że to wy kontrolujecie spacer.

Gdy podczas mojej nieobecności Crystal Reel wzięła do siebie na tydzień Mr Presidenta, napotkała zupełnie inny problem podczas spacerów. „Czasem szczeniak szedł, dopóki miał na to ochotę, a potem po prostu siadał. Nie przepada za długimi, wyczerpującymi spacerami, zwłaszcza gdy na dworze jest gorąco". W tym roku mieliśmy w Los Angeles bardzo silne upały, a buldogi są niezwykle wrażliwe na wysoką temperaturę. Crystal poradziła sobie z problemem, dostosowując się do fizycznych potrzeb Mr Presidenta: „W gorące dni starałam się dzielić spacer na kilka 10-minutowych części. Gdy piesek usiadł, starałam się go zachęcić do kontynuacji spaceru za pomocą zapachu jedzenia".

Kolejnym typowym zachowaniem szczeniąt jest brak pewności siebie w nowym środowisku, a co za tym idzie – niechęć do spaceru. Kiedy Melissa wzięła pod opiekę Angela, na początku zabrała go do restauracji z ogródkiem. Aby się do niej dostać, należało pokonać kilkanaście marmurowych schodów – coś, czego Angel nigdy przedtem nie widział. Maluch radośnie spacerował po parkingu, ale gdy zobaczył schody, zaczął się opierać. To zachowanie zupełnie naturalne, gdyż świadczy o instynkcie i zdrowym rozsądku psa. Czteromiesięczny szczeniak był z obcą osobą i znalazł się w niepewnej sytuacji. Instynkt podpowiadał mu: „Użyj swojego nosa, sprawdź to. Nie rób niczego zbyt pochopnie". Nie należy poganiać psa, który słucha własnego instynktu.

Melissa wzorowo poradziła sobie z sytuacją. Zatrzymała się i popuściła smycz, pozwalając, by Angel oswoił się ze schodami. Zanim pies zdążył zbytnio się zaaferować, wyjęła gryzak, położyła mu go przed nosem, wprowadzając malucha na jeden schodek, potem pozwoliła mu powąchać gryzak i zaprosiła go na kolejny stopień. Gdy szczeniak minął czwarty schodek, Melissa zwiększyła tempo, a Angel – wciąż nieśmiały, ale już w ruchu – szybko podążał za swoją panią. Podobna sytuacja przytrafiła się w jej bloku, ale kiedy pies po raz trzeci napotkał na swojej drodze schody, schodził i wchodził po nich jak prawdziwy mistrz.

TYPOWY PROBLEM NR 9
Skomlenie lub zawodzenie (18%)

Kiedy szczeniak zostanie oddzielony od stada, płacze, by zwrócić na siebie uwagę matki. Zazwyczaj maluch skomle, gdy chce, byście go zauważyli, na przykład z powodu samotności lub potrzeby wypróżnienia się. Piszczenie podczas pierwszych nocy z dala od matki i rodzeństwa nie jest niczym niezwykłym – pamiętajcie, że oddzielając psy od stada, postępujemy w sposób niezgodny z naturą. Mimo to czworonogi szybko przyzwyczajają się do nowej sytuacji, a radzenie sobie z samotnością to umiejętność, która będzie im potrzebna do końca życia. Postarajcie się rozwinąć ją jak najszybciej, by uniknąć późniejszych problemów psa z lękiem przed zostawaniem samemu. Jeśli podczas pierwszych kilku nocy w waszym domu szczenię piszczy, najlepszym sposobem jest ignorowanie jego nawoływań.

Skomlenia szczeniaka w klatce można uniknąć poprzez zadbanie o to, by pies był spokojny i uległy, zanim zostanie zamknięty na noc. Nigdy nie zamykajcie klatki, gdy wasz pupil wciąż jest podekscytowany lub zaniepokojony. Czekajcie obok malucha w ciszy, dopóki się nie odpręży, po czym delikatnie zamknijcie drzwi i się oddalcie. Upewnijcie się także, by przez snem lub odpoczynkiem pies był odpowiednio zmęczony i śpiący, zwłaszcza gdy mówimy o okresie, w którym szczeniak wciąż przyzwyczaja się do nowego otoczenia. Jeśli zmęczycie psa podczas zabawy, będzie on miał o wiele mniej energii na piszczenie i szybciej zaśnie. Zadbajcie także o to, by wasz podopieczny miał ustalony harmonogram toaletowy, dzięki czemu nie będzie mu niewygodnie w klatce lub legowisku.

Większość moich klientów przyznaje, że z trudnością przychodzi im ignorowanie szczenięcych pisków podczas pierwszych kluczowych nocy. Diana Foster z hodowli Thinschmidt German Shepherds upiera się, by dla dobra psa świeżo upieczeni właściciele nie miękli pod wpływem jego próśb.

Ignorowanie tego typu hałasów niezależnie od ich natężenia jest niezwykle ważne. Gdy psy są zestresowane i starają się poradzić sobie z problemem, będą próbowały postawić na swoim. Ich zachowanie ulegnie eskalacji i sytuacja zamiast się poprawić, ulegnie pogorszeniu. Treserzy psów nazywają to „wybuchem podczas wygaszania". Niestety, zazwyczaj właśnie w tym momencie właściciele ulegają nawoływaniom swoich podopiecznych, gdyż nie mogą dłużej znieść hałasu. Gdyby poczekali chwilę dłużej, skomlenie zapewne by ustało. Przerywanie eskalacji jedynie wzmacnia zachowanie, którego człowiek tak usilnie stara się uniknąć. Wkrótce po osiągnięciu punktu krytycznego – momentu zupełnej utraty kontroli, pies zacznie się uspokajać.

TYPOWY PROBLEM NR 10
Oddawanie moczu pod wpływem podniecenia (15%) lub uległości (11%)

Podobnie jak w przypadku tresury toaletowej, nieplanowane oddawanie moczu przez psa – pod wpływem ekscytacji czy uległości – jest zachowaniem, które również spotyka się ze stanowczymi korektami właścicieli. W tej sytuacji ponownie sprawdza się uniwersalny schemat ludzkiego myślenia: Możesz ciągnąć mnie za sobą po parku, a nawet zjeść moje buty, ale nie waż się zanieczyszczać mojego salonu.

Siusianie pod wpływem podekscytowania następuje wtedy, gdy pies jest tak bardzo zaaferowany daną sytuacją, że zapomina o kontrolowaniu własnego organizmu. To psia wersja „moczenia się z radości". Młode szczeniaki są bardzo podatne na nadmierną stymulację i nie mają jeszcze całkowicie wykształconych nawyków toaletowych, więc o wypadek nietrudno. Najbardziej oczywistym rozwiązaniem jest uważne obserwowanie pupila podczas zabaw i niepozwalanie mu na nadmierne podekscytowanie osobami, miejscami lub przedmiotami. Jeśli problem się powtarza, powinniście skonsultować się z lekarzem weterynarii, by upewnić się, że maluch nie cierpi na żadne choroby układu moczowego ani że nietrzymanie moczu nie wiąże się z problemami neurologicznymi.

Moczenie się pod wpływem uległości to zazwyczaj przypadłość psów strachliwych, nerwowych lub nadmiernie uległych i zbyt wrażliwych. Oddawanie moczu następuje pod wpływem stresu i jest formą okazywania całkowitej uległości i szacunku. Jeżeli pies jest zbyt nieśmiały i uległy, zadbajcie o to, by wszystkie osoby, z którymi się styka, przestrzegały zasady „brak dotyku, brak rozmów, brak kontaktu wzrokowego" do momentu, w którym wasz zwierzak sam wyrazi ochotę na ich poznanie. Jeżeli ktoś z waszej rodziny lub otoczenia wydziela zbyt władczą lub zbyt asertywną energię, może to również przyczynić się do moczenia się, nawet jeżeli wasz szczeniak dobrze zna tę osobę. Poinstruujcie tych, którzy przyczyniają się do problemów waszego pupila, by ignorowali psa, dopóki nie upewnicie się, że poczuje się on w ich towarzystwie zupełnie swobodnie.

ROZDZIAŁ 9

OKRES DOJRZEWANIA

WYZWANIA OKRESU DOJRZEWANIA

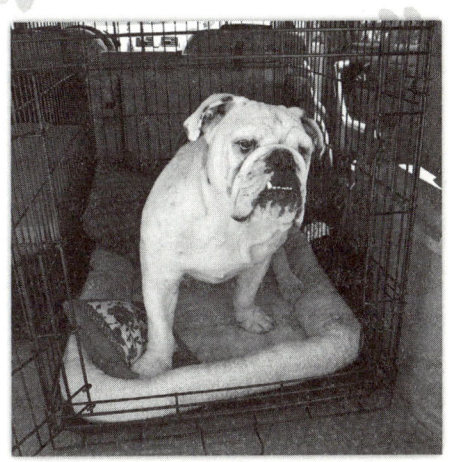

Mr President w klatce samochodowej

Kiedy pierwszy raz zauważyłem, że czteromiesięczny Angel podnosi nogę przed siusianiem i przejawia pierwsze oznaki zachowań typowych dla oznaczania swojego terenu, przypomniał mi się moment, gdy mój dziewiętnastoletni syn Calvin oznajmił, że nadszedł czas na znalezienie sobie dziewczyny. Poczułem wtedy charakterystyczne ukłucie w sercu, aż nazbyt dobrze znane rodzicom na całym świecie: ze smutkiem uzmysłowiłem sobie, że dzieci dorastają zbyt szybko.

Specjaliści od psiego behawioryzmu nie dają konkretnej odpowiedzi na pytanie, kiedy dokładnie pies wchodzi w okres dojrzewania.

Początek tego etapu może nastąpić w wieku 16 tygodni – jak w przypadku przedwczesnego oznaczania terenu przez Angela – lub daje się zauważyć dopiero po ośmiu miesiącach życia. Generalnie mniejsze psy dojrzewają szybciej niż przedstawiciele większych ras. Istnieją też różnice w tempie dorastania między samcami a samicami. Nie jestem specjalistą od biologii psów, ale przez wiele lat moich doświadczeń z tymi zwierzętami zaobserwowałem, że pies między szóstym a ósmym miesiącem życia wchodzi w odpowiednik okresu nastoletniego u ludzi, gdyż mniej więcej w szóstym miesiącu życia zaczyna kształtować się jego popęd płciowy. W wieku sześciu miesięcy mój słodki Angel zmienił się w małego diabełka – chciał kopulować ze wszystkim, co się ruszało. Jednak z powodu swego jeszcze szczenięcego sposobu bycia nie stwarzał zagrożenia dla innych psów. Gdyby porównać zachowanie Angela do zachowania dorastających chłopców, powiedziałbym, że mój psiak właśnie zaczął interesować się „Playboyem", ale nie bardzo wiedział, co to wszystko oznacza. Myślę, że dojrzewanie u psów na dobre zaczyna się, gdy mają osiem miesięcy. To okres zuchwałych i nieprzewidywalnych zachowań, które mogą potrwać do ukończenia przez nie dwóch lub trzech lat. Podczas tego okresu mózg waszego pupila wciąż intensywnie się rozwija, ale jego ciało jest już prawie dorosłe. Ukończywszy sześć do ośmiu miesięcy, zwierzak wciąż będzie zachowywał się jak sympatyczny, duży i przymilny szczeniak. Pewnego dnia jednak obudzicie się i nagle zdacie sobie sprawę, że nie jest już szczenięciem. Wasz pies nie będzie bawił się jak szczenię. Inaczej też będzie warczał i szczekał.

„Dopiero w okresie dojrzewania Eliza zaczęła szczekać – powiedział mi Chris Komives, gdy jego suczka rasy wheaten terrier miała prawie rok. – Zdarza się to głównie w domu, więc uważam, że teraz, gdy jest starsza, stała się bardziej świadoma swojej przestrzeni. Kiedy szczeka, każę jej przestać, iść na swoje miejsce i się uspokoić. Niestety, jako „nastolatka" ma własną interpretację tego polecenia. Nauczyła się wskakiwać do wykusza, obszczekiwać jak szalona przechodzącego właśnie psa, a dopiero potem biec na swoje miejsce i się kłaść. Zdałem sobie sprawę, że wcześniej pomyliłem tresurę psa z jego psychologią.

Teraz korygujemy jej zachowanie przy oknie i uspokajamy ją od razu w momencie, gdy staje się podekscytowana i zaczyna szczekać". Eliza „zinterpretowała" polecenie Chrisa według swego kaprysu. Jest to doskonały przykład dorastającego psa, który zna podstawowe zasady, ale chce sprawdzić, na ile może je nagiąć. Jako szczenię wasz pies był zależny od ciągłego nadzoru i całkowicie zdeterminowany wrodzoną potrzebą podążania za wami i przynależenia do waszego stada. Dojrzewający osobnik zaczyna już samodzielnie myśleć. Zwierzę testuje każde ograniczenie, które z takim poświęceniem wpajaliście mu przez minione osiem ważnych w jego rozwoju miesięcy. Jeżeli odstąpicie od wcześniej przyjętego programu wychowania psa i wasz pupil uwierzy, że zasady obowiązują tylko czasami, ryzykujecie utrwalenie negatywnych wzorców zachowań, za co możecie pokutować do końca życia psa. Jeśli jednak wrócicie do podstaw i będziecie trzymać się wytycznych, które sami ustanowiliście, zyskacie szansę na nawiązanie jeszcze głębszej więzi ze swoim psem oraz zbudowanie bardziej dojrzałej i sensownej relacji między wami.

Smuci mnie fakt, iż zbyt wielu właścicieli psów poddaje się i przestaje sobie radzić, gdy do tej pory ułożone lub przynajmniej znośne szczenię potraja swoje gabaryty i zaczyna jednocześnie gwałtownie się rozwijać. Właściciele przyzwyczajają się do poczucia fałszywego bezpieczeństwa i nagle czują, że nie potrafią poradzić sobie ze wszystkimi nowymi wyzwaniami. „Zwróćcie uwagę, jakiej kategorii wiekowej psy są najczęściej oddawane do schronisk – mówi mój przyjaciel Martin Deeley. – Otóż najczęściej są to zwierzęta w wieku od ośmiu miesięcy do dwóch lat*. To czas, kiedy zwierzę z domowego pupila staje się psem podwórkowym, ponieważ w domu sprawia zbyt wiele problemów. To dowód na to, że w tym okresie coś się zmienia. Co się tak naprawdę dzieje? Po znakomitych początkach właściciele odprężają się, gdyż ich szczeniak jest dobry, mały, a wszelkie problemy, jakie stwarza, są tłumaczone »szczenięcym zachowaniem«. Wkrótce jednak pies sta-

---

* Więcej na temat zbyt licznych populacji zwierząt domowych w: Elisabeth A. Clancy i Andrew N. Rowan *Companion Animal Demographics in the United States: A Historical Perspective*, HSUS. org. http://www.hsus.org/web-files/PDF/hsp/soa_ii_chap02.pdf.

je się większy, silniejszy, bardziej dojrzały umysłowo, płciowo (jeśli nie jest wysterylizowany), bardziej świadomy swojej osobowości, bardziej aktywny lub nawet nadpobudliwy, czyli wykazuje cechy buntowniczego nastolatka". Dlatego też radzę moim klientom skupić się na zapobieganiu problemom lub zduszaniu ich w zarodku, zanim zaczną się powtarzać. Tłumaczę, że klienci powinni ustanowić solidne fundamenty zasad, granic i ograniczeń już w okresie szczenięcym i nigdy nie rezygnować z przestrzegania tych podstawowych wytycznych, bez względu na to, jak duży czy nieposłuszny stanie się ich dojrzewający pies.

FIZYCZNE ZMIANY

Dorastający pies nie chce robić na złość właścicielowi. Jednak wiele istotnych zmian zachodzących w jego wyglądzie oraz mózgu sprawia, że zachowanie zwierzęcia staje się co najmniej dziwne.

- Jego zęby stałe już wyrosły albo kończy się faza ich wyrzynania, więc przechodzi drugie (nieraz bardziej destruktywne dla otoczenia) ząbkowanie.
- Może rosnąć tak szybko, że będą mu dolegać łagodne lub też niekiedy dość ostre „bóle wzrostowe".
- U psa zaczyna się rozwijać i dojrzewać instynkt samoobrony, mogą więc powrócić lęki z okresu szczenięcego i towarzysząca im nieśmiałość albo zachowanie agresywne.
- Gwałtowny wzrost powoduje, że stawy stają się bardziej kruche i podatne na kontuzje, co oznacza, że pies powinien z niektórymi energicznymi ćwiczeniami poczekać, aż jego ciało będzie nieco bardziej dojrzałe.
- Starsze psy zaczynają traktować dorastającego osobnika jako bardziej odpowiedzialnego za swoje czyny, co oznacza, że między zwierzętami mogą pojawić się konflikty, niekiedy bezpodstawne*.

---

* Kathy Diamond Davis *The Canine Behavior Series*, http://www.veterinarypartner.com/plx?P=A-&A=1701&S=1&SourceID=47.

DOJRZEWANIE PŁCIOWE

Jedną z charakterystycznych cech tego okresu jest gwałtowny wzrost roli, jaką w zachowaniu psa odgrywają hormony płciowe. Niedoświadczony seksualnie dojrzewający samiec produkuje kilka razy więcej testosteronu niż dorosły osobnik, a więc postępuje zgodnie ze swoimi żądzami w stopniu ekstremalnym lub co najmniej przesadzonym – chyba że jest wykastrowany. Jeśli nie, samce będą często znaczyły swój teren, włóczyły się, niektóre zaczną przejawiać agresję wobec innych samców – a nawet ludzi – czego nie robiły jako szczenięta. Wąchając mocz innego psa podczas spaceru, niewykastrowany osobnik może sfiksować na punkcie zapachu, patrzeć w dal (próbując wytropić, w jakim kierunku poszedł pies, który zostawił ten „ślad") i odmówić oddalenia się od tego miejsca, bądź też wyrywać się na poszukiwanie tajemniczej suki, której „perfumy" wciąż unoszą się w powietrzu. Nawet najlepszy trening posłuszeństwa w okresie szczenięcym często nie jest w stanie utemperować tej silnej żądzy.

Ciało niewysterylizowanej suki zaczyna przygotowywać się do pierwszej cieczki, gdy zwierzę ma mniej więcej sześć miesięcy. Jeśli szukać sygnałów ostrzegawczych zapowiadających wczesną cieczkę, jednym z pierwszych i najbardziej oczywistych będzie to, że samce reagują na tę sukę w inny sposób – od razu skupiają na niej swoją uwagę i zazwyczaj są w jej towarzystwie bardziej podekscytowane. Samica zaczyna wydzielać charakterystyczny zapach, nawet zanim zacznie się właściwa cieczka. Jest to naturalne zaproszenie dla samców do odnalezienia i zapłodnienia jej. Te przedwczesne hormonalne sygnały mogą prowokować zachowania agresywne oraz rywalizację między psami; nawet wykastrowane samce mogą reagować na zapach samicy. Suka podczas cieczki może też być bardziej zalotna wobec psów, a nawet „flirtować" z nimi – stojąc nieruchomo z ogonem podniesionym niczym flaga i pozwalając im obwąchiwać swoje intymne miejsca. U niektórych suk obserwuje się lekki obrzęk w okolicy sromu; na początku cieczki może z niego wypłynąć nieco krwi. Częste oddawanie moczu i drażliwość – coś w rodzaju psiego zespołu napięcia przedmiesiączkowego – to także powszechne objawy rui.

ETYCZNE SPOJRZENIE NA STERYLIZACJĘ I KASTRACJĘ

Zaraz po uczuciu głodu najsilniejszą naturalną potrzebą jest potrzeba dobierania się w pary. Natura psa każe zwierzęciu poszukiwać partnera co pół roku. Jeśli potrzeba ta nie zostaje zaspokojona, w ciele psa – zwłaszcza samca – narasta ogromne napięcie i frustracja, często rozładowywane w formie agresji. Dzieje się tak, gdy pierwotny instynkt drapieżnika uzewnętrznia się u spokojnych psów – wtedy naprawdę mogą się pozabijać. Na wsi w Meksyku, gdzie dorastałem, psy nie są poddawane sterylizacji czy kastracji. Cała okolica staje się dla zwierząt jednym wielkim psim parkiem. Żyją według swoich instynktów, ponieważ swobodnie dobierają się w pary – zgodnie z planem Matki Natury. Te psy nie znają frustracji na tle seksualnym, która mogłaby przerodzić się w agresję. Z jednej strony, taki bardzo naturalny styl życia doprowadził do zwiększenia liczebności populacji psów, z czym społeczeństwa rozwijających się krajów muszą się zmierzyć. Z drugiej jednak strony, psy w krajach Trzeciego Świata żyją zdecydowanie krócej niż ich „koledzy" w Stanach Zjednoczonych.

Amerykańskie psy, tak jak ich meksykańscy bracia, posiadają zdolność oraz potrzebę łączenia się w pary, ale w przeciwieństwie do nich nie mają takich możliwości. Na Zachodzie czynniki takie jak styl życia, prawo nakazujące używania smyczy oraz fakt, że psy stają się członkami rodzin (nie wspominając o wielkiej tragedii porzuconych i bezdomnych psów), sprawiają, że nie możemy pozwolić naszym pupilom na swobodne rozmnażanie się. To nierealne. Dlatego też jestem przekonany, że tu, w Stanach, dla ludzi niezajmujących się zawodowo hodowlą psów sterylizacja/kastracja jest jedynym etycznym wyjściem z sytuacji. Nie powinniśmy dopuścić, by nasze psy doświadczały wielkiego fizycznego i psychicznego cierpienia spowodowanego niemożliwością kopulacji, gdy ich ciało jest na to gotowe i ma swoje potrzeby. Jesteśmy to winni naszym psom.

Kiedy jest odpowiedni czas na sterylizację lub kastrację dojrzewającego szczeniaka lub „młodocianego" psa? Moim zdaniem wtedy, gdy nasz podopieczny kończy sześć miesięcy. Do tego czasu prawie wszystkie psy przestają już rosnąć, ale hormony płciowe nie mają jeszcze całkowitej kontroli nad ciałem zwierzęcia i nie wpływają na jego zachowanie. Niektórzy hodowcy psów wystawowych, którym zależy na uzyskaniu idealnie zbudowanych okazów, uważają, że należy poczekać kilka miesięcy dłużej, by mieć pewność, że pies osiągnął fizyczną dojrzałość. Ja natomiast wierzę, że dzięki sterylizacji/kastracji w wieku sześciu miesięcy blokujemy dostęp do psiego mózgu silnym sygnałom ze świata hormonów. W ten sposób wasz pupil nigdy nie doświadczy cierpienia i frustracji spowodowanych potrzebą łączenia się w pary przy braku sposobności ku temu.

Na temat sterylizacji i kastracji istnieje wiele mitów – na przykład że zabieg ten zmienia osobowość psa, hamuje jego rozwój i że zwierzę od tego tyje. Jeżeli moja praca zaklinacza psów wywarła w ogóle na kogoś jakikolwiek wpływ, chciałbym teraz użyć go, by obalić te mity. Doktor Rick Garcia, jeden z moich ulubionych weterynarzy, podziela moje zdanie: „Wczesna sterylizacja/kastracja niesie za sobą wiele korzyści zdrowotnych. Zapobiega rakowi jąder, nowotworom sutków i narządów rozrodczych, przepuklinie okołoodbytniczej, hamuje także rozwój wielu innych chorób, na jakie może zapaść pies z powodu zbyt dużej ilości hormonów płciowych nagromadzonych przez lata w organizmie. Niektórzy ludzie mówią, że wysterylizowane lub wykastrowane psy są bardziej narażone na otyłość, ale jeśli zwierzętom zapewni się prawidłową dietę i regularne ćwiczenia, nie powinno być z tym problemu".

Podczas mojego pobytu w Stanach Zjednoczonych pomogłem setkom psów oraz ich właścicielom lepiej zrozumieć ten zabieg i przygotować się do niego psychicznie. Dla każdego z nich operacja była pozytywnym doświadczeniem – nie powodowała żadnych fizycznych, psychicznych ani duchowych dolegliwości. „Zalety behawioralne są nie do przecenienia – dodaje doktor Garcia. – Po kastracji pies nie oznacza moczem swego terenu w domu i wokół niego ani nie przejawia agresji, która mogłaby doprowadzić do problemów w kwestii dominacji czy przemocy wobec innych psów, a nawet członków rodziny właścicieli. Wysterylizowane lub wykastrowane psy łatwiej okiełznać i wytresować, są też spokojniejsze w domu. Jedyną wadą zabiegu jest to, że pies nie może się rozmnażać. Jednak korzyści przewyższają tę jedną wadę".

Sterylizacja/kastracja oczywiście nie jest złotym środkiem na wszelkie niepożądane zachowania psa. Wasza rola jako spokojnie asertywnego przywódcy stada oraz konsekwencja w zaspokajaniu innych potrzeb psa poprzez ćwiczenia, dyscyplinę i okazywanie uczuć są sposobem na walkę ze złymi nawykami lub problemami zwierzęcia. Sterylizacja czy kastracja nie zapewnia, że hormony płciowe nie dostaną się do mózgu psa i nie wywołają potrzeby rozmnażania. Zabieg nie też zapobiega konsekwencjom desperackich zachowań psów, gdy nie mają możliwości łączenia się w pary.

NOWOTWÓR DADDY'EGO. HISTORIA KU PRZESTRODZE

Kwestia sterylizacji/kastracji stała się dla mnie jeszcze bardziej istotna, gdy u mego pitbulla Daddy'ego wykryto zakaźny psi guz weneryczny. Daddy nie dał się pokonać tej zagrażającej życiu chorobie, ale przeszedł poważną operację, kilkanaście dni chemioterapii, musiał także być poddany rygorystycznej pozabiegowej diecie i rehabilitacji, by jego organizm odzyskał formę po toksycznych skutkach ubocznych leczenia. Daddy miał wtedy 12 lat i nie został wcześniej wykastrowany, gdyż jego prawowity właściciel, raper Redman, był temu przeciwny. Chociaż naprawdę kochał Daddy'ego, pragnął, by pies pozostał jak najbardziej naturalny – niekoniecznie obchodziło go to, co byłoby dla zwierzęcia najlepsze na dłuższą metę. Redman chciał, by Daddy doświadczył ojcostwa, ale nie zadał sobie pytania:

„Jeśli nie będę dopuszczał Daddy'ego do suk, jak to wpłynie na jakość jego życia? Co z jego frustracją i silną potrzebą kopulacji?".
Nie możemy jednoznacznie stwierdzić, że brak zabiegu kastracji spowodował nowotwór Daddy'ego. Z holistycznego punktu widzenia, w przypadku samca frustracja na tle seksualnym prowadzi do nagromadzenia się w jego ciele testosteronu oraz negatywnej energii, co może się przyczyniać do powstania nowotworu. Tuż po zdiagnozowaniu go u Daddy'ego formalnie zaadoptowałem zwierzaka i w końcu kazałem go wykastrować. Patrzenie, jak mój ukochany pies cierpi, było dla mnie bardzo bolesne. Kochałem go i dlatego byłem gotowy ponieść znaczne koszty, by go uratować. Łącznie wyniosło to ponad 10 000 dolarów. Oczywiście, było warto – ale tę sumę mogłem przeznaczyć na inne cele związane z moją życiową misją, na przykład na uratowanie życia większej liczbie psów.

MR PRESIDENT IDZIE POD NÓŻ

Gdy Mr President skończył sześć miesięcy, zdecydowałem, że czas oddać go pod nóż, by mógł długo żyć w dobrym zdrowiu i bez frustracji. „Och, jak pan może robić to tak wspaniałemu okazowi jak Mr President?" – zapytał mnie jakiś niezorientowany w sprawie nieznajomy. Odpowiedź jest taka, że choć Mr President to bardzo ładny pies, nie ma dla niego zbyt wielu odpowiednich samic. Nie można po prostu dać ogłoszenia o treści: „Poszukiwana nieskazitelna genetycznie suka rasy buldog angielski". Nie jestem hodowcą. Wielu ludzi sądzi, że rozmnożenie należących do nich psów jest świetnym pomysłem, ale – jak przeczytaliście w *Rozdziale 2* – uniknięcie chorób genetycznych i problemów behawioralnych jest skomplikowanym, niemal naukowym zadaniem i nie powinno się zostawiać tej kwestii amatorom. Osobiście uważam, że lepiej jest uniknąć pojawienia się na świecie niechcianych szczeniąt i usypiania ich, gdy osiągną dorosłość, tylko dlatego, że nie jesteśmy w stanie znaleźć im domów. Dla mnie jest to wysoce niemoralny występek, coś, co sprowadza złą karmę na cały nasz gatunek. Zostawiając rozmnażanie psów profesjonalistom, dbamy, by przychodziły na świat kolejne pokolenia zdrowych osobników i zapobiegamy pojawianiu się niechcianych zwierząt, których życie wypełnione byłoby cierpieniem.

Procedura bez traumy

Doktor Garcia z mobilnego szpitala weterynaryjnego Paws'n'Claws (Paws and Claws Mobile Veterinary Hospital) od wielu lat jest bliskim przyjacielem Centrum Psychologii Psa oraz fanem mojego programu telewizyjnego *Zaklinacz Psów*. Doktor Garcia zna Mr Presidenta od wczesnego okresu szczenięcego, więc postanowiłem oddać buldoga w jego ręce i pewnego słonecznego kwietniowego poranka przywiozłem psa do mobilnej kliniki weterynaryjnej doktora Garcii.

By mieć pewność, że sterylizacja lub kastracja – oraz każdy inny zabieg weterynaryjny – będzie lekkim, pozytywnym przeżyciem dla waszego psa, musicie jako właściciele panować nad swymi emocjami. Mówiąc prościej, jeśli macie poczucie winy w związku z zabiegiem albo nie jesteście pewni słuszności decyzji o jego konieczności, pies może czuć się tak samo lub nawet gorzej. Mam nadzieję, że dowiedziawszy się o korzyściach płynących ze sterylizacji/kastracji, podejdziecie do sytuacji z takim stanem umysłu, z jakim ja podszedłem do zabiegu Mr Presidenta: naprawdę byłem szczęśliwy, podekscytowany i dumny, że mogłem przyczynić się w ten sposób do zapewnienia mu przyszłości stabilnego, zrównoważonego psa.

Kiedy przyjechaliśmy do kliniki, Mr President był we właściwym sobie nastroju do zabawy. Praca, jaką podczas jego okresu szczenięcego włożyłem w przyzwyczajanie go do różnych ludzi, miejsc i rzeczy, przyniosła rezultaty – maluch postrzegał wszystkie nowe doświadczenia nie jako straszne zagrożenia, lecz ekscytujące nowe przygody. Nie miał pojęcia, że zostanie wykastrowany – wiedział tylko, że jedzie w zupełnie nowe miejsce, i to go cieszyło. Doktor Garcia uprzedził mnie, bym 12 godzin przed operacją nie karmił ani nie poił Mr Presidenta. Przywiozłem za to jego ulubioną zabawkę, wypchaną wiewiórkę, spryskaną specjalnym aromatem w spreju, by zająć czymś nos psa, dopóki nie zaśnie. Miałem być też przy nim, gdy się obudzi, żeby dopilnować, by był w tym samym stanie umysłu: spokojny, zadowolony i posłuszny.

Kiedy wsiadaliśmy do ciężarówki doktora Garcii, Mr President od razu wskoczył do środka – to miejsce było mu znane, jak zresztą i pozostałym członkom mojego stada. Pies zawsze, od samego początku, miał dobre, pozytywne skojarzenia z tym wozem. Natychmiast zaczął dumnie przechadzać się dookoła. Widać było, że czuł się jak u siebie w domu. Doktor Garcia i technik weterynaryjny, Lizette Barajas, nie mogli się nadziwić, jak bardzo urósł, odkąd widzieli go po raz ostatni. Ważył już prawie 18 kilogramów! Zająłem pysk Mr Presidenta zabawką, podczas gdy Lizette głaskała go – pamiętajcie, że gdy był szczeniakiem, spędziłem wiele miesięcy na przyzwyczajaniu go do tego, że obcy ludzie mogą dotykać różnych części jego ciała. Starałem się sprawić, by dotyk nieznajomych kojarzył mu się z nagrodami i pieszczotami, więc kiedy dostał pierwszy zastrzyk, nawet tego nie zauważył. Rick i Lizette byli wręcz oczarowani energicznym stylem bycia Mr Presidenta – jest z natury radosnym typem, który po prostu uwielbia nieznajomych ludzi. „Nie wszystkie psy zachowują się w ten sposób w klinice weterynaryjnej" – zauważył doktor Garcia. Ale też nie wszystkie są od początku wychowywane na idealnego psa mającego dawać przykład innym!

Po pierwszym zastrzyku Mr President wydawał się wciąż tak radosny i ciekawy, jak chwilę po przybyciu do kliniki. Beztrosko obserwował, jak doktor Garcia napełnia strzykawkę, podobnie jak zawsze obserwuje mnie, gdy przygotowuję dla niego psie przysmaki lub nową zabawkę. Technik weterynaryjny przytrzymał cielsko Mr Presidenta, a ja masowałem jego podgardle, by odwrócić uwagę psa od Ricka, który oczyszczał mu przednią łapę przed wbiciem strzykawki. Dostał kolejny zastrzyk i odpłynął w krainę różowych słoni.

Gdy już spał, a jego ciało było w pełni rozluźnione, doktor Garcia zaczął proces intubacji. „Buldogi mają nienaturalny kształt ciała i krótki pysk, więc należy zwrócić szczególną uwagę na to, by podczas zabiegu ich drogi oddechowe były drożne, a szyja wyciągnięta" – wyjaśnił. Rick i Lizette nawilżali też cały czas oczy psa. W kąciku operacyjnym mobilnej „kliniki" na kółkach Lizette położyła Mr Presidenta na podgrzewanej poduszce, by jego ciało utrzymywało stałą temperaturę (środki znieczulające obniżają temperaturę ciała o mniej więcej dwa stopnie Celsjusza) i podłączyła mu płyny dożylne. Doktor Garcia delikatnie wykonał eliptyczne nacięcie wokół moszny zwierzęcia. Najpierw wyciął powłokę skórną, następnie odseparował małe wiązadło łączące każde jądro z tą częścią ciała. Na końcu zszył nacięcie. Poprosiłem wcześniej doktora o wycięcie całej moszny, by pies wyglądał „czysto i schludnie" i by uniknąć podrażnień skóry, które mogłyby powstać, gdyby psu zwisał pusty fałd skórny. Zszywanie zajęło więc pięć minut dłużej niż przeciętnie, ale pomimo to cała procedura nie trwała długo – jedynie kwadrans. Na koniec pies dostał jeszcze jeden zastrzyk, zawierający środki uśmierzające ból i zapobiegające powstawaniu stanów zapalnych, a także penicylinę. Przed przeniesieniem Mr Presidenta do części pozabiegowej – którą stanowił miękki koc ułożony w kącie furgonetki – weterynarze pobrali nieco krwi, by zbadać miano odpornościowe.

Przed upływem 20 minut od rozpoczęcia operacji Mr President zaczął się budzić. Od razu próbował się podnieść. Na początku trochę się trząsł, częściowo z zimna, a częściowo dlatego, że jego organizm walczył z działaniem narkozy. Zająłem jego nos zabawką, co go natychmiast ożywiło. Choć jeszcze chwiał się na nogach, był w tak dobrym nastroju, jak tuż po przyjeździe do kliniki. Potem przyprowadziłem jego najlepszego kumpla, Angela, który miał mi pomóc rozweselić rekonwalescenta. Angel podszedł do swego przyjaciela bardzo ostrożnie. Naturalnie nie miał pojęcia, że jego „brat" właśnie został poddany zabiegowi sterylizacji, ale wyczuwał, że Mr President pachnie jakoś inaczej i jest w innym niż zwykle stanie.

Po kilku minutach wynieśliśmy zawiniętego w koc Mr Presidenta na zewnątrz i położyliśmy go na trawie, by odpoczywał w ciepłych promieniach słońca. Doktor Garcia dziwił się, że Mr President jest wytrzymały i tak szybko dochodzi do siebie. „Jeżeli da radę wstać,

Doktor Garcia sprawdza stan Mr Presidenta po operacji

możecie jechać do domu" – powiedział lekarz. Prawie jak na zawołanie Mr President skoczył na równe nogi i zamierzał zerwać się do biegu... ale tylko zachwiał się i runął na swój zadek po kilku niepewnych krokach. Niezrażony niepowodzeniem znów się podniósł i poszedł za Angelem, który zapraszał go do zabawy. Po kilku krokach ponownie padł na ziemię. „W porządku – uspokoił mnie Rick – bieganie przyspieszy jego krążenie, więc szybciej wróci do normy". Kiedy wyjąłem przysmak dla Angela, Mr President w okamgnieniu zareagował na szelest rozwijanego papierka, zapach jedzenia jeszcze bardziej go rozbudził. Chociaż nie wolno mu było nic jeść ani pić przez trzy kolejne godziny (z wyjątkiem odrobiny wody, by nawilżyć język), gdy wracaliśmy do samochodu, Mr President – wciąż nieco się chwiejąc – biegł truchtem za mną, Angelem i kuszącym smakołykiem. Dzięki zabiegowi, który nie trwał nawet pół godziny, podarowałem memu buldogowi na całe życie lepsze zdrowie fizyczne i psychiczne.

JAK ZMIERZYĆ SIĘ
Z MŁODZIEŃCZYM BUNTEM

Wysterylizowanie lub wykastrowanie psa nie gwarantuje jego równowagi psychicznej ani nie zapewnia gładkiego, bezstresowego przejścia przez okres dojrzewania. Nawet pies po zabiegu przechodzi fizyczne i psychiczne zmiany, które wymagają od właścicieli wzmożonej czujności i cierpliwości, by zapewnić mu wsparcie na tym obfitującym w wydarzenia etapie rozwoju. Nie wolno wam wtedy ani na chwilę zapomnieć o spokojnie asertywnej energii – teraz będziecie potrzebować jej bardziej niż dotychczas. Pamiętajcie jednak, że jeżeli stanowczo ustanowicie zestaw zasad, granic i ograniczeń, wychowanie psa będzie już tylko kwestią ewentualnego przypominania, jak ma się zachować, nie zaś uczenia go od nowa.

„W okresie dojrzewania może zaistnieć potrzeba ponownego przejścia całego treningu – zauważa Martin Deeley. – By uniknąć gryzienia wszystkiego dookoła, biegania bez opamiętania po domu, a nawet wyrobienia nawyku niszczenia różnych rzeczy, warto zastanowić się nad klatką lub wydzielić psu określoną przestrzeń. Na tym etapie rozwoju zwierzę może stwierdzić, że wasza sofa lub łóżko świetnie nadają się na psią toaletę. Bierzcie swego buntownika na smycz, nawet w domu, by zawsze wiedzieć, gdzie jest, co robi i... jeśli się uda... co knuje. W ten sposób będziecie mogli wcześnie zareagować i skorygować wszelkie próby niepożądanych zachowań". Clint Rowe, hollywoodzki treser psów, również się z tym zgadza: „Musicie przypominać swemu szczeniakowi ustalone wcześniej granice. Trzymajcie się zasad, jakie mu wpoiliście, gdy był młodszy. Nie pozwólcie, by doszło do sytuacji, w której nie będziecie w stanie wyegzekwować wykonania polecenia. Nie pozwalajcie, by zwierzę ignorowało was lub było nieposłuszne. Nigdy jednak nie próbujcie grozić swemu psu. Postępujcie z nim spokojnie i konsekwentnie".

ROZKOJARZENIE

Dorastający pies widzi otaczający go świat z nowej perspektywy i reaguje na niego w nowy sposób. Może przestać uważać was za tak nieskończenie fascynujących ludzi, jak wcześniej, gdy bardzo się starał zaspokoić wasze oczekiwania. Teraz posiada już pewną wiedzę na temat swego środowiska i ma więcej energii, by lepiej je poznawać. Kiedy idziecie do parku dla psów z dojrzewającym pupilem, jest on naładowany energią i wydaje się błagać: „Czy możemy już iść pobiegać?". Pies na tym etapie rozwoju nie chce jednak po prostu biegać, chce pędzić – i nagle zauważa, że jego opiekun nie może się z nim pobawić. Pies myśli sobie: Co z tobą? Biegaj ze mną! A gdy widzi, że człowiek zostaje w tyle i woli pisać wiadomości na swoim BlackBerry, zdaje sobie sprawę, że jest od człowieka szybszy. Może to spowodować, że pies zacznie zachowywać się nieco zarozumiale, porównując swoją siłę fizyczną z siłą właściciela. Zaczyna postrzegać inne psy jako atrakcyjniejszych towarzyszy, ponieważ są one w stanie mu dorównać. Na tym etapie wielu właścicieli skarży się: „Kiedyś zawsze mnie słuchał, a teraz nie mogę nakłonić go, by przychodził na komendę". Ta skarga jest prawdopodobnie numerem jeden na liście pretensji do dorastających psów.

„Zauważyłem tę różnicę, zwłaszcza pracując z psami, które tresuję do polowań" – wspomina Martin.

W tym przypadku kładę bardzo solidne fundamenty posłuszeństwa, potem zaś uczę psy umiejętności potrzebnych do pracy w terenie. Miałem już suki, które po swoim pierwszym sezonie – mając zazwyczaj jakieś dziewięć miesięcy – nagle przestawały robić postępy. To tak, jakby psy traciły pamięć; ich osobowość zmienia się i dopiero podczas drugiego sezonu zaczynają znów się ze mną zestrajać. To daje sześć miesięcy – że tak powiem – totalnej głupoty. Mogą wtedy uznać, że wąchanie jest ważniejsze niż praca, jaką wykonuję nad ich tresurą, i z łatwością ulegać rozkojarzeniu przez ciekawy zapach – który nie jest tym, jakim chcę je zainteresować. Ważniejsze staje się podniesienie nogi przy drzewie niż węszenie wokół niego w poszukiwaniu zdobyczy. W tym momencie wychodzi na jaw, czy w okresie szczenięcym zbudowaliśmy wystarczająco solidne podstawy posłuszeństwa i czy pies nas szanuje jako partnera oraz osobę, której należy słuchać.

Ratunkiem dla rozkojarzonego psa jest czteroskładnikowa formuła: przywództwo, konsekwencja, wytrwałość i cierpliwość. Gdy Junior wkraczał w dorosłość, poradziłem sobie z jego rozproszoną uwagą i rosnącą energią pitbulla, zaspokajając pragnienie poszukiwania, tj. zabierając go w wiele nowych miejsc i zapewniając mu uczestnictwo w licznych nowych sytuacjach. Za każdym razem, gdy udaję się w nowe miejsce z dorastającym psem, mam okazję pokazać mu, że to ja sprawuję kontrolę – co powoduje, że jego umysł wciąż jest stymulowany nowymi wyzwaniami i jednocześnie posłuszny. Dojrzewające zwierzę może czuć się panem i władcą w swoim domu, ale w nowym środowisku chętnie przełącza się na tryb receptywnego uczenia się.

Staram się zapewniać psom nie tylko wyzwania natury fizycznej. Kiedy Junior podróżuje ze mną, przejmuje rolę, jaką odgrywał Daddy przez pięć pierwszych sezonów *Zaklinacza Psów* – jest źródłem spokojnie posłusznej energii dla niezrównoważonych osobników, które mają wiele różnych problemów. Energia, którą inny pitbull mógłby wykorzystać do walki, w przypadku Juniora kanalizowana jest ku samokontroli i uzdrowieniu, a wejście w taki stan jest dla każdego psa bardzo trudnym wyzwaniem. Ćwiczenia umysłowe, jakie z nim przeprowadzam, ciągle wzmacniają moją przywódczą pozycję.

Clint Rowe zaobserwował podobne prawidłowości u psów, które trenował do udziału w hollywoodzkich filmach:

Często najlepszym wyzwaniem dla dojrzewającego psa jest trening umysłowy. Wykonajcie kilka nadzorowanych ćwi-

czeń podczas spaceru – poćwiczcie komendy takie jak „siad", „zostań", „czekaj" – sprawcie, by pies miał się nad czym głowić i bacznie was obserwował. Obróćcie ćwiczenie w zabawę. Jeśli złapie patyk, każcie mu kilka razy go aportować, ale – powtarzam – nadzorujcie ćwiczenie tak, by pies sam musiał się domyślić, o co wam chodzi: na przykład czy ma usiąść, zanim zacznie aportować, czy usiąść, położyć się i znów usiąść. Różnicujcie ćwiczenia, by musiał się skoncentrować. Zakończcie je, gdy wciąż z radością je z wami wykonuje. Wy zaczynacie zabawę, wy ją kończycie. Tak postępują przywódcy.

Im bardziej konsekwentnie będziecie podchodzić do odgrywania roli przywódcy swego psa, tym mniej zobaczycie u niego niepożądanych zachowań.

SPOŁECZNE UCHYBIENIA

W wieku siedmiu miesięcy Mr President był w grupie psów silnych ras, z którymi pracowałem w jednym z odcinków *Zaklinacza Psów*. Będąc nowicjuszem w zabawie w zaklinacza psów, Mr President nie rozumiał jeszcze tego, o czym wiedzieli już Daddy i Junior – że przyjmujemy nowe psy do naszego stada i pomagamy im się przystosować. Kiedy więc nie patrzyłem, skłaniał się ku swemu naturalnemu pragnieniu przepędzania obcych psów. Próbował zasugerować to Troyowi, dużemu, dorosłemu owczarkowi niemieckiemu. W odróżnieniu od innych dorosłych psów, jakie Mr President spotykał w swoim życiu, Troy nie postrzegał wybuchu Mr Presidenta jako kaprysu słodkiego, niegroźnego szczeniaka. Kiedy Mr President zaczął drażnić Troya, ten nie pozostał na to obojętny – prawie go ugryzł! Od razu zareagowałem, ale było dla mnie jasne, że Mr President był gotowy na więcej. Ciężko oddychał, miał czerwone oczy – w ułamku sekundy jego zachowanie z typowego dla każdego psa zmieniło się w całkowicie odmienne: charakterystyczne dla buldoga. Zanim ćwiczenie się skończyło, oba psy spacerowały razem niczym starzy kumple, ale wcześniejsze zachowanie Mr Presidenta mogło łatwo doprowadzić do potencjalnie zgubnych uchybień społecznych, jakie popełniają psy w fazie przejściowej między okresem szczenięcym a dorosłością. Teraz Mr President jest prawie dorosły i kiedy wykazuje za dużo wojowniczego temperamentu buldoga, poważnie naraża się na rozdrażnienie innych psów. W tym okresie rozwoju mój nadzór nad jego zachowaniami społecznymi wydaje się być nieodzowny i będzie tak do momentu, w którym pies zrozumie, że dorosłe osobniki oczekują teraz od niego innych manier, niż gdy był szczenięciem.

Chris Komives zetknął się z podobnym społecznym nietaktem w wykonaniu świeżo wysterylizowanej Elizy, gdy poszedł z nią do parku dla psów. „Kiedy Eliza weszła w okres dojrzewania, przestała być bojaźliwa, stała się bardziej zadziorna" – opowiada Chris.

> *Kiedy była szczenięciem, martwiłem się, że unika interakcji z innymi psami, więc zachęcałem ją do tego. Teraz, gdy dojrzewa, muszę przypominać jej, by zwolniła nieco tempo w kontaktach z innymi osobnikami, gdyż potrafi być przytłaczająca. Jeżeli jest na smyczy, ekscytuje się spotkaniem z innym psem, a potem czuje się sfrustrowana, gdy ją powstrzymuję. Zaczyna ciężko oddychać, warczeć i kręcić się w kółko, co brzmi groźnie dla właściciela innego psa. By popracować nad poprawą takiego zachowania, zabierałem ją do innych parków dla psów i trzymałem na smyczy. Korygowałem jej zachowanie, kiedy zaczynała sapać i warczeć, a gdy uspokajała się, nagradzałem ją, pozwalając jej swobodnie biegać i się bawić. Poczyniliśmy znaczące postępy, ale musiałem też znieść uwagi kobiety, która krzyczała, że jestem maniakiem kontrolowania psa i że powinienem pozwolić Elizie na swobodną zabawę. Była też pewna para – usłyszałem przypadkiem ich rozmowę, z której wynikało, że nienawidzą ludzi trenujących swoich pupili w parku dla psów.*

WSKAZÓWKI DLA WŁAŚCICIELI DOJRZEWAJĄCYCH PSÓW

- **Bądźcie konsekwentni.** Jeżeli ustanawiacie zasadę, granicę lub ograniczenie, nie rezygnujcie z nich. Niekonsekwentne wzmacnianie dobrych zachowań sprawi, że wasz pies stanie się nieprzewidywalny.
- **Dotrzymujcie słowa.** Nie wydawajcie polecenia, którego wykonania nie jesteście w stanie nagrodzić. Sprawcie, by wszystkie interakcje z psem kończyły się pozytywnym akcentem oraz by poprawne zachowania zostały nagrodzone.
- **Bądźcie wytrwali.** Niezależnie od tego, jak bardzo buntowniczy jest wasz dojrzewający pies, udowodnijcie mu, że żadne z jego zachowań nie jest w stanie zachwiać waszym spokojnie asertywnym autorytetem.
- **Bądźcie cierpliwi.** Pies nie będzie dojrzewał w nieskończoność. Wyniki waszej ciężkiej pracy będą bardziej widoczne z każdym sukcesem, który dzielicie z pupilem. Zanim ukończy on dwa lub trzy lata, będzie miał wdrożone dobre nawyki, a to sprawi, że stanie się idealnym towarzyszem życia.

Jak przekonał się Chris, pozostanie spokojnie asertywnym przywódcą stada w obliczu nieprzewidywalnych zachowań dorastającego psa wymaga naprawdę wiele poświęcenia. Bunt jest naturalnym elementem procesu dojrzewania. Jako przywódcy zawsze musicie być świadomi tego, co dzieje się z waszym psem. By mieć pewność, że jesteście w stanie zminimalizować problemy, a także wzmocnić dobre zachowanie po każdym konflikcie, musicie być spokojni, pewni siebie, asertywni i pozytywnie nastawieni. Myślcie z wyprzedzeniem za waszego psa, dostrzeżcie potencjalne problemy i zapobiegajcie im lub radźcie sobie z nimi tak, by w oczach podopiecznego zawsze uchodzić za przywódcę. „Musimy zdać sobie sprawę, że zachowanie psa zawsze może się zmienić, a psy ciągle się uczą. Trening trwa 24 godziny na dobę i nigdy się nie kończy... a może dojrzewanie nigdy się nie kończy, tylko stajemy się starszymi nastolatkami?" – mówi Martin Deeley. Jeżeli zaakceptujemy to jako normalny etap rozwoju naszych podopiecznych, możemy przygotować się do pracy z nimi, by mieć pewność, że nasze psy nie zapomną swoich dobrych nawyków, a nawet wykształcą lepsze na całe życie.

Wszyscy członkowie rodziny Barnesów radośnie stwierdzają, że warto wytrwać przez cały – nieraz burzliwy – okres dojrzewania psa, bo nagroda za cierpliwość jest nie do opisania. W wieku 10 miesięcy Blizzard – żółty labrador, który jako sześciomiesięczne szczenię został wykastrowany – wyrósł na bardziej opanowaną, weselszą wersję siebie z okresu szczenięcego. Christian i Sabrina zauważyli, że teraz w większym stopniu przestrzega granic ustanowionych w domu, stał się bardziej spełnionym retrieverem i w bardziej dojrzały sposób reaguje na inne osobniki w parku dla psów. „Wciąż jest jeszcze młody – zachwyca się Terry, ojciec Sabriny i Christiana – ale cechy jego rasy, rasy labradora, uzewnętrzniają się za każdym razem, gdy przynosi jakiś przedmiot czy idzie przy nodze. Robi to automatycznie. Wspaniale jest widzieć cały ten proces jego rozwoju".

WEJŚCIE W DOROSŁOŚĆ
Wyłaniający się pies idealny

Pod koniec okresu dojrzewania wasz pies jeszcze raz będzie rzucał wam wyzwania. Tym razem macie za sobą wyniki swojej pracy nad pupilem nie tylko przez osiem miesięcy jego okresu szczenięcego, ale też dwa lub nawet trzy udane lata spełniania jego potrzeb jako psiego „nastolatka". Kiedy wasz pies we własnej mowie ciała zapyta, czy może zrobić to czy tamto, waszą odpowiedź wspierać będzie cały ten wysiłek zrównoważonego wychowania, jaki macie za sobą. Ja pytam swoje psy niewerbalnie: „Kogo zamierzacie słuchać? Czego chcecie w tym momencie? Czego nauczyłyście się w ciągu minionych trzech lat?". Znam odpowiedź, ponieważ uważam, że każde wyzwanie daje mi nowe możliwości wzmocnienia mojej pozycji przywódcy.

Nagrodą za waszą ciężką pracę i opiekę przez wiele miesięcy stanowi dojrzały pies prezentujący swą postawą równowagę i spokojną pewność siebie, której brakowało mu, gdy był młodszy. Jest w stanie skupić się przez dłuższy czas i zachować otwarty, posłuszny stan umysłu w wielu znanych oraz nowych sytuacjach i środowiskach. „Kiedy psy są młode, byle motyl może zmienić ich stan umysłu. W ich umyśle, w ich świecie istnieje wtedy tylko on – wyjaśnia Clint Rowe. – Kiedy dojrzewają, są w stanie obserwować motyla i jednocześnie zauważać inne rzeczy w najbliższym otoczeniu. Jeden określony czynnik stymulujący nie dominuje już nad nimi. Świadomość własnego stanu umysłu przychodzi im łatwiej. Świadomość i wiedza po prostu się zwiększają". Jest to efekt zaspokojenia potrzeb psa poprzez zapewnienie mu ćwiczeń, dyscypliny i okazywanie uczuć, a także ustanowienie i egzekwowanie podstawowych zasad, granic i ograniczeń wyznaczających wasze niezmienne przywództwo. Właśnie ta nieustająca konsekwencja pozwala stworzyć Daddy'ego, Juniora oraz inne wzorowe psy godne naśladowania.

Oto wasza nagroda za pomyślnie zrealizowaną misję. Gratulacje! Teraz to coś więcej niż tylko marzenie – wychowaliście idealnego psa!

EPILOG

Szczeniaki dorastają

Cesar z Juniorem i Daddym

Pracując nad niniejszą publikacją, doświadczyłem radości wynikającej z obserwowania, jak moje szczenięta dorastają, zmieniając się z niezdarnych maluchów w dostojne nastolatki. Wszystkie psy, które miałem zaszczyt wychowywać, dostarczyły mi wiedzy o naturze poszczególnych ras i odmian, a tym samym wzbogaciły mnie o informacje przydatne podczas pracy, którą wykonuję. Blizzard, Angel i Mr President przekazali mi cudowny dar mądrości. Teraz, gdy minął już prawie rok od rozpoczęcia mojego „szczenięcego projektu", nowi ludzie, którzy pojawili się w życiu moich psów, także otrzymują od nich bardzo wiele.

BLIZZARD – ŻÓŁTY LABRADOR

Blizzard jako nastolatek

Blizzardowi, który zapoczątkował moje szczenięce stado, życie w grupie spodobało się tak bardzo, że postanowił w nim zostać. Najnowszy członek rodziny Barnesów spędza teraz całe dnie z Adrianą, dyrektorem mojego nowego Centrum Psychologii Psa. Blizzard ma tam zapewnioną ogromną przestrzeń (ponad 16 hektarów) i wesołe towarzystwo do zabawy. Jest bardzo zadowolony z takiego obrotu spraw, ponieważ wyrósł na idealnego labradora: beztroskiego, przyjaznego, nieco niezdarnego i nieustannie poszukującego nowych przygód. Zawsze cieszy się olbrzymią popularnością wśród pozostałych członków stada – zarówno stałych bywalców, jak i nowo przybyłych gości. Jeżeli czasem poziom jego energii za bardzo wzrośnie, w pobliżu zawsze będzie pies, taki jak Junior czy Angel, który przypomni mu, że czas się uspokoić.

Blizzard jest bardzo serdeczny i przyjacielski w stosunku do ludzi oraz psów. W nocy towarzyszy rodzinie Barnesów, w tym jamniczce Molly, podczas jednej z ich ulubionych rozrywek – wspólnym oglądaniu filmów. Labrador pokonał swój strach przed wodą i uwielbia pluskać się w basenie z Christianem, który stopniowo rozwija swoje umiejętności przywódcy. Blizzard spełnił wszystkie moje oczekiwania: stał się wzorowym labradorem i żyjącym dowodem na to, że naprawdę można inaczej wychować psa niż w przypadku Marleya!

ELIZA – TERIER

Nastoletnia Eliza

Eliza stała się już prawdziwą nastolatką i zaczęła pokazywać zwinność typową dla przedstawicieli jej rasy. Co tydzień uczestniczy w zajęciach agility, a w domu z lekkością przeskakuje już nad blokadami, które kiedyś ograniczały jej przestrzeń. Chris i Johanna Komivesowie nauczyli się ustanawiać wobec niej bardziej stanowcze granice i zaopatrzyli w wyższe bramki („Musieliśmy kupić model przeznaczony dla dogów niemieckich" – mówi Chris). Według Chrisa – przez większość czasu Eliza jest psem idealnym, ale nadal trzeba równoważyć jej entuzjazm, gdy suczka znajdzie się wśród innych psów. „Dążę do tego, byśmy oboje uspokoili się na tyle, żeby Eliza mogła się bawić z nowym stadem Cesara podczas kręcenia kolejnej serii *Zaklinacza Psów*. Jej podekscytowanie mogłoby okazać się kłopotliwe, gdyby trafiła na osobniki z czerwonej strefy. Będę czuł się pewniej, gdy Eliza zacznie zachowywać się jak psy pokroju Juniora czy Daddy'ego".

Pomijając emocje towarzyszące spotkaniom z innymi psami, Eliza wyrosła na wymarzonego teriera. „Wstajemy rano i jeszcze przed karmieniem idziemy na spacer. W weekendy, jeśli nie wstanę do siódmej, Eliza już czeka przed drzwiami sypialni. Pozwalamy jej spać w pokoju dziennym. Podczas dnia przebywa na podwórku za domem i w korytarzu w tylnej części domu. Z tego, co zaobserwowałem, podglądając ją przez kamerę internetową, przez większą część dnia śpi. Około trzeciej po południu wstaje i wychodzi na zewnątrz. W weekendy lub w inne wolne od pracy dni zabieram ją na wycieczki do Runyon Canyon, w góry San Gabriel lub na plażę dla psów. Gdy mam wolne, myślę tylko, dokąd by tu pojechać z Elizą. Odkąd pojawiła się w naszym domu, mam więcej ruchu. Wieczorem idziemy pospacerować lub pobiegać, potem karmię ją i czeszę. W środę chodzimy na zajęcia agility. Gdy jest z nami Eliza, mamy więcej atrakcji. To prawdziwa radość mieć ją w domu".

Dzięki swoim doświadczeniom z Elizą, Chris nie tylko dowiedział się wielu rzeczy o wychowywaniu psów, ale nauczył się także wiele o sobie samym. „Wmawiałem sobie, że jestem spokojnie asertywny, ale gdy mój pies się ekscytował, tak naprawdę udzielały mu się moje emocje. Teraz, gdy tylko Eliza okaże się zbyt podniecona, zastanawiam się, czy ja rzeczywiście jestem zupełnie spokojny. Ale kiedy moje zachowanie wraca do normy, Eliza również się uspokaja. Chyba po prostu nie widzę poza nią świata. Johanna twierdzi, że gdyby nasz dom się palił, najpierw ratowałbym Elizę, a dopiero potem ją. Chyba muszę nad tym popracować".

MR PRESIDENT – BULDOG ANGIELSKI

Mr President jako nastolatek

Mr President był rasowym szczeniakiem, rozpoczął więc życie z kilkoma genetycznie uwarunkowanymi i typowymi dla buldoga cechami, które nie zawsze idą w parze z dobrym wychowaniem. Stawał się zbyt władczy w porze karmienia, zabierał wszystkie zabawki, a do innych psów podchodził z wysuniętą klatką piersiową. Kierował się wyłącznie doznaniami wzrokowymi. Bardzo się cieszę, że udało mi się wychować tego malucha na prawdziwego psiego obywatela i czworonoga godnego swojego imienia. Mr President umie już cierpliwie czekać na jedzenie, bawić się grzecznie z pozostałymi członkami stada, a teraz jest w trakcie nauki poprawnego witania się z obcymi psami. Najbardziej dumny jestem z tego, że nauczył się korzystać ze swojego nosa niemal tak dobrze, jak pozostałe psy z mojej gromadki. Umiejętność ta pomoże mu utrzymać równowagę emocjonalną do końca psiego życia. Oprócz tego Mr President polubił pływanie bardziej niż jakikolwiek inny znany mi buldog!

Crystal Reel jest oczarowana naszym małym buldogiem angielskim od momentu, gdy zobaczyła go po raz pierwszy, a odkąd miała okazję zaopiekować się nim podczas mojej nieobecności, bardzo usilnie zabiegała o to, by stać się jego prawowitą właścicielką. Na początku nie byłem co do tego pewien, ale Crystal przekonała mnie, że potrafi pokazać upartemu buldogowi, iż to ona jest przywódcą stada. Teraz Mr President jest już oficjalnie jej psem, ale jednocześnie wciąż bywa członkiem stada *Zaklinacza Psów*. Gdy młody buldog nie przebywa ze mną oraz resztą czworonogów na planie zdjęciowym, jego dni wypełnione są drzemkami i pieszczotami. Przesiaduje w biurze z Crystal i wieloma innymi psami z firmy MPH/CMI, w tym z Angelem.

Crystal dowiedziała się jednak, że pomimo idealnego pochodzenia, Mr Presidentowi nie udało się uniknąć wielu alergii typowych dla buldogów. „Teraz jest już zdrowy, ale doktor Garcia powiedział mi, że jeśli chodzi o uczulenia, buldogi są psami specjalnej troski, w związku z czym przez resztę życia Mr Presidenta będziemy musieli mieć na niego oko. Mimo to, dzięki zasługom Cesara, wizyty u weterynarza nie robią na naszym buldogu żadnego wrażenia".

Mając nową właścicielkę, Mr President poznaje uroki życia w Los Angeles. „Całe dnie spędza w naszym biurze – opowiada Crystal. – Potem jego prywatna asystentka (czyli ja) odwozi go na plan, gdzie pies wciela się w rolę gwiazdy telewizyjnej. Wydaje mi się, że życie go rozpieszcza".

ANGEL – SZNAUCER MINIATUROWY

Nastoletni Angel

Angel ma już za sobą wiek szczenięcy i widać, że poczynił ogromne postępy. Co najważniejsze – znalazł nowy dom u mojej koleżanki, producenta oraz reżysera programu *Zaklinacz Psów* – SueAnn Fincke. Po spędzeniu z nim kilku miesięcy na planie zdjęciowym SueAnn wiedziała już, że nie będzie w stanie się z nim rozstać. Hodowca Angela, Brooke Walker, nie kryła zadowolenia z takiego obrotu spraw: „Bardzo się cieszę, że Angel zostanie z rodziną *Zaklinacza Psów*". Mały sznaucer będzie nadal mógł spędzać czas na planie wraz ze mną i psami z mojego stada – w tym ze swoim najlepszym i nierozłącznym przyjacielem Mr Presidentem. Angel nadal jest psem dobrze wychowanym, pełnym szacunku do innych, ciekawości i ochoty na nowe doświadczenia.

Teraz, gdy Angel jest z SueAnn, podjęła ona ważną decyzję o wykastrowaniu psa. „Wiem, że nasz mały sznaucer będzie psem rodzinnym, a nie bywalcem psich wystaw, więc uznałam, że najlepiej będzie go wykastrować". Maluch otrzymał też nowe imię: Sir Albert Angel lub w skrócie – Albert. Do jego ulubionych rozrywek należą spacery, aportowanie, zabawy z gryzakami i wizyty w parku dla psów. „Gdy ma chwilę wytchnienia, lubi relaksować się na kanapie i choć wie, że to zabronione, wskakuje tam, gdy tylko na chwilę stracimy go z oczu. Daliśmy my przezwisko Pigpen* ponieważ, choć jest rasowym psem z rodowodem, nigdy nie przegapi okazji, by wytarzać się w ziemi i błocie. Czasem patrzy na nas tak uroczym wzrokiem, że człowiek bardzo chciałby zrozumieć, co tak naprawdę dzieje się w tym zabawnym, słodkim rozumku".

JUNIOR – PITBULL

Junior w akcji

Junior już dawno stał się nastolatkiem i powoli zbliża do dorosłości. Bez problemu dogaduje się z każdym psem lub człowiekiem, który pojawi się w naszym życiu, ale zawsze ufa swoim instynktom i informuje mnie, gdy ktoś emanuje negatywną energią. Potrafi radośnie bawić ze sznaucerem takim jak Angel, labradorem

---

* Imię nawiązuje do postaci małego, wiecznie brudnego chłopca z amerykańskich komiksów z serii *Fistaszki* (przyp. tłum.).

takim jak Blizzard, z innymi pitbullami jak Memphis oraz każdym nowo przybyłym gościem. Junior jest przede wszystkim po prostu psem, a dopiero potem pitbullem i lubi zabawy w wodzie nawet bardziej niż labrador Blizzard! Patrzenie, jak z entuzjazmem nurkuje w naszym basenie i wyciąga z wody piłki czy inne zabawki, to czysta przyjemność.

Junior jest jednak kimś więcej niż tylko szczęśliwym i dobrze wychowanym czworonogiem. Dzięki ciężkiej pracy i pomocy mojej oraz Daddy'ego Junior staje się nie tylko psem zrównoważonym, lecz swego rodzaju źródłem równowagi. Widać, że zdaje sobie sprawę ze swojej misji – wykorzystuje nabyte umiejętności, by pomagać innym psom. Przezwyciężył uwarunkowania genetyczne, a nawet rasowe i stał się prawdziwym ambasadorem świata psów – czworonożnym Ghandim lub Martinem Lutherem Kingiem. Czuję, że Junior nie odkrył jeszcze przed nami wszystkich swoich zalet.

Podczas gdy Daddy powoli szykuje się na emeryturę, Junior staje się nowym przywódcą stada. W każdej sytuacji potrafię dostrzec, że intuicja Juniora bierze się z wiedzy, którą uzyskał od Daddy'ego. Hodowcy starają się, aby geny były przekazywane z pokolenia na pokolenie, ale w przypadku Juniora chciałem, by to Daddy przekazał mu swoje psychologiczne i duchowe dziedzictwo. Bardzo mi smutno, że Daddy powoli kończy swoją przygodę, ale pociesza mnie myśl, że zostawi po sobie ważny ślad – nie tylko w moim sercu, lecz dzięki wpływowi na Juniora także w czynach, których w przyszłości dokona sam Junior. Przedstawiciel nowego pokolenia wykorzysta umiejętności otrzymane od seniora, rozwijając je jeszcze bardziej dzięki temu, iż wychowywał się pod okiem właściciela starszego, bardziej doświadczonego i mądrzejszego (mam nadzieję, że taki właśnie się stałem!). Wspierali go też inni przedstawiciele rodzinnego stada, w tym moje dzieci. Czyż naszym wspólnym marzeniem nie jest to, by każde następne pokolenie było coraz lepsze? Dzięki Juniorowi i zainspirowanym przez niego przyszłym pokoleniom szczeniaków, Daddy z jego wzorową postawą pozostanie wiecznie żywy.

Jestem niezwykle dumny, że miałem okazję podzielić się z moimi czytelnikami oraz resztą świata historiami o beztroskim szczenięcym życiu moich podopiecznych.

ŹRÓDŁA

Rozdział 1: Poznajcie szczeniaki
Brookehaven Miniature Schnauzers
brookehavenminis@yahoo.com

Grogan John, *Marley i Ja*, Wydawnictwo Pierwsze, Warszawa 2009.
Southern California Labrador Retriever Rescue
www.scllr.org

Rozdział 2: Dobrana para
American Kennel Club
www.akc.org

Humane Society of the United States
www.hsus.org

Last Chance for Animals
www.lcanimal.org

Mnisi z New Skete, *Jak wychować szczenię*, Wydawnictwo Galaktyka, Łódź 2006.

Petfinder.com
www.petfinder.com

Pets911.com
www.pets911.com

Thinschmidt German Shepherds
www.assertivek-9ktraning.com

Rozdział 3: Mama wie najlepiej
The American Society for the Prevention of Cruelty to Animals
www.aspca.com

Rozdział 5: Zdrowy szczeniak
Animal Blood Bank
www.hemopet.org

Pet Insurance Information
www.petinsurancereview.com

Terifaj Paula, *How to Protect Your Dog from a Vaccine Junkie*, Bulldog Press, Palm Springs 2007.

The American Animal Hospital Association
www.aahanet.org

The American Pet Products Association
www.americanpetproducts.org

The American Veterinary Medical Association
www.avma.com

Rozdział 6: Budowanie więzi, komunikacja, warunkowanie

Cesar Millan's Sit and Stay the Cesar Way: Vol. 4 *Mastering Leadership Series*. http://www.cesarmillaninc.com/products.dvds.php

Deeley Martin and Cesar Millan, *Working Gundogs: An Introduction to Training and Handling*, Crowood Press, Marlborough, Anglia 2009.

International Association of Canine Professionals
www.dogpro.org

Kilcommons Brian and Sarah Wilson, *My Smart Puppy: Fun, Effective, and Easy Puppy Training*, Warner Books, Nowy Jork 2006.

Mnisi z New Skete, *Jak być najlepszym przyjacielem psa*, Wydawnictwo Galaktyka, Łódź 2004.

Mnisi z New Skete, *Jak wychować szczenię*, Wydawnictwo Galaktyka, Łódź 2006.

Rutherford Clarice and David H. Neil, *How to Raise a Puppy You Can Live With*, Alpine Blue Ribbon Books, Loveland, Colorado 2005.

Rozdział 8: Szczeniak dobrze ułożony

Dog and Puppy Tips
www.cesarmillaninc.com/tips/

Rozdział 9: Okres dojrzewania

Paws and Claws Mobile Vet
www.pawsandclawsmobilevet.com

SPIS ILUSTRACJI

Adriana Barnes – str. 195
Paul Conyes – str. 56
Diana Foster – str. 112
Stephen Grossman – str. 31, 103, 145, 247, 294
Todd Henderson – str. 19, 20
Chris Komives – str. 110
Neal Tyler – str. 41, 43, 51, 135, 151, 177, 207, 209, 227, 234, 251, 271, 283, 293, 294, 295, 297, 299, 300 i kolorowa wkładka
Brooke Walker – str. 35, 79
Johanna Wong – str. 53, 109

O AUTORACH

CESAR MILLAN jest założycielem Centrum Psychologii Psa i gwiazdą programu *Zaklinacz Psów* emitowanego na kanale National Geographic. Cesar wygłasza edukacyjne seminaria, pracuje nad rehabilitacją niezrównoważonych psów, a ponadto wraz z żoną założył fundację Cesar and Ilusion Millan Foundation – organizację non-profit, której celem jest finansowe wspieranie ekspertyz oraz rehabilitacji przeprowadzanych w schroniskach. Cesar, pochodzący z miasta Culiacán w Meksyku, obecnie mieszka w Los Angeles.

MELISSA JO PELTIER jest producentem wykonawczym i autorką programu *Zaklinacz Psów*. Za scenariusze filmów i programów telewizyjnych oraz reżyserię otrzymała nagrodę Emmy, nagrodę Peabody i ponad pięćdziesiąt innych nagród. Obecnie mieszka w Nyack w stanie Nowy Jork z mężem, scenarzystą i reżyserem Johnem Grayem oraz pasierbicą Caitlin.

www.cesarmillaninc.com

SPIS POLSKICH ORGANIZACJI, DO KTÓRYCH MOŻNA ZWRÓCIĆ SIĘ O POMOC:

Fundacja Alarmowy Fundusz Nadziei na Życie
www.afn.pl

Fundacja dla Zwierząt Animalia
www.fdz-animalia.pl

Fundacja Niechciane i Zapomniane – SOS dla Zwierząt
www.niechcianezapomniane.org

Fundacja Opieki nad Zwierzątami CANIS
www.canis.org.pl

Ogólnopolskie Towarzystwo Ochrony Zwierząt
www.otoz.pl

Towarzystwao Opieki nad Zwierzętami w Polsce
www.toz.pl

Odwiedź także strony:
www.adopcje.org
www.bezdomnepsy.pl
www.doadopcji.pl
www.e-zwierzak.pl
www.przygarnij.pl
www.przygarnijzwierzaka.pl

Cesar Millan
Melissa Jo Peltier

Jak zostać przywódcą stada

Sposób Cesara, aby odmienić swojego psa i własne życie

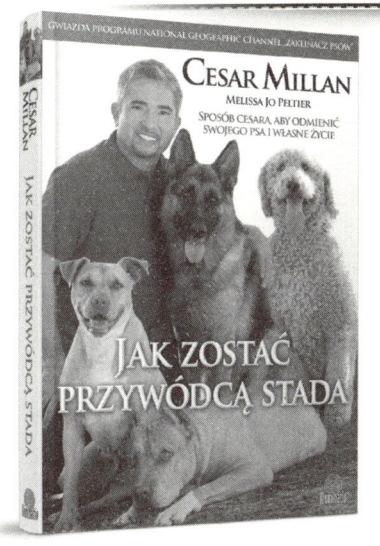

Dzięki temu przewodnikowi poznasz metody Cesara, aby przenieść relację z psem na wyższy poziom. Rozwiniesz także w sobie umiejętności niezbędne do tego, by stać się spokojnie asertywnym właścicielem, przez co życie twojego psa będzie bardziej zrównoważone i satysfakcjonujące. Te wskazówki sprawią, że poprawisz zachowanie swojego psa, a jednocześnie sam odczujesz zmianę na lepsze.

Książka zawiera mnóstwo praktycznych porad i technik dotyczących:

- tego, w jaki sposób używać energii spokojnie asertywnej w kontaktach ze swoim psem i otaczającymi cię ludźmi;
- utrzymania dyscypliny psa, jego karania i nagradzania;
- narzędzi służących do wpływania na zachowanie psa, począwszy od smyczy i szelek, a kończąc na klikerach i e-obrożach;
- zaspokajania potrzeb twojego psa, w zależności od jego rasy;
- tego, jak radzić sobie w różnych sytuacjach, takich jak: pierwsze spotkanie z psem, wychodzenie na spacer, czy wizyta u weterynarza;
- tego, jak postępować w przypadkach najczęstszych problemów z zachowaniem psów;
- oraz poznasz najciekawsze historie klientów, czytelników, fanów i widzów programu Cesara, którzy dzięki jego pomocy rozwiązali swoje problemy z psami.

Zamów na www.illuminatio.pl

SŁYNNY ZAKLINACZ PSÓW POWRACA Z NOWĄ KSIĄŻKĄ!

CESAR MILLAN
JAK USZCZĘŚLIWIĆ PSA

98 NAJLEPSZYCH WSKAZÓWEK OD ZAKLINACZA PSÓW

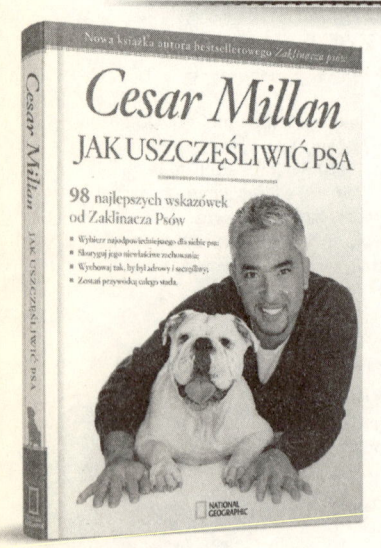

Cesar Millan, autor bestsellerowego *Zaklinacza psów* i znany psi behawiorysta, po raz kolejny dzieli się z czytelnikami swoją wiedzą.

Jak uszczęśliwić psa zawiera 98 elementarnych rad i wskazówek, opartych na doświadczeniach wyniesionych z tysięcy spotkań treningowych, które miały miejsce w różnych częściach świata. Porady zostały podzielone według konkretnych problemów wychowawczych, dzięki czemu dobranie tych najbardziej odpowiadających twoim problemom z psem będzie bardzo łatwe. Potraktowane jako całość, pomogą ci zastosować w praktyce kluczowe aspekty słynnej filozofii Cesara – *Rehabilituję psy, ale szkolę ludzi* – aby twoje relacje z psem stały się zdrowe, spokojne i satysfakcjonujące.

Ten podręcznik to błyskotliwa, łatwa w użyciu i pełna niezwykłych spostrzeżeń dotyczących zachowania ludzi i psów książka, która będzie inspirującym narzędziem dla każdego, kto chciałby, aby jego życie z ukochanym pupilem stało się lepsze.

Zamów na www.illuminatio.pl